Editorial

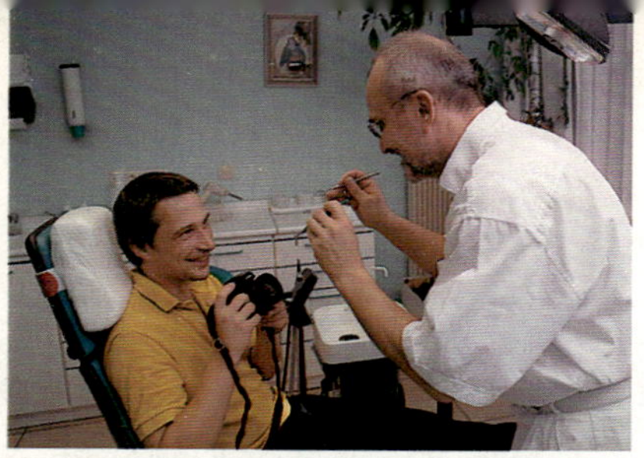

Dem Mond auf der Spur: Ralf Kreuels bei einem Zahnarzt, der nach dem Mondkalender operiert; Ron Miller beim Illustrieren weit entfernter Welten

Liebe Leserin, lieber Leser,

seit dem ersten GEO Special vor 22 Jahren haben wir immer wieder auch Ausgaben über Regionen herausgebracht, die reich sind an beeindruckenden Landschaften und Geschichten und arm an Besucherströmen; so kürzlich das Heft „Arktis + Antarktis". Wir tun das aus dem denkbar einfachsten Grund: Es macht uns Spaß. Und vielen Lesern offenbar auch.

Nun also der Mond. Er ist die entlegenste Welt, der wir uns je gewidmet haben, derzeit nur mit Fernglas und Fantasie zu bereisen – und doch jedem vertraut. Man schaut auf zum Mond, suchend oder verträumt, in zahlreichen Kulturen hat er seine Spuren hinterlassen, er fasziniert Wissenschaftler ebenso wie Poeten, und wer am Meer lebt, kennt seine Kraft. Diese Vielfalt prägte auch unsere Recherchen: Selten hat uns ein Heft zu so unterschiedlichen Orten und Menschen geführt. Von einem Kontrollzentrum, in dem ein GEO-Reporter den Start von Europas erster Mondsonde erlebte, bis zu jenen Mitmenschen, die ihr Leben nach dem Takt des Trabanten ausrichten. Mit dem Mond selber haben uns Planetenforscher so detailliert vertraut gemacht, dass wir für Sie auch die fünf schönsten Wanderrouten dort oben erarbeiten konnten.

GEO-Redakteur Lars Abromeit, 29, hat diese außerirdische Ausgabe betreut

Seit mehr als vier Milliarden Jahren kreist der Mond um unseren Planeten. In den Tagen nach Erscheinen dieser Ausgabe wird er als zunehmende Sichel am Himmel stehen. Entdecken Sie ihn neu, sein Gesicht, seinen Einfluss, seine Magie.

Herzlich Ihr

(Andreas Wolfers)

INHALT

Themen

Rubriken

Titelbild: Mond über Kubas Küste
Fotograf: Roger Ressmeyer/Corbis

Service-Teil

Tipps und Adressen für alle, die den Mond erkunden wollen – am Himmel und auf Erden

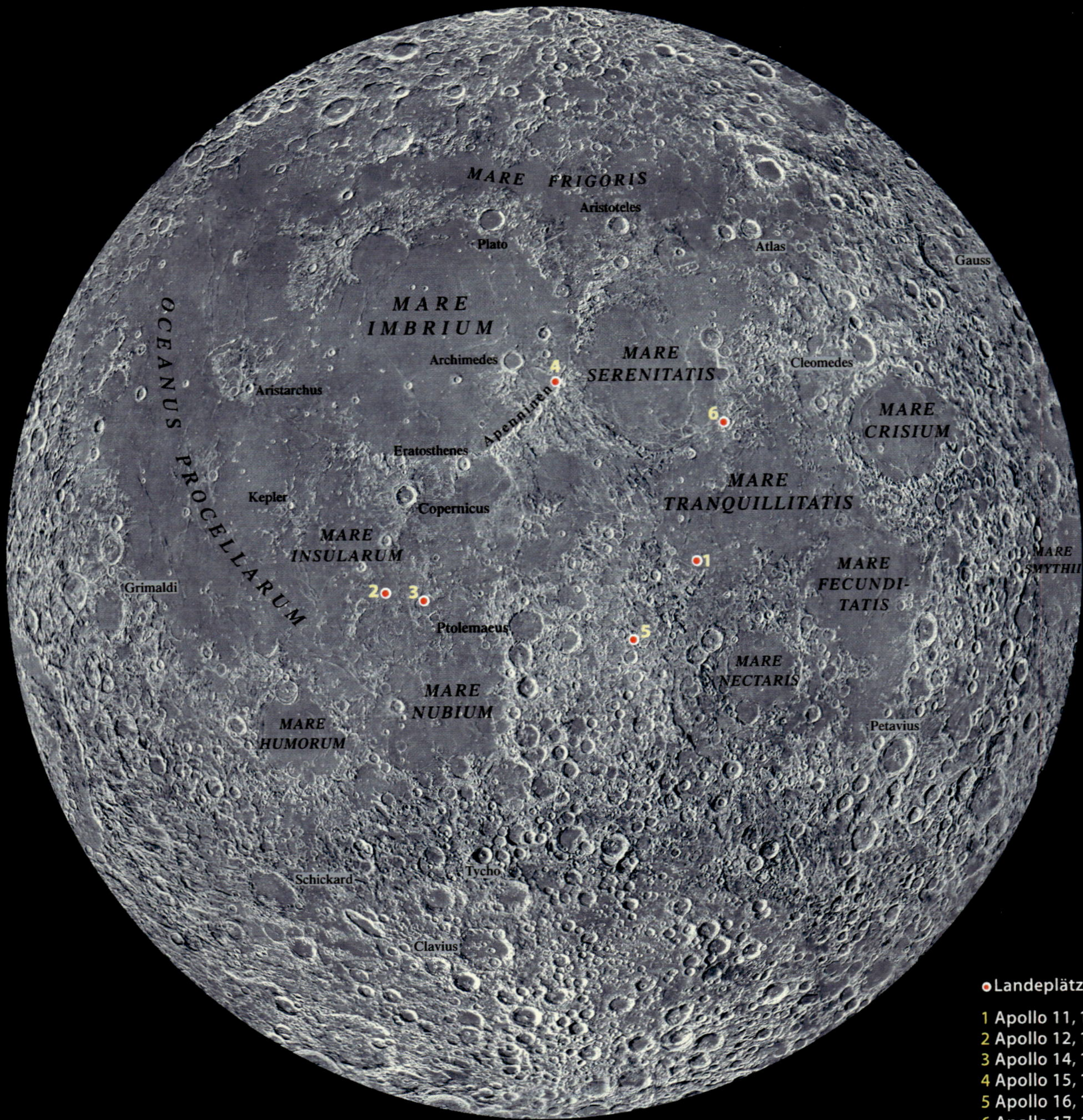

Mondvorderseite

PORTRÄT EINES **TRABANTEN**

Eine wundersame Welt umkreist uns: ohne Wind, ohne Geräusch, mit zweiwöchigen Tagen und Nächten

> Zwölf Menschen waren bisher auf dem Mond – und stapften über glühend heißen Boden: Auf der Tagseite kann die Oberfläche aus fein gemahlenem Gestein Temperaturen bis zu 130 Grad Celsius erreichen. Auf der Nachtseite hingegen ist es selbst am Äquator bis zu minus 160 Grad kalt.

> Bei seinem Lauf um die Erde braucht der Mond 29,5 Tage für eine Umdrehung um sich selbst, weshalb für fast jeden Ort gilt: zwei Wochen lang Sonnenschein, gefolgt von zwei Wochen Nacht. Während er die Erde umkreist, wendet der Mond uns stets dieselbe Seite zu. Die Rückseite ist daher von der Erde aus nie zu sehen.

> Vorwiegend aus Neon, Helium, Wasserstoff und Argon besteht die Atmosphäre. Sie ist so dünn, dass sie unter irdischen Bedingungen in einen Würfel mit einer Kantenlänge von 64 Metern passte. Schallwellen können in dieser Leere nicht übertragen werden, daher herrscht ewige Stille; auch gibt es weder Wind noch Wolken. Der „Himmel" ist das Weltall und daher immer schwarz.

> Die Oberfläche des Mondes ist etwa so groß wie die von Afrika und Europa zusammen. Seine Masse entspricht einem Prozent der Erdmasse. Als höchster Punkt, gemessen am durchschnittlichen Mondradius, gilt ein Gipfel am Korolev-Becken: mit

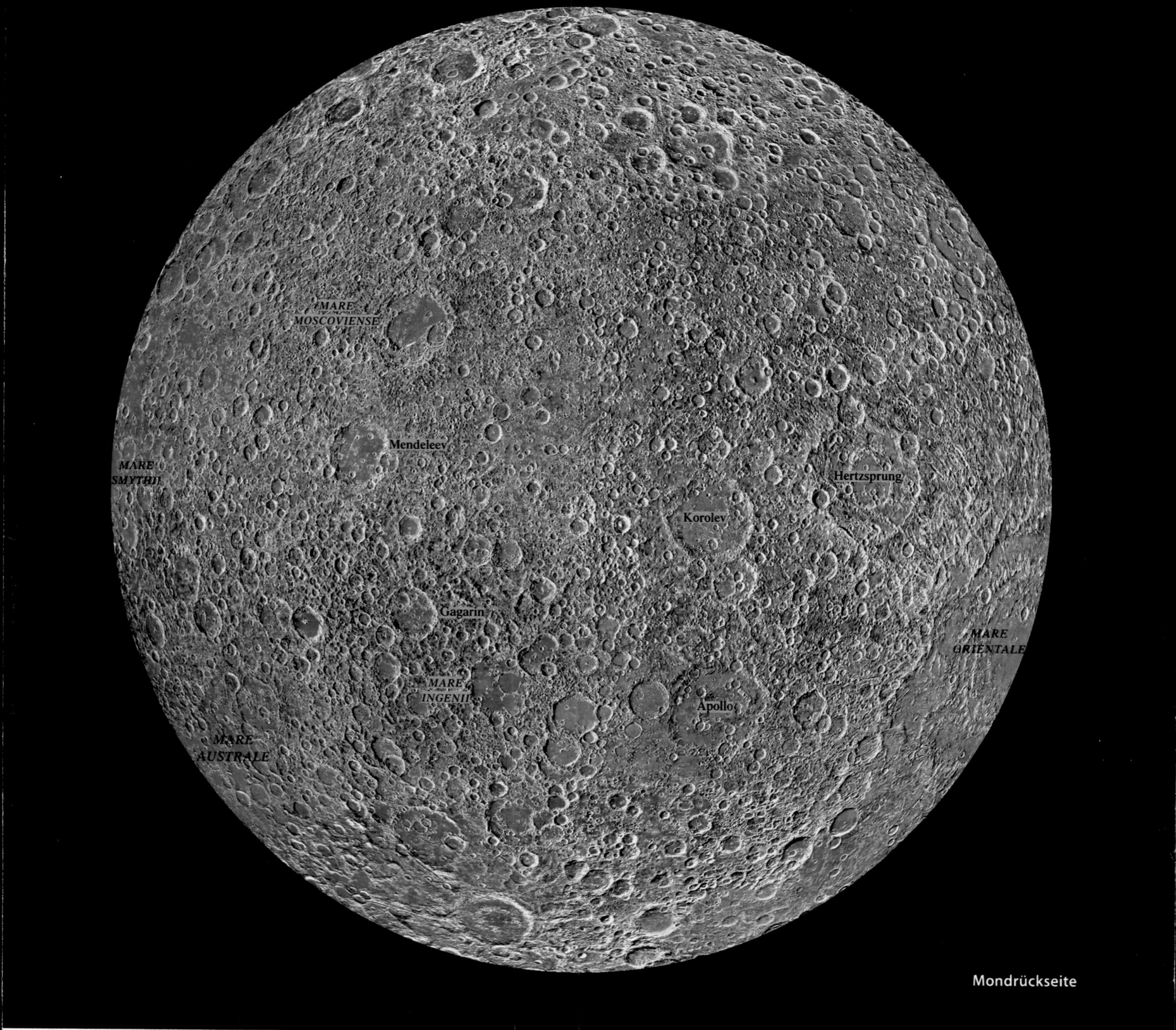

Mondrückseite

über 8000 Metern. Rund 200 Orte und Regionen auf der Vorderseite wurden nach Deutschen benannt, zumeist Astronomen, Physiker und Mathematiker. Auf Platz zwei in der „Nationenwertung" folgen Briten vor Franzosen und Amerikanern.

> Wegen der dünnen Gashülle trübt nichts die **Sicht**. Die Konturen der Berge sind so viel schärfer, dass Astronauten wiederholt Entfernungen und Größen unterschätzten. Am Himmel sind doppelt so viele Sterne wie von der Erde aus zu erkennen, allesamt flackerfrei. Die Erde aufgehen zu sehen ist allerdings nur aus dem Mondorbit möglich: Von einem festen Standort auf der Mondvorderseite aus betrachtet, steht sie, mit geringen Schwankungen, stets an der gleichen Stelle.

> Die **Anziehungskraft** ist sechsmal geringer als die der Erde. Ein globales Magnetfeld fehlt. Abbauwürdige **Rohstoffe** gibt es wenige, es ließen sich allerdings extrem hartes Glas und Keramik zum Bau von Mondbasen gewinnen. Auch Silizium zur Herstellung von Solarzellen ist vorhanden.

> **Raumanzüge**, die Luftdruck, Temperatur und Sauerstoffzufuhr regeln, sind lebensnotwendig. Bei einem größeren Leck würde der Innendruck den Körper eines Astronauten rasch anschwellen lassen, der Tod träte nach zwei bis drei Minuten ein.

> Vor allem an den Apollo-Landeplätzen liegt allerlei **Müll**: zurückgelassene Ausrüstung und Messgeräte, aber auch Golfbälle, eine Falkenfeder und ein Familienfoto des Astronauten Charles Duke. Insgesamt 79 **Raumfahrzeuge** flogen seit 1958 zum Mond; überwiegend Sonden, von denen manche, geplant oder unbeabsichtigt, auf dem Mond zerschellten. Eine weiche Landung gelang zwölf Sonden – und sechs bemannten Mondfähren.

DER MOND AUF ERDEN

Hier ist die Erde ihrem Trabanten am ähnlichsten: in den Testarealen von Astronauten und Mondautos

Training in Kraterlöchern

Die geologische Erkundung des Mondes übten die Apollo-Astronauten bereits auf der Erde – unter anderem in vulkanisch aktiven Gebieten auf Hawaii und Island, aber auch im Nördlinger Ries, einem Meteoritenkrater in Süddeutschland von 24 Kilometern Durchmesser. Vor 15 Millionen Jahren sprengte hier ein kilometerbreites Geschoss aus dem All die Erdkruste auf – und erschuf das seltene Gestein „Suevit", das 1970 der Apollo-14-Besatzung als Anschauungsmaterial diente.
Die meisten geologischen Trainingseinheiten führten die Astronauten allerdings in der Wüste von Arizona durch: Im Grand Canyon und im 190 Meter tiefen, 50 000 Jahre alten Barringer-Krater lernten sie, geologische Formationen und Gesteinsarten zu klassifizieren. Für einen ersten Eindruck vom Anflug auf das Mare Tranquillitatis flogen Armstrong und Aldrin zudem mit einer Cessna über ein Hochlandgebiet, das extra für sie der Mondoberfläche nachgebildet worden war.
Ein weiteres künstlich erschaffenes Kraterloch fanden die Astronauten im Nachbarstaat Nevada vor: den Sedan-Krater. Diese knapp 100 Meter tiefe und 400 Meter breite Grube war 1962 durch die Detonation einer 104-Kilotonnen-Atombombe im Rahmen des „Plowshare"-Programms entstanden, mit dem die zivile Nutzung von Atomwaffen – etwa für den Kanalbau – getestet wurde. Nützlicher Nebeneffekt für die NASA: Die Gesteinsstruktur des Kraterrandes wies Ähnlichkeiten mit jener von Mondkratern auf.
An kleineren Bombenkratern der Umgebung wurde zudem der Mond-Rover getestet. Heute dient der Ort als Touristenattraktion.

Trainingslager der Apollo-Astronauten: der Barringer-Krater in Arizona (oben) und der Suevitsteinbruch Otting im süddeutschen Nördlinger Ries

Im Revier der Roboter

Sie sind die Stars unbemannter Mond- und Marsmissionen: Fahrzeuge, die sich ferngesteuert oder selbstständig ihren Weg über fremde Planetenoberflächen suchen – nicht ohne dies zuvor in irdischen Gefilden geprobt zu haben. Der Urahn der rollenden Messgeräte, das achträdrige russische „Lunochod"-Mobil, landete 1970 mit der „Luna 17"-Mission im Mare Imbrium. Zuvor hatte der Roboter eine jahrelange Probezeit im „Lunadrom" absolviert – einem streng geheimen Testareal auf der Krim-Insel, in das eigens mondartige Krater gesprengt worden waren. Heute zeugen nur noch grasüberwachsene Kessel und Täler von dem einst wüstenartig hergerichteten Gelände.
Eine ganz und gar natürliche Mondlandschaft ist dagegen die Atacama-Wüste in Chile. Das bis 4000 Meter hoch gelegene, trockenste Gebiet der Erde ist von Geröllfeldern und Meteoritenkratern geprägt. Ein hartes Pflaster für das ferngesteuerte Allrad-Testfahrzeug „Nomad", das im Juni 1997 eine Rekordstrecke von 220 Kilometern zurücklegte und geologische Daten über das Terrain sammelte.
Zu 90 Prozent ohne Fernsteuerung kam 2001 schließlich „Hyperion" aus. Der zartgliedrige Roboter auf Rädern manövrierte sich 24 Stunden lang nahezu eigenständig durch das unwegsame Gelände des Haughton-Kraters auf der Devon-Insel im Norden Kanadas. Der gigantische Krater von 20 Kilometern Durchmesser ist vor 23 Millionen Jahren durch einen Meteoriteneinschlag entstanden. Aufgrund seiner Lage in der arktischen Polar-

In Kanada und den USA proben Forscher das Leben auf einem Wüstenplaneten

wüste ist er vergleichsweise wenig erodiert und zudem von keiner Vegetationsdecke überwuchert. Noch funktioniert „Hyperion" nur unter irdischen Bedingungen – doch eine weltraumfeste Version könnte zum Aufspüren von Wasservorkommen an den Mondpolen eingesetzt werden.

Dauerläufer: der Roboter »Hyperion«

Der Mars
macht mobil

Auch den Alltag in einer außerirdischen Wüstenwelt üben Visionäre bereits auf der Erde. Und auch hierfür ist – wie für die Roboter-Tests – Devon Island im Norden Kanadas ein besonders beliebtes Trainingsrevier. Die „Mars Society", ein Zusammenschluss marsbegeisterter Wissenschaftler, hat dort ein „Test-Habitat" installiert: eine acht Meter hohe, doppelstöckige Labor- und Wohnkapsel, in der vier- bis sechsköpfige Crews arbeiten und wohnen. Ein zweites Exemplar davon befindet sich in der Wüste des US-Bundesstaats Utah, weitere sind für Island und das australische Outback geplant. In realistisch beengten Verhältnissen, selbst gebastelten Mars-Anzügen und auf vierrädrigen Motorrädern proben die Wissenschaftler mehrere Monate im Jahr das Leben und Forschen auf dem roten Planeten.

Einige ihrer Erkenntnisse ließen sich vielleicht auch für eine Mondsiedlung nutzen, vor allem aber betrachten die Hobby-Marsianer den Erdtrabanten als ein weiteres Testareal. Bestenfalls könnte er noch als Startrampe zum Mars dienen: Die geringe Gravitation und das Fehlen einer Atmosphäre böten gegenüber Raketenstarts von der Erde entscheidende Vorteile. Unter dem Slogan „Hard Work, No Pay, Eternal Glory" sucht die „Mars Society" übrigens regelmäßig Freiwillige – nähere Infos gibt es unter www.marssociety.org.

Eine gut 1000 Kilometer lange Mondkulisse: die Atacama-Wüste im Norden Chiles

Doppelspiel im All

Auch andere Planeten unseres Sonnensystems werden von Monden umkreist. Im Vergleich zur eigenen Größe hält sich allerdings die Erde, nach dem Außenseiter Pluto, den größten Trabanten. Und weil der zudem, nach astronomischen Maßstäben, immer dicht bei der Erde bleibt, ist sein Einfluss auf verschiedene Phänomene unserer Umwelt beachtlich

Sonnenfinsternis

Wenn der Mond exakt zwischen Sonne und Erde tritt, trifft der Mondschatten die Erde (hier Schatten über Zentralafrika). Vom Abstand des Mondes hängt es ab, ob die Sonne vollständig verdunkelt wird oder noch ein schmaler Ring von ihr zu sehen ist

Ringförmige Sonnenfinsternis

Der Mond ist so weit von der Erde entfernt, dass dort, wo sein Schatten auftrifft, ein schmaler Sonnenring sichtbar bleibt

Totale Sonnenfinsternis

Der Mond ist nah genug an der Erde, um dort, wo sein Schatten auftrifft, die Sonne komplett zu verdecken

Mondfinsternis

Wenn die Erde exakt zwischen Sonne und Mond tritt (etwa bei jedem 20. Vollmond der Fall), gerät der Mond in den Erdschatten: Aus dem Vollmond wird in Minutenschnelle eine Mondfinsternis

Größenvergleich:

Sonne, Mond und Erde im Maßstab 1 zu 5 Milliarden

Mond und Zeit

Der Mond ist neben der Sonne das wichtigste Objekt für die Zeitbestimmung. Die Einteilung in Tage, Monate und Jahre erfolgt aus den Rotationszeiten der Himmelskörper umeinander und um die eigenen Achsen. Während seiner Umrundung wendet der Mond der Erde stets die gleiche Seite zu

Mondphasen

Für eine Erdumrundung braucht der Mond 27,3 Tage. Da sich aber in dieser Zeit auch die Erde etwas weiter um die Sonne bewegt, dauert es 29,5 Tage, bis die gleiche Mondphase wieder erreicht ist (z. B. von Neumond zu Neumond)

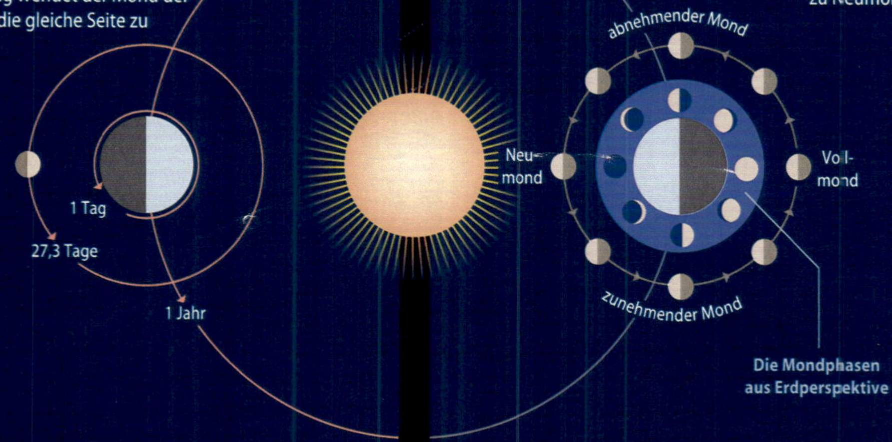

Gezeiten

Die Hauptursache der Gezeiten ist die Anziehungskraft des Mondes. Auf der mondabgewandten Seite zieht die Zentrifugalkraft die Wassermassen nach außen, sodass ein zweiter, gleich großer Flutberg entsteht. Die Sonne trägt mit ihrer Gravitation ebenfalls zur Flutbildung bei, jedoch wegen ihrer größeren Entfernung in geringerem Maße

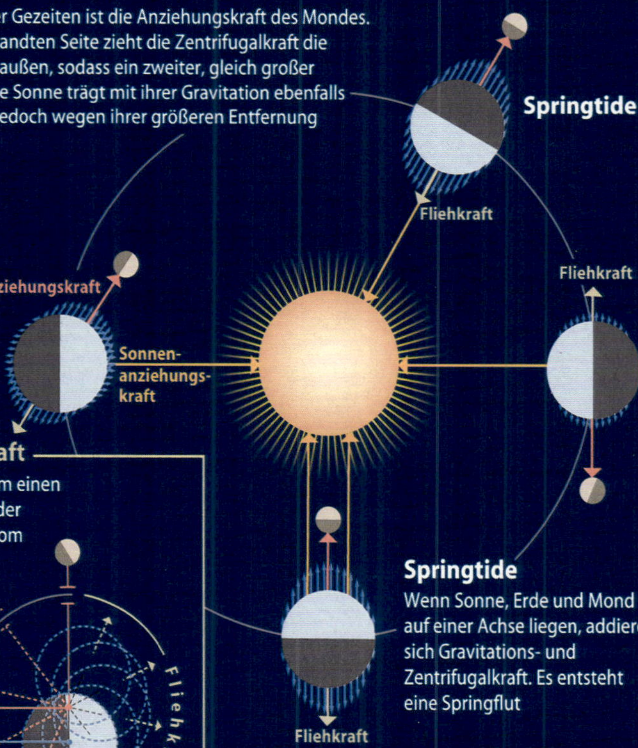

Nipptide
Bei einer Nipptide ziehen Sonne und Mond in einem Winkel von 90 Grad. Die Kräfte heben sich teilweise auf. Es kommt nur zu einer geringen Flutwirkung

Springtide
Wenn Sonne, Erde und Mond auf einer Achse liegen, addieren sich Gravitations- und Zentrifugalkraft. Es entsteht eine Springflut

Fliehkraft

Mond und Erde drehen sich um einen gemeinsamen Schwerpunkt, der mehrere Tausend Kilometer vom Erdmittelpunkt entfernt liegt. Deshalb »eiert« die Erde, Fliehkraft entsteht

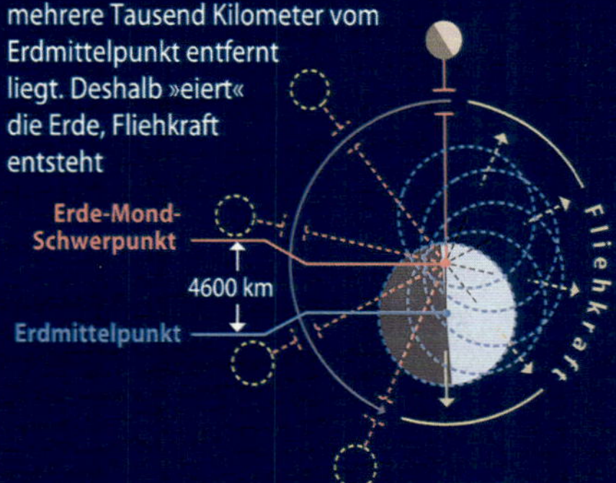

GEO-Grafik: Martin Künsting

Sonne

1 392 000 km

149 600 000 km von der Erde entfernt. Sie würde maßstabgetreu rund 160 Seiten weiter erscheinen

„BRINGT M

Eintauchen in das warme Wasser der Riviera des Roten Meeres. Regenbogenfarbenen Fischen über tropischen Korallenriffen nachjagen. Die Köstlichkeiten der internationalen Küche entdecken.

An unberührten, goldenen Stränden die Sonne genießen, die dort das ganze Jahr hindurch scheint.

Wählen Sie einen der zahlreichen, bezaubernden Orte, die von vielen Urlaubern gerade erst entdeckt werden. Ferienorte von unglaublichem Erholungswert. Sie fliegen morgens hin und liegen nachmittags schon am Strand.

Die Riviera des Roten Meeres ist eine kilometerlange, sonnendurchflutete Küste, gesäumt von traumhaften Hotels bis zur 5-Sterne-Kategorie, viele mit eigenem, luxuriösem Hotelstrand.

TABA • NUWEIBA • DAHAB • SHARM EL SHEIKH • EIN SOUKHNA • EL GOUNA • HURGHADA • SOMA BAY • MAKADI

An der Grenze
von Nacht und Tag:
zunehmender Mond
über dem Sandstein
des *Uluru*, des Ayers
Rock in Australien

Überirdisch

Mal kreuzt er als silberne Sichel auf, mal als glühender Lampion. Mal kommt er pünktlich zum Sonnenuntergang, mal wagt er sich erst bei Tagesanbruch ans Firmament. Unstet ist der Mond – und treu zugleich, als stiller Begleiter unseres Planeten

Galaxie aus Stahl und Glas: Millionenstädte wie Chicago leuchten nachts
mit dem Mond um die Wette – und können ihn doch nie überstrahlen

Zeitzeugen: Vor 60 Millionen Jahren begannen sich die Felstürme des Monument Valley, USA, zu formen – ein Augenzwinkern nur für den 4,4 Milliarden Jahre alten Mond

Mystische Kulisse: Im fahlen Licht des Vollmonds wirkt das
Eilean Donan Castle in Schottland wie zurückversetzt in die Zeit der Sagen

Rollentausch: Nur bei Sonnenfinsternis, wie hier im Sudan, gibt sich der Neumond zu erkennen – und verwandelt das glühende Gestirn seinerseits in eine schmale Sichel

Blick aus dem Orbit der Erde: Der Mond ist 50-mal kleiner als unser Heimatplanet – und beeinflusst ihn dennoch mit solcher Macht, dass Forscher von einem »Doppelplaneten« sprechen

TEXT: CAROLIN DITTBRENNER

OASE HINTER DEM HORIZONT

Sie sind zum Mond geflogen, haben eine fremde Welt erkundet. Doch die beeindruckendste Entdeckung war für viele Astronauten der Blick zurück: auf ein blau-weißes Juwel im All. Die Erde

Einige heikle Missionen hatten sie bereits überstanden. Sie waren in Kampfjets durch tosende Gewitter geflogen, manche hatten mit Mercury- oder Gemini-Raketen sogar den Weltraum erreicht. Doch keine Erfahrung und kein noch so intensives Training bereitete die Apollo-Astronauten auf jene Erlebnisse und Ausblicke vor, die ihnen der Flug zum Mond bescherte.

Zu dritt in eine winzige Raumkapsel gezwängt, im Rücken die Wucht der antriebsstärksten je gebauten Rakete, rasten sie 66 Stunden lang durch stille, leere Finsternis einer unbekannten Welt entgegen. Einer Welt, die, wenn sie nachts am Himmel aufkreuzt, jedem Erdbewohner vertraut erscheint und zugleich unerreichbar weit. Nun waren die Apollo-Astronauten weder mondgläubige Esoteriker noch Kinder der Romantik, sondern, von einer Ausnahme, dem Geologen Harrison Schmitt, abgesehen, allesamt nüchtern veranlagte Militärpiloten. Akribisch waren sie auf diesen Einsatz vorbereitet worden, bis zur Erschöpfung hatten sie im Simulator Manöver geprobt, nächtelang Flughandbücher gewälzt.

Die besondere Herausforderung des Apollo-Programms bestand für sie keineswegs darin, die magische „Sonne der Nacht", die Goethe, Eichendorff und Claudius noch beschworen hatten, endlich aus der Nähe zu erkunden. Sie reizte vor allem der schwierigste Flug aller Zeiten, gekrönt von einem derart zerklüfteten und von Felsen übersäten Landeplatz, dass jeder Pilot auf der Erde wohl abgedreht hätte. Zumal es, aufgrund des knapp bemessenen Treibstoffs in der Mondfähre, nur einen einzigen Landeversuch geben durfte.

Und doch: Trotz der unablässigen Konzentration auf technische Abläufe fing jeden der Astronauten die Magie des Erdtrabanten ein. Monatelang hatten sie geübt, als verlängerter Arm der Wissenschaft ihre Beobachtungen stets nüchtern und präzise weiterzugeben. Am Ziel angelangt jedoch, übermannte sie häufig pure Ergriffenheit. Neil Armstrong funkte während seines ersten Mondspaziergangs zur Erde: „Der Mond hat eine ganz eigene Schönheit. Er ähnelt ein wenig den Wüsten der Vereinigten Staaten. Er ist anders, aber sehr schön." Die Astronauten von Apollo 15 schilderten die Rückseite des Mondes als „überwältigend" und „umwerfend". Dem Piloten der Apollo-16-Mission, Charles Duke, erschien der Trabant gar als eine Welt der „Heiterkeit und Friedlichkeit".

Ein besonderes Erlebnis war für sie alle der auch tagsüber pechschwarze Himmel, der sich über dem deutlich gekrümmten Horizont des Mondes wölbt. Charles Duke empfand diese Finsternis als so kompakt, dass er den Eindruck hatte, er könne „hingehen und sie anfassen wie einen schwarzen Samtschirm. Dabei ist da nichts." Eher vergnügt reagierten die Astronauten auf die geringe Schwerkraft. Im Zeitlupentempo schwebten sie mit großen Sprüngen umher. Und Alan Shepard von Apollo 14 kostete die Leichtigkeit des Mondes aus, indem er zum Abschluss der Mission ein paar Golfbälle in den schwarzen Himmel schlug – und staunend ihrer Flugbahn nachsah, die sich, „gerade wie ein Strich", meilenweit erstreckte.

Was die Apollo-Astronauten indes mit Abstand am meisten faszinierte, war eine Erfahrung, über die sich die wenigsten zuvor Gedanken gemacht hatten: der Blick zurück. Zur Erde.

Während die Raumfahrer den Mond umkreisten, sahen sie, und mit ihnen Millionen von Fernsehzuschauern, erstmals die Erde über einem anderen Himmelskörper aufgehen: ein Gestirn von vielen – und doch einmalig am Firmament mit seinen zarten, ineinander fließenden blau-weißen Farbtönen.

»Jetzt weiß ich, warum ich hier bin: um auf die Erde zurückblicken zu können«
Alfred Worden, Apollo 15

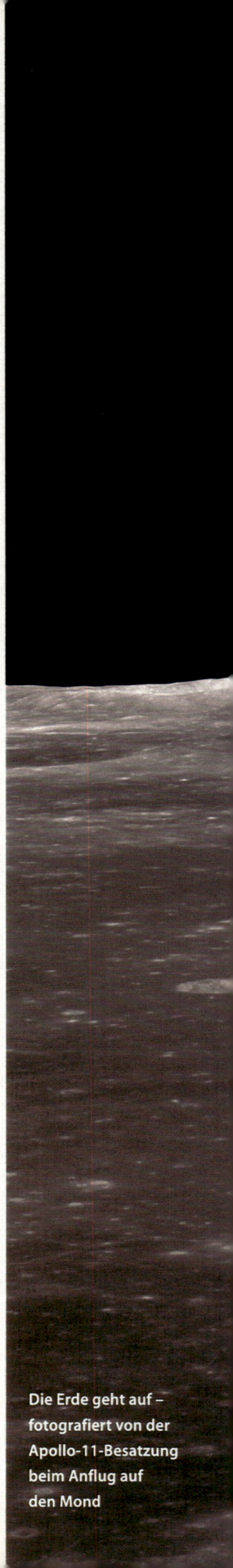

Die Erde geht auf – fotografiert von der Apollo-11-Besatzung beim Anflug auf den Mond

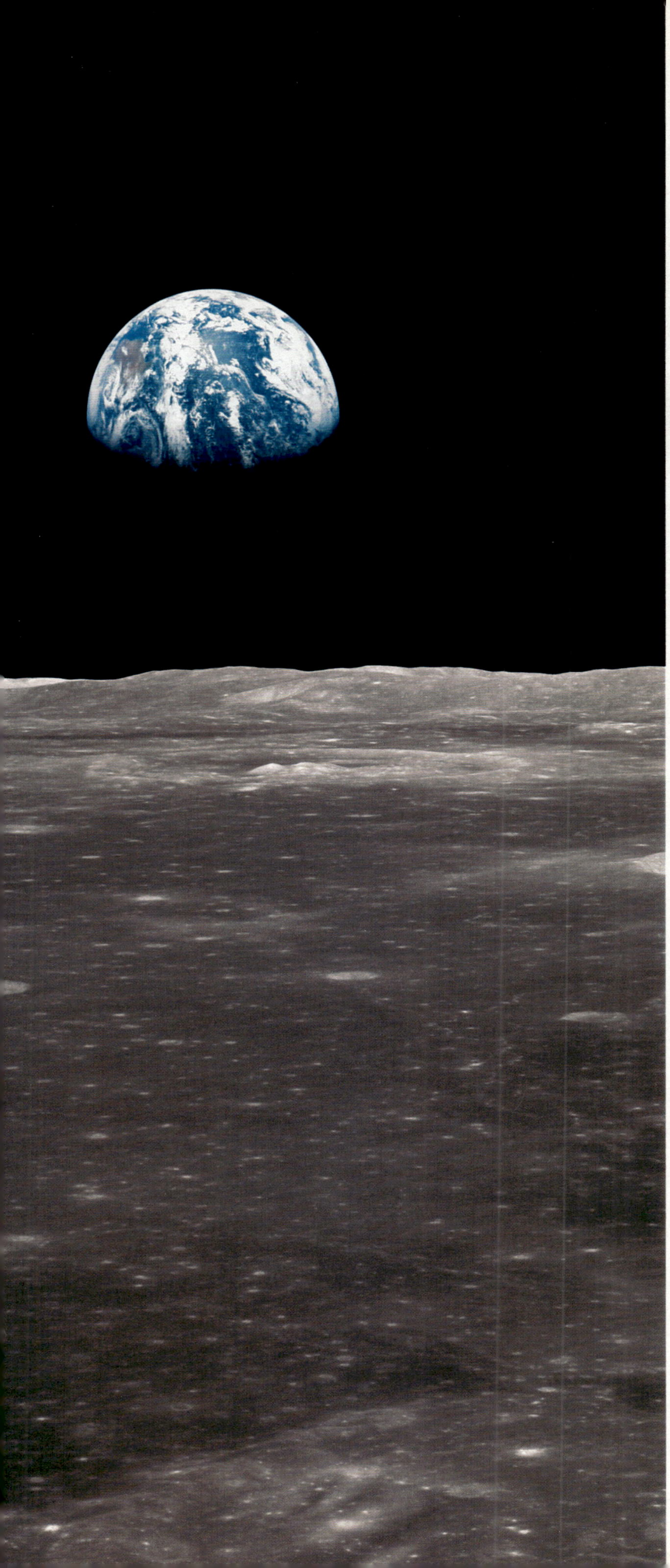

Jeden der Astronauten hat dieser Anblick gerührt. Der Apollo-14-Kommandant Alan Shepard etwa, sonst von eher sarkastischem Gemüt, offenbarte später, er habe innehalten und weinen müssen. Eugene Cernan, der bislang letzte Mensch, der den Mond betreten hat, empfand vor allem Ehrfurcht: „Ich dachte: Hier muss Gott gewesen sein. So, wie ich die Erde jetzt sehe, muss Gott sie sich vorgestellt haben, bevor er sie erschuf. Sie ist einfach zu schön, um zufällig entstanden zu sein."

Aus dem All erschien den Astronauten die Erde tatsächlich so, wie sie der englische Biologe James Lovelock später in seiner „Gaia"-Hypothese beschrieb: als ein eigener, umfassender Organismus. Als ein Geschöpf mit Flüssen wie Pulsadern, Bergen wie Hautfalten, Wüsten wie Schorf. Aus der Ferne betrachtet, wies der Blaue Planet keine Grenzen mehr zwischen Staaten und politischen Systemen auf. Und er kam den Mondfahrern unglaublich zerbrechlich vor. „Wie eine Christbaumkugel", so William Anders, der zu Weihnachten 1968 mit der Apollo-8-Mission im Mondorbit den ersten Erdaufgang erlebt hatte. Wie eine „Oase, die wir verstehen und beschützen müssen", meinte David Scott, Kommandant von Apollo 15.

»Diese empfindliche Marmorkugel am Himmel zu sehen lässt einen die Kraft Gottes spüren«
James Irwin, Apollo 15

Deutlicher als je zuvor wurde in jenen Jahren unzähligen Menschen, dank der Bilder aus dem All, die Winzigkeit, die Verletzbarkeit, aber auch die Einmaligkeit ihres Heimatplaneten bewusst. Diese Erkenntnis verlieh den Mond-Missionen, die aus technischem, nationalistischem Ehrgeiz heraus gestartet und zuweilen in Hybris umgeschlagen waren, am Ende auch eine Spur von Demut.

Mehrere Apollo-Astronauten haben sich nach ihrer Rückkehr dem Glauben zugewandt: James Irwin, der nach seiner Erkundungstour durch die lunaren Apenninen sagte, er habe dort die Gegenwart Gottes gespürt, zog später als Baptistenprediger durch die USA. Russell Schweickart widmete sich dem Zen-Buddhismus. Und der Apollo-14-Pilot Edgar Mitchell gründete 1973 die spirituell geprägte, forschungsfördernde Organisation „Noetics". Seine Bilanz nach den Flügen zum Erdtrabanten: „Wir kamen zum Mond als Techniker – und kehrten zurück als bewusste Menschen." ❙

Carolin Dittbrenner entnahm die Zitate der Astronauten vor allem den NASA-Flugprotokollen (www.hq.nasa.gov/alsj) und Büchern des US-Autors und Apollo-Experten **Andrew Chaikin**.

* Unverbindliche Preisempfehlung ab Lager Land Rover für einen 3-Türer 1,8i, Abb. zeigt 5-Türer.

gramm.de
LAND ROVER
LR 1000
Performance. Mit Allradantrieb, elektr. Bergabfahrhilfe (HDC) und elektr. Traktionskontrolle (ETC).
Eben ein echter Land Rover. Ab 21.900,– €*. Und ab 15.11.2003 bei Ihrem Land Rover Partner.
LAND-ROVER
THE LAND ROVER EXPERIENCE

Das Anlitz des Trabanten: schwer gezeichnet von einem Meteoritenhagel, der vor rund vier Milliarden Jahren abebbte

KRATER

TEXT: LARS ABROMEIT

Seine Geburt war ein Gewaltakt, seine Jugend geprägt von Dauerbeschuss aus dem All. Seither birgt der Mond Botschaften aus der Frühzeit unseres Sonnensystems. Um sie zu entschlüsseln, ist im September 2003 Europas erste Mondfahrt gestartet

WELT

1

Bilder vom Ursprungsort des Begriffs »Mondlandschaft«: 1 Meteoriten mit mehreren Hundert Kilometern Durchmesser haben mächtige Gebirge aufgeworfen, etwa die Apenninen. 2 + 3 Ohne eine Atmosphäre, wie sie die Erde umhüllt, war der Mond schutzlos dem kosmischen Beschuss ausgesetzt. Und ohne die erodierenden Kräfte von Wind und Regen sind dessen Spuren bis heute deutlich sichtbar geblieben. 4 Eine meterdicke Schicht aus fein gemahlenem Gestein, durchsetzt mit Felstrümmern, bedeckt den Himmelskörper. 5 Der »Ozean der Stürme« ist von der Erde aus als großer dunkler Mondfleck zu erkennen; entstanden aus hervorquellender Lava, von späteren Einschlägen gleichfalls perforiert

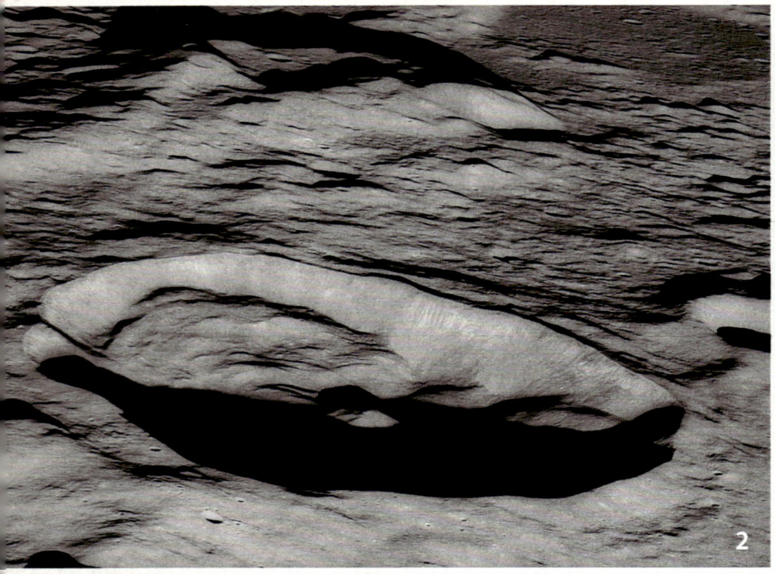

2

3

4

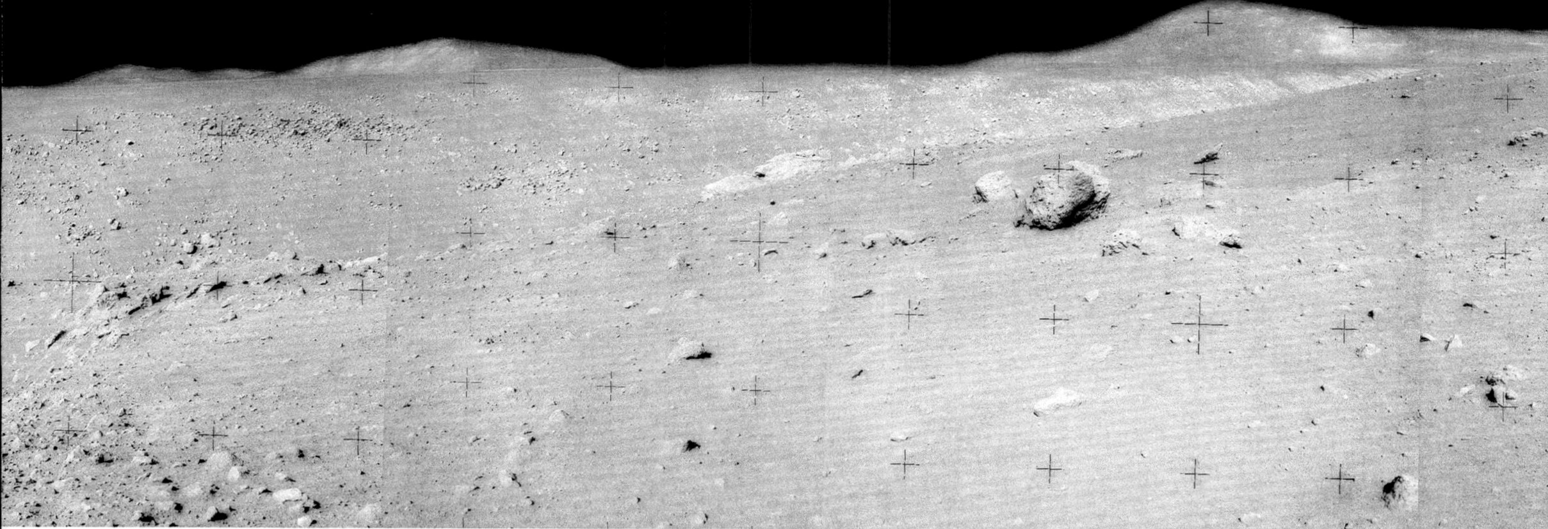

5

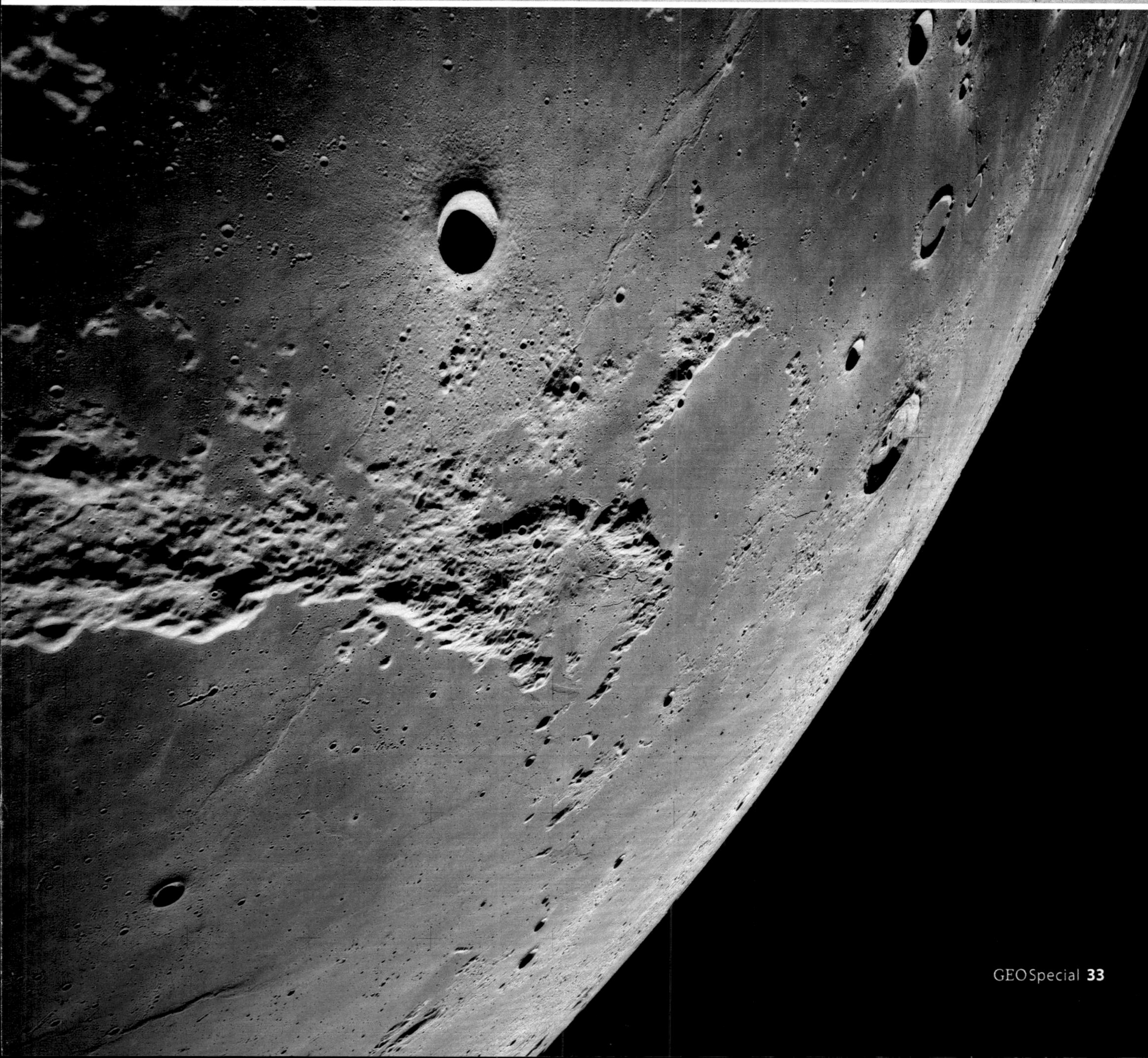

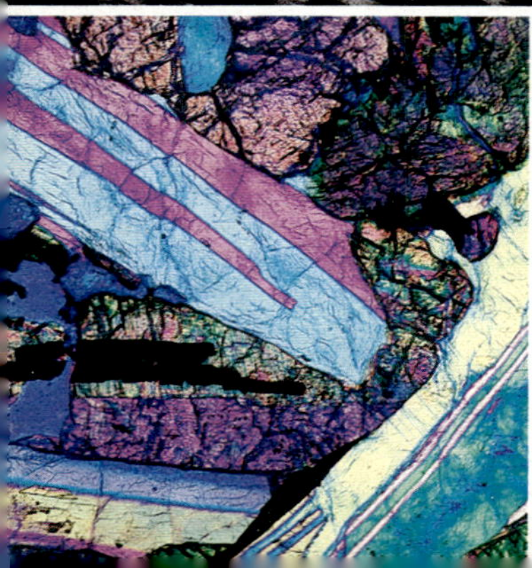

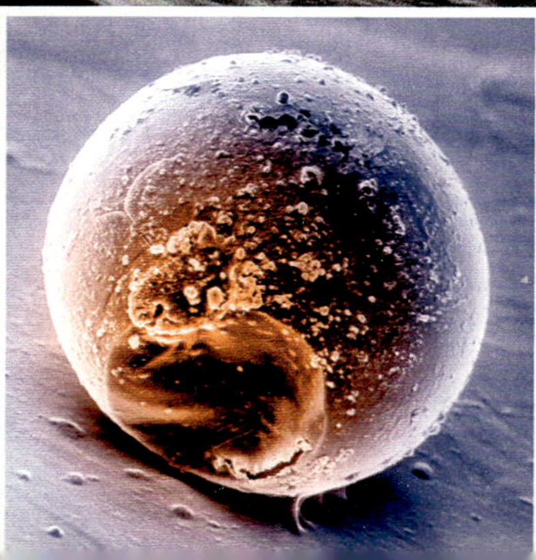

Wie ein Ozean glänzt der Mond vor der aufgehenden Erde. Unter dem Mikroskop gibt er Farben und Formen preis: Feldspat-Minerale als leuchtende Lamellen (ganz li.), Eisen-Titan-Oxide als dunklere Kristallklumpen (re.). Und manch zerstäubter Stein erstarrte nach dem Abkühlen zu winzigen Glaskugeln

Bernard Foing pustet sanft über die Innenfläche seiner Hand, lächelt stolz und sagt: „Das ist die Kraft, die uns zum Mond bringen wird."

Der 46-jährige Franzose, Physiker bei der „European Space Agency" (ESA) im niederländischen Noordwijk, koordiniert Europas erste Fahrt zum Erdtrabanten: Sein Team schickt ein „Smart-1" getauftes, unbemanntes Fluggerät los, den Mond zu umrunden und dabei genauer auszukundschaften, als es je zuvor gelungen ist. Mithilfe von Spezialkameras soll Smart-1, ohne zu landen, bis in die kleinsten Gesteinsporen blicken – und so auch in die Vergangenheit unseres Sonnensystems. Die Ergebnisse, sagt Foing, könnten unser Bild vom Mond und von der Frühzeit der Erde maßgeblich verändern. Und vielleicht sogar den Weg bereiten für eine künftige lunare Forschungsbasis.

Noch aber steht Smart-1 am Boden, geparkt in einer hellen, mit einer Luftschleuse vor Keimen geschützten Werkshalle der ESA. Die Sonde wirkt nicht gerade wie ein Shooting Star der Monderkundung: eine Kiste von der Größe eines Kühlschranks, 370 Kilogramm schwer, mit Metallfolie verklebt.

Fünf Monate, 24 Tage, zehn Stunden noch bis zum Start am 28. September 2003.

Techniker in blauen Kitteln, Kopfhauben und weißen Überschuhen schwirren um den glänzenden Würfel, wie Chirurgen um einen Patienten im Operationssaal. Sie haben den Bauch der Sonde weit geöffnet – und inspizieren zwischen Kabelbündeln, Metallkästen und Schaltern vorsichtig ihr winziges, aber höchst kraftvolles Herz: den Ionenantrieb.

Dieses neuartige Triebwerk, das von außen einer Fernsehröhre gleicht, benötigt nicht mehr Strom als ein normaler Föhn, wird Smart-1 aber fast 400 000 Kilometer weit bis in den Mondorbit führen. Anders als übliche Raketen verfeuert es keine chemischen Brennstoffe, sondern stößt bloß einen dünnen, blau schimmernden Strahl elektromagnetisch beschleunigter Ionen des Edelgases Xenon aus. Der so erzeugte Schub entspricht zwar nur der Gewichtskraft einer Postkarte; dafür reicht der Treibstoff jahrelang.

Ganz langsam soll Smart-1 so in einer Spiralbahn an den Mond heranschweben: Erst Anfang 2005, etwa 16 Monate nach dem Start, wird die Sonde ihr Ziel erreichen, den Trabanten ein bis anderthalb Jahre lang umrunden und währenddessen ihr Reisetagebuch zur Erde funken: Daten über das genaue Höhenprofil und über die Geochemie des Mondes. Das weitere Schicksal von Smart-1 steht noch nicht fest: Genügt der Brennstoff, werden die ESA-Forscher versuchen, die Sonde auf eine stabile Umlaufbahn im Mondorbit zu lenken – andernfalls wird sie im Staub zerschellen.

„Von dem Territorium, das Smart-1 erkunden wird, wissen wir auch 30 Jahre nach der ersten Mondlandung noch erstaunlich wenig", sagt Foing. Denn die Apollo-Astronauten hätten stets nur winzige Ausschnitte der Mondoberfläche untersucht. Daraus auf die geologische Struktur des Mondes schließen zu wollen gleiche dem Versuch, die Beschaffenheit der Erde allein anhand von Sandproben aus der Sahara zu erklären. Smart-1 werde nun die erste detaillierte Karte der Gesteinsformationen des gesamten Mondes zusammenstellen.

Eines ihrer wichtigsten Werkzeuge dabei ist die Digitalkamera „AMIE", nur 450 Gramm schwer und klein wie ein Feldstecher, aber so lichtstark und hochauflösend, dass sie sogar die zurückgelassenen Landegestelle der Apollo-Raumfähren registrieren könnte.

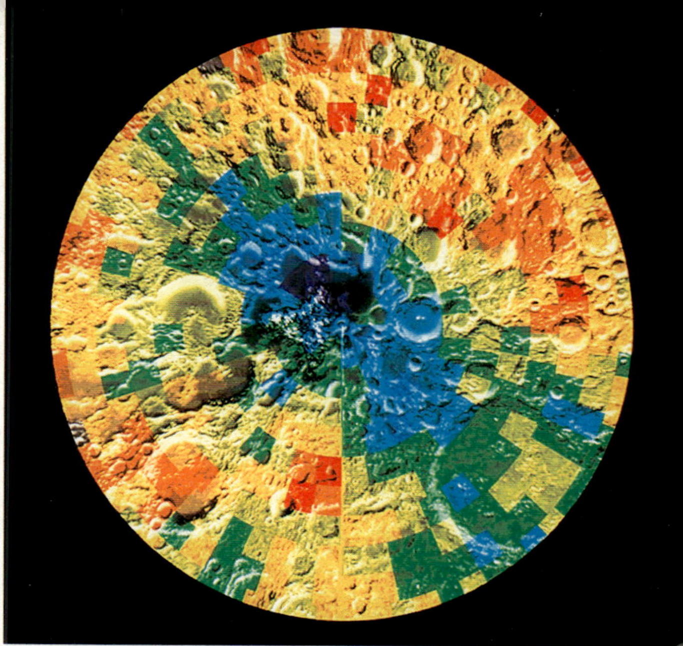

Am Südpol entdeckte die US-Sonde »Lunar Prospector« 1998 eine hohe Neutronenkonzentration (violett): Indiz für Wassereis?

Was aber ist das für eine Welt, die unter AMIEs elektronischem Auge vorbeiziehen wird?

Als „großartige Trostlosigkeit" hat sie Edwin Aldrin, einer der beiden ersten Mondpioniere, beschrieben: ein Wüstenreich, viermal so groß wie die Sahara, gespickt mit den Wundkratern eines Jahrmillionen andauernden Meteoritenhagels, zernarbt von kilometertiefen Rillen, den Relikten glühender Lavaflüsse.

Europas Sonde soll die erste Detailkarte des ganzen Mondes erstellen

Kein Windhauch und keine Wolke ziehen hier über die Hänge – denn die Anziehungskraft des Mondes reicht nicht aus, um eine komplexe Atmosphäre festzuhalten. Eine hauchdünne Gashülle gibt es zwar, aber sie ist 100 Milliarden Mal schwächer als jene der Erde und enthält keinen Sauerstoff, sondern vor allem Edelgase. Zudem schwebt sie nur knapp über dem Boden.

Dieser Gasmantel vermag, anders als die Erdatmosphäre, die Landschaft nicht vor Meteoriteneinschlägen zu schützen. Und weil auch das Magnetfeld des Mondes sehr schwach und überaus löchrig ist, fegen zusätzlich noch Sonnen- ›

MOND-GEBURT

Vor etwa 4,4 Milliarden Jahren, kurz nach Entstehung des Sonnensystems, kollidiert ein marsgroßer Asteroid mit der noch weitgehend flüssigen Erde

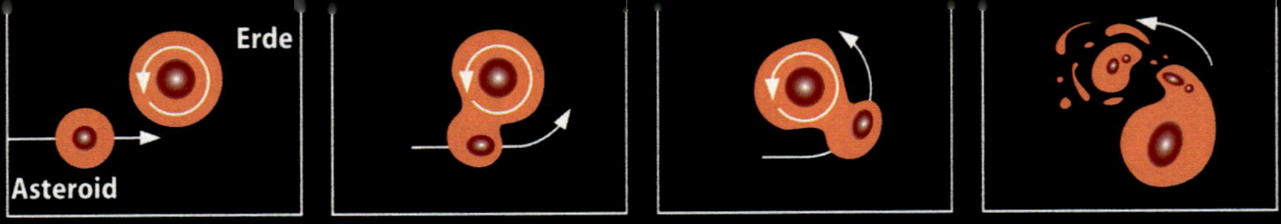

Beim Aufprall erhitzt sich die Erdkruste auf mindestens 10 000 Grad Celsius, die Erddrehung wird beschleunigt

Die Fliehkraft schleudert den Fremdkörper teilweise wieder nach außen. Gleichzeitig werden große Stücke aus dem Erdmantel gerissen

… und fertig ist das Mondgesicht

Eine Jugend im Meteoritenhagel zeichnet die Oberfläche des Trabanten bis heute

❶ Kurz nach seiner Entstehung vor 4,4 Mrd. Jahren ist der Mond noch weitgehend flüssig. Meteoriten durchbrechen die dünne Kruste und werden im glutheißen Inneren eingeschmolzen

❷ Allmählich wird die Kruste dick genug, dem Meteoritenhagel Widerstand zu leisten. Es bilden sich die ersten Krater

❸ Der Aufprall von Gesteinsbrocken mit bis zu 500 km Durchmesser lässt große Becken entstehen. Das Auswurfmaterial türmt sich zu mächtigen Bergketten

❹ Dort, wo die Brocken die Kruste durchschlagen, quellen Lavaströme empor und füllen die Becken auf

❺ Noch immer schlagen zahlreiche Meteoriten unterschiedlicher Größe ein. Die Landschaft verändert sich ständig

❻ Im Bereich der Hochlandregionen ist die Kruste wesentlich massiver. Die Lava kann sich nicht den Weg an die Oberfläche bahnen

❼ Die Lavameere erstarren zu Basalt. Als dunkle, von der Erde aus sichtbare Flecken heben sie sich deutlich gegen die helleren Hochlandregionen ab. Da das Innere des Mondes weitgehend erkaltet ist, kann keine Lava mehr austreten; seit rund vier Milliarden Jahren ist das Gesicht des Trabanten nahezu unverändert geblieben

❽ Das Sonnensystem hat sich »leer geschossen«. Inzwischen schlagen nur noch alle 100 Millionen Jahre berggroße Meteoriten ein, etwa alle 100 Jahre Brocken von der Größe eines Autos

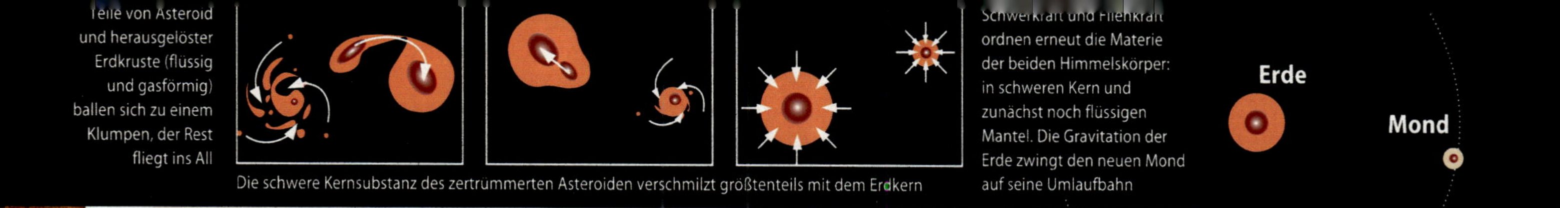

stürme, gewaltige Ströme elektrisch geladener Teilchen, ungebremst über die Felswüste – und zermürben das Gestein. Schallwellen hingegen können sich in dem nahezu leeren Raum nicht ausbreiten. Und so verpuffen selbst die heftigsten Meteoritentreffer ohne einen Laut.

Weil sich der Mond nur langsam dreht, brennt die Sonne stets zwei Wochen lang auf die leblosen Täler und Berge nieder; das Gestein erhitzt sich dabei bis auf 130 Grad Celsius. In der folgenden, zwei Wochen währenden Nacht hingegen sinkt die Temperatur bis auf 160 Grad unter dem Gefrierpunkt. In einigen besonders tiefen Kratern, in die nie ein Sonnenstrahl bis zum Boden vordringt, herrscht gar ewige Kälte.

Im 2600 Kilometer breiten Aitken-Becken am lunaren Südpol etwa haben Raumsonden eine Temperatur von minus 233 Grad gemessen – womit der größte Einschlagskrater auf dem Mond zugleich als einer der kältesten Plätze im gesamten Sonnensystem gilt.

Dort, am Südpol, wird die Smart-1-Sonde besonders genaue Messungen vornehmen. Denn in den Tiefen des Aitken-Beckens vermuten die ESA-Forscher Wassereis – was eine entscheidende Voraussetzung für eine spätere Mondsiedlung wäre.

Die als dunkle Flecken schon von der Erde aus erkennbaren „Meere“ *(maria)* hingegen, die Smart-1 gleichfalls überqueren wird, enthalten nicht die geringsten Spuren von Wasser, sondern sind bis zum Rand mit erkalteter Lava gefüllt. Vor mehr als vier Milliarden Jahren, als besonders heftige Meteoritenhagel die Kruste des Trabanten teilweise zerschlugen, quoll das eisen- und titanreiche, düstere Basaltgestein als glühender Magmastrom aus dem Mondinneren hervor und überflutete die Einschlagkrater sowie die umliegenden Ebenen.

Zwei Drittel aller Meeresflächen liegen auf der uns zugewandten Mondseite: Hier ist die Kruste dünner – vermutlich weil die Erdgravitation das Gestein verformt hat – und war daher von Meteoriten leichter zu zerschlagen.

Den erstarrten Lavameeren ist ihre zähflüssige Vergangenheit noch anzusehen. Sanfte Wellen durchziehen die Oberfläche, Gesteinsblasen wölben sich auf, Abbruchkanten zeugen von inneren Verwerfungen. Und hin und wieder ragen auch die Spitzen erloschener Vulkane aus der staubtrockenen See empor.

Die helleren „Kontinente“ *(terrae)*, die rund 86 Prozent der Mondoberfläche bedecken, sind wesentlich älter als die Meere – und daher auch zerklüfteter: Allein die erdzugewandte Mondseite weist rund 300 000 Meteoritenkrater mit einem Durchmesser von mehr als einem Kilometer auf. Die meisten davon sind so genannte „Sekundärkrater“, in den Boden gedrückt von Trümmern, die beim Aufprall größerer Meteoriten in alle Richtungen abgesprungen sind. Von Kratern wie Tycho oder Copernikus ragen die Spuren solcher Querschläger in mehreren Tausend Kilometer langen Strahlen ab.

Die Ränder mancher Primärkrater haben sich zu Gebirgen aufgetürmt, die in ihrem Ausmaß den großen Massiven der Erde gleichen. Während jene aber von Kräften aus dem Erdinneren aufgeworfen wurden, entstanden die Berge des Mondes durch Einwirkungen aus dem All. Die Apenninen, Alpen und Karpaten beispielsweise, die das Mare Imbrium umklammern, gehen auf den Einschlag eines einzigen gigantischen Meteoriten zurück. Die Gipfel der Bergketten thronen seither bis zu 5000 Meter hoch über dem Lavaboden, die Wände einiger jüngerer Krater in der Nähe des lunaren Südpols ragen sogar mehr als 8000 Meter hoch aus der Umgebung empor.

Das helle Gestein der lunaren Hochebenen besteht vor allem aus Feldspat-Mineralen, die wenig Eisen, aber viel Aluminium und Kalzium enthalten. Meteoriteneinschläge haben daraus blasige, kristalline Brocken, so genannte „Breccien“, zusammengebacken – und andere Gesteine so schnell geschmolzen und zerstäubt, dass diese beim Abkühlen zu Glas erstarrt sind.

Eine bis zu 15 Meter dicke Staub- und Trümmerschicht liegt über dem Felsboden: der „Regolith“. Manche Forscher nahmen an, dass ein Mensch darin versinken würde. Doch dann gab der Apollo-11-Kommandant Neil Armstrong bei seinen ersten Schritten auf dem Mond Entwarnung: „Die Oberfläche sei zwar ‚fein und pulverig wie Kohlenstaub‘, aber man sinke darin nur ein paar Millimeter weit ein.

Wie die meisten Landschaften des Mondes ist auch der Regolith das Produkt des Meteoritenhagels aus dem All. Winzige Geschosse, oft kaum größer als ein Sandkorn, prasseln unablässig in einem Tempo von bis zu 200 000 Kilometern pro Stunde auf den Trabanten ein – und zermahlen wie ein Sandstrahlgebläse nach und nach die Felsschichten.

Die ESA-Forscher sehen im Regolith ein lunares, aber auch für die Erde relevantes Geschichtsbuch: Seine Dichte und chemische Zusammensetzung lassen erkennen, wie viele Projektile und was für welche vor Jahrmilliarden durch das ›

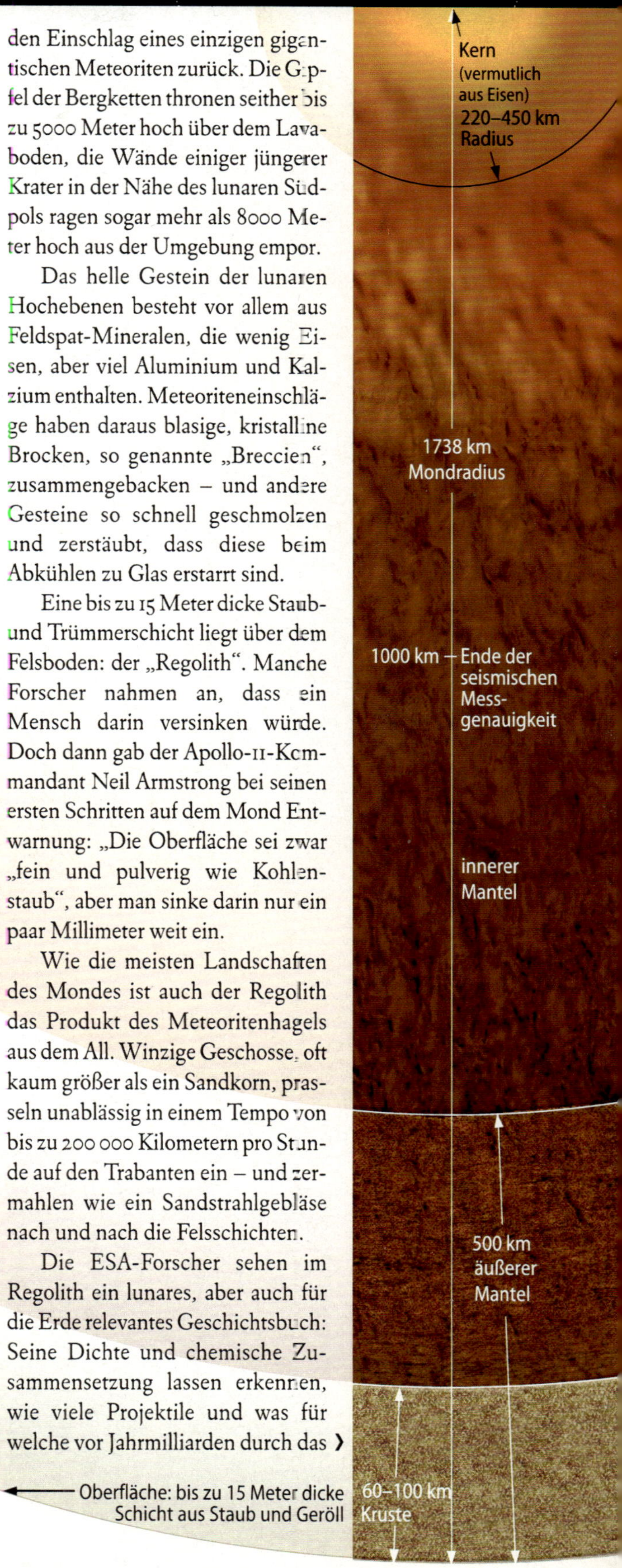

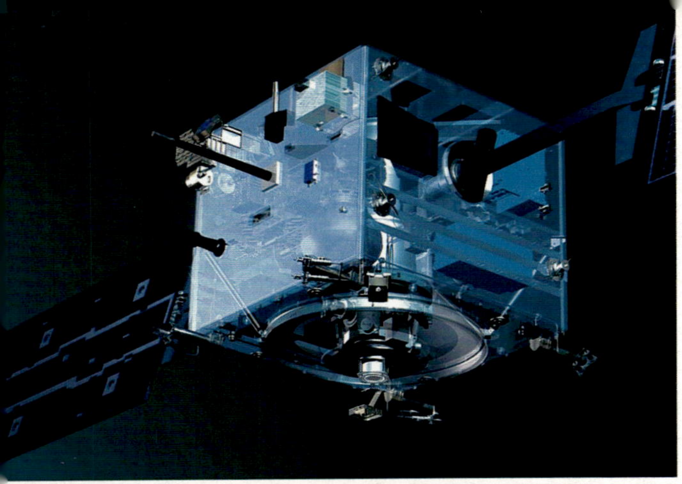

Kaum größer als ein Kühlschrank: die Sonde »Smart-1« (Abk. für: Small Missions for Advanced Research in Technology)

Sonnensystem rasten, lange bevor auf der Erde die ersten Lebewesen entstanden sind. Ungefähr vor 4 bis 3,8 Milliarden Jahren muss der heftigste Meteoritensturm verebbt sein. Seither hat auch die Kraft des Vulkanismus nachgelassen. Und heute registrieren die von Apollo-Astronauten auf dem Mond zurückgelassenen seismographischen Sonden nur noch hin und wieder schwache, von der Erdgravitation ausgelöste Beben in Lunas Bauch.

Der Mond ist eine stille, in der Zeit erstarrte Welt; aber er birgt das Erbe einer turbulenten Epoche aus der Frühzeit unseres Sonnensystems. Während die Spuren davon auf der Erde längst durch Erosionskräfte verwischt worden sind, hat der Mond sie in seiner Wüstenwelt gebannt. Anhand der lunaren Gesteinsstrukturen können Wissenschaftler nun beispielsweise hochrechnen, in welchem Abstand auch auf der Erde katastrophale Meteoriteneinschläge auftreten wie jener, der womöglich vor 65 Millionen Jahren die Dinosaurier ausgelöscht hat.

Mit einer Infrarotkamera soll das Mondgestein bloßgelegt werden

Die Smart-1-Sonde soll die dafür notwendigen Daten liefern: Sie analysiert die Beschaffenheit der Mondkruste, indem sie die Eigenschaft von Magnesium, Silizium, Aluminium, Eisen und anderen Elementen nutzt, Infrarot- und Röntgenstrahlen unterschiedlich zu reflektieren. Die Infrarotkamera von Smart-1 kann dabei 256 Spektralbereiche auseinander halten; die beiden US-Sonden „Clementine" und „Lunar Prospector", die 1994 und 1998 den Mond umrundeten, mussten noch mit sechs Messfeldern auskommen.

„Erst in den Spektralfarben offenbart der Mond sein wahres, faszinierendes Gesicht", sagt Smart-1-Forschungsleiter Foing. Leuchtend gelb, feuerrot, violett und apfelgrün präsentiere sich der Erdbegleiter dann – ganz anders als auf den Fotos der Apollo-Astronauten, die eine graue, monotone Welt zeigten. Aus den vom Mond gefunkten Farbmustern sei zu schließen, welche geologischen Prozesse den Trabanten geprägt haben – und vielleicht sogar, wie er genau entstanden ist.

Noch in den 1970er Jahren hielten viele Wissenschaftler ihn für einen großen, von der Erde eingefangenen Asteroiden. Andere Experten wiederum meinten, Mond und Erde seien aus derselben Urwolke entstanden. Die heute gängige Lehrmeinung hingegen, die so genannte „Giant Impact"-Hypothese, entwirft für die Geburt des Mondes ein weitaus dramatischeres Szenario:

Ein Asteroid, etwa so groß wie der Mars und vorläufig „Theia" genannt, streift vor rund 4,4 Milliarden Jahren, 150 Millionen Jahre nach der Bildung des Sonnensystems, auf seinem Weg durchs All die junge Erde. Die Energie des Aufpralls erhitzt die gesamte Erdoberfläche schlagartig auf mindestens 10 000 Grad Celsius und lässt sie zu einer kochenden Magmadecke zerschmelzen. In einer Explosion, die fast eine Stunde lang heller leuchtet als die Sonne, verdampfen Trillionen Tonnen Gestein von Theia und Erde zu einer hochjagenden Wolke, die sich im Weltraum langsam verdichtet und sich – wahrscheinlich innerhalb weniger zehntausend Jahre – zum Mond-Gestirn zusammenballt.

Mehrere Indizien haben die „Giant Impact"-Hypothese inzwischen bestätigt: So ist das Verhältnis verschiedener Sauerstoff-Isotope im Mond- und Erdgestein sehr ähnlich, was auf eine enge Verwandtschaft der beiden Himmelskörper hindeutet. Auch zeigen seismographische Experimente, dass der Trabant nur einen kleinen Kern aus Eisen besitzt – was den Schluss erlaubt, dass der Mond aus dem Mantel einer bereits in Kruste, Mantel und Eisenkern gegliederten Erde herausgetrennt worden ist. Und die Hitze, die beim Einschlag des Asteroiden auftrat, könnte den Mangel an flüchtigen Mineralen wie Zink, Kalium und Phosphor im Mondgestein erklären: Diese sind vermutlich aus der heißen Gaswolke, die später den Mond formte, ins All entwichen.

Von Theia, dem zweiten „Elternteil" des Mondes, wissen die Forscher allerdings noch wenig. Immerhin verraten Computersimulationen, dass in der Anfangszeit des Sonnensystems etwa 100 solcher Riesenasteroiden und unzählige kleinere durch diesen Teil des Weltraums schwirrten: Sie waren aus zusammengeballtem Staub im solaren Urnebel hervorgegangen – und formten durch Kollisionen und Verschmelzungen die vier sonnennächsten Planeten. Trifft die „Giant ›

Auf einer elliptischen Spiralbahn nähert sich »Smart-1« in 16 Monaten langsam dem Trabanten

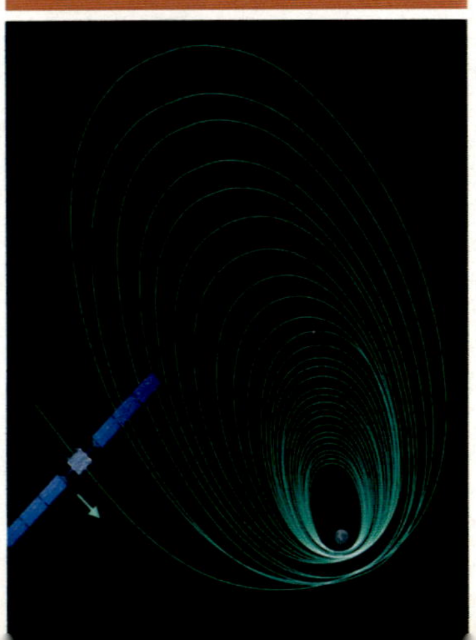

Gesteinsformationen wie den Krater Timocharis begreifen Wissenschaftler als Archiv – auch der Erdgeschichte

Impact"-Hypothese zu, wäre die Geburt des Erdtrabanten ein Musterbeispiel für eine solche Kollision – und könnte daher, genauer erforscht, Aufschlüsse auch über die Entstehung anderer Himmelskörper geben.

Die Vielfalt der lunaren Geologie beweist, dass der Erdtrabant nicht nur eine dramatische Geburt, sondern auch eine heiße Kindheit erfahren hat: Der junge Mond wurde vermutlich mindestens 100 Millionen Jahre lang von einem zähflüssigen Magma-Ozean bedeckt. Schwere, eisen- und magnesiumhaltige Minerale sanken darin ab, leichtere stiegen auf, kondensierten und formten eine erste Kruste, den Vorläufer der heutigen, hellen Kontinente. Meteoritenhagel zerschlugen diese Kruste wieder, woraufhin sich vor etwa 4,2 Milliarden Jahren die ersten Meere füllten – mit dunklem Magma aus dem Inneren des Mondes.

Auch Japan und China planen Mondfahrten – als Test für weitere Reisen

Der kosmische Beschuss nahm währenddessen langsam ab – bis vor rund vier Milliarden Jahren, wie die Analysen radioaktiver Isotope im Mondgestein zeigen, erneut ein nahezu apokalyptischer, Jahrmillionen andauernder Hagelschauer über die Mondlandschaft hereinbrach. Auf der Erde entwickelten sich in jener Zeit vermutlich die Urformen des Lebens. Welchen Einfluss der Meteoritenbeschuss hierauf gehabt hat, gehört zu den größten Mysterien, die anhand des Mondes entschlüsselt werden könnten. Manche Forscher hoffen sogar, auf dem Trabanten selbst noch Fossilien früher Lebensformen zu entdecken: An den Vulkanschloten der Meere könnten vor Jahrmilliarden Archaebakterien gehaust haben – einfachste, früh entwickelte Mikroorganismen, die auf der Erde in extremer Hitze und Kälte, ohne Licht und Sauerstoff überleben können.

Der größte Triumph der Wissenschaftler aber wäre es, wenn sie in den Mondkratern auf Wasser stießen. Die US-Sonden „Clementine" und „Lunar Prospector" haben bei Messungen am lunaren Südpol bereits charakteristische Resonanzsignale für Wasserstoff empfangen. Einige US-Forscher folgerten daraus kühn, in den Tiefen des Aitken-Beckens seien mindestens 100 Millionen Tonnen Wassereis verborgen, ausreichend, um dereinst eine Mondbasis mit mehreren Hundert Einwohnern zu versorgen.

„Smart-1 wird dieses Rätsel nun hoffentlich klären", sagt Bernard Foing, als Europas Sonde in der Nacht zum 28. September 2003 startbereit ist. Über die Bildschirme des „Satellitenkontrollzentrums" der ESA in Darmstadt flimmern Daten und Bilder aus Kourou in Französisch-Guayana, von wo aus eine Ariane-V-Rakete Smart-1 in den Erdorbit katapultieren soll. Erst wenn sich die Sonde dort aus der Spitze der Rakete abkoppelt, übernehmen die Fluglotsen in Darmstadt die Kontrolle. Der Countdown, in großen roten Zahlen an der Wand zu sehen, läuft auf sein Ende zu: „Deux, un, zéro – feu!", schallt es aus den Lautsprechern. Die Rakete hebt ab, hüllt den Regenwald von Kourou in eine gigantische Dampfwolke und verschwindet als glühender Punkt im Himmel. Als 42 Minuten später auf den Bildschirmen in Darmstadt drei grüne Kontrollfelder aufleuchten, löst sich die Anspannung der ESA-Forscher. „Wir haben ein Signal", jubeln sie. Smart-1 ist auf dem Weg zum Mond.

Lange wird die ESA-Sonde dort oben nicht allein bleiben. Im Februar 2004 soll auch die japanische Mission „Lunar-A" starten, um das bislang kaum enträtselte Herz des Mondes zu erkunden: den Kern, von dem die Experten vermuten, dass er flüssig sei, eisenhaltig und zwischen 440 und 900 Kilometer dick. Eine zweite japanische Mission ist für das Jahr 2006 geplant, und auch Indien und China drängt es zum Mond.

Zum einen geht es allen Nationen natürlich ums Prestige, mit den Russen und den USA im Weltraum gleichzuziehen. Zum anderen ist die Wiederentdeckung des Mondes aber auch der Einsicht der Raumfahrtagenturen zu verdanken, aus der Not sinkender Finanzen eine Tugend machen zu müssen: Bei Mondmissionen lassen sich mit relativ wenig Aufwand neue Techniken erproben, die später zu längeren Reisen ins All genutzt werden könnten: Das Smart-1-Projekt etwa kostet gerade einmal 110 Millionen Euro, kaum mehr als ein Tausendstel des Apollo-Budgets. Wenn der Ionenantrieb der Sonde sich bewährt, soll er später eine Mission zum Merkur führen.

Und auch das nächste Etappenziel der Monderkundung, eine für das Jahr 2015 anvisierte, zunächst von Robotern bewohnte Forschungsstation am lunaren Südpol, erscheint manchem Visionär nur als Sprungbrett zu einem weiter entfernten Wüstenplaneten: dem Mars. ∎

Lars Abromeit, 29, berichtete für GEO Special zuletzt über die sibirische Tundra – eine Welt, die ihm inzwischen äußerst gemütlich erscheint.

♀ EMMA
das politische Magazin von Frauen

TEXT: JÖRN AUF DEM KAMPE

EINER FÜR ALLE

Der Mond gehöre der gesamten Menschheit, meinen Völkerrechtler. Das sieht ein Geschäftsmann in den USA ganz anders – und verkauft erfolgreich Grundstücke mit Erdblick

Das Sternenbanner hatte kaum im staubigen Boden des Erdtrabanten Halt gefunden, da glaubte eine deutsche Redaktion bereits zu wissen, welche völkerrechtliche Konsequenz diese stolze Geste der „Apollo 11"-Astronauten hätte: „Der Mond ist jetzt ein Ami!", titelte die „Bild"-Zeitung am 21. Juli 1969, dem Morgen nach Neil Armstrongs berühmtem Sprung von der Leiter der Mondlandefähre.

Dabei hatte es gar nicht so aussehen sollen. Lange vor dem Start hatte die NASA geprüft, wie sich der Eindruck, Amerika wolle den Mond vereinnahmen, vermeiden ließe. Ein „Komitee für die symbolischen Aktivitäten bei der ersten Mondlandung" zog sogar in Erwägung, den Astronauten nur die Fahne der Vereinten Nationen oder die Flaggen von allen Staaten der Erde im Miniaturformat auf die Reise mitzugeben. Schließlich einigten sich die Experten auf einen Kompromiss: Die Stars and Stripes sollten gehisst werden, am Landegestell der Raumfähre aber wurde eine Plakette mit einer Weltkarte und der Botschaft befestigt: „Wir kamen in Frieden für die ganze Menschheit."

So konnte die Mission einerseits als amerikanischer Triumph verkauft werden – und hielt sich andererseits an die vom Völkerrecht gesteckten Grenzen. Denn hätten die Astronauten den Mond einfach ähnlich okkupiert wie die europäischen Entdecker einst die Neue Welt, so wäre dies laut Frans von der Dunk, dem stellvertretenden Direktor des International Institute of Air & Space Law im niederländischen Leiden, eindeutig „ein Bruch des Weltraumvertrags".

Die UN verfassten 1979 den »Mondvertrag« – doch noch hat ihn keine Raumfahrtnation ratifiziert

Dieses Abkommen, das knapp zwei Jahre vor der Mondlandung in Kraft getreten war und von der damaligen UdSSR, den USA und 96 anderen Staaten anerkannt worden ist, reglementiert bis heute sämtliche Vorstöße ins All: Raumfahrer gelten als „Boten der Menschheit", jede Nation hat „uneingeschränkten Zugang" zu allen Himmelskörpern; die Forschung ist frei, „militärische Übungen" sind auf ihnen untersagt. Und kein Staat darf Monde, Asteroiden oder Planeten des Sonnensystems exklusiv in Besitz nehmen.

Die rechtlichen Angelegenheiten speziell des Erdtrabanten ordnet seit 1979 ein weiterer Pakt: der „Mondvertrag". Danach kann niemand Eigentümer der kahlen Kugel oder eines Teiles davon werden, keine Organisation, kein Unternehmen und auch keine Privatperson. Das einzige Problem an dieser klaren Regel: Bis heute haben erst zehn Staaten den Kontrakt ratifiziert, zum Beispiel Pakistan, Marokko und Mexiko – aber keine der Raumfahrtnationen.

„Damit ist die Übereinkunft nahezu bedeutungslos", urteilt Virgiliu Pop, Rechtswissenschaftler an der University of Glasgow und Mitglied des International Institute of Space Law (IISL). Der Grund für die Zurückhaltung der maßgeblichen Staaten sei Artikel 11 des Mondvertrages: Er bestimmt, dass die Vertragspartner sich über die Nutzung des Mondes verständigen und alle etwaigen Erträge mit anderen Ländern teilen sollten.

Noch während der Mondvertrag bei der UNO in New York zur Unterschrift auslag, machte sich der kalifornische Geschäftsmann Dennis Hope auf, selber nach den Sternen und dem Mond zu greifen. Beim Grundbuchamt in San Francisco ließ er 1980 seinen Eigentumsanspruch auf alle Planeten und Monde des Sonnensystems außer der Erde eintragen. Er berief sich auf ein altes amerikanisches Gesetz, das die Annexion herrenlosen Landes regelt – und argumentierte, Privatleuten sei die Aneignung von Himmelskörpern nicht verboten, weil der Weltraumvertrag ausdrücklich nur Nationen erwähne.

Über seine Firma „Lunar Embassy" verkauft Hope den Mond seither parzellenweise: Mehr als zwei Millionen Grundstücke will er bereits abgesetzt haben, unter anderem angeblich an die Hotelketten Hilton und Marriott, zahlreiche Hollywood-Größen und die amerikanischen Ex-Präsidenten Jimmy Carter und Ronald Reagan. Inzwischen hat Hope ein Netz von Internet-Shops über die ganze Erde gespannt; in Japan, Neuseeland oder Deutschland verscherbeln „Botschafter" von ihm lizenzierte Stücke von lunaren

Verbrieft: GEO-»Besitztum« am Mare Imbrium

Kratern, Ebenen und Bergen. Ein amerikanischer Acre, gut 4000 Quadratmeter, kostet rund 30 Dollar, Urkunde inklusive.

In Las Vegas hat Dennis Hope am 20. Juli 2001 die Gründung einer „Galaktischen Regierung“ verkündet; zurzeit, sagt er, arbeite diese gerade die Verfassung für ihren Mondstaat aus. Und in der „Trail-Blazer“-Sonde, die voraussichtlich im Frühjahr 2004 auf dem Mond landen wird, hat er sich Platz für eine auf CD gespeicherte Eigentumserklärung reserviert – die sein Revier bis in alle Ewigkeit markieren soll.

Der Ausverkauf des Mondes ist jedoch längst keine Exklusivveranstaltung mehr. Wie Hope verkaufen auch andere Geschäftemacher Parzellen im Mare Imbrium und am Rand des Tycho-Kraters, gründen eigene „Mondrepubliken“ oder beanspruchen gleich die gesamte Galaxie für sich. Weltweit habe er 24 „Trittbrettfahrer“ gezählt, sagt Hope, aber die seien „kein großes Problem“, sie kämen mit ihren Ambitionen ohnehin zu spät.

Auch Martin Jürgens, Rentner aus dem westfälischen Westerkappeln, hat dem Kalifornier den Mond streitig gemacht – allerdings nicht aus kommerziellen Gründen: Seit dem 15. Juli 1756 gehöre der Himmelskörper seiner Familie, behauptet er. Preußens König Friedrich der Große habe einem seiner Ahnen den Mond geschenkt, für besondere Verdienste. Eine Urkunde besiegele den Transfer („Jetzo soll ihm der Mond gehören“) und bestimme, dass das Präsent innerhalb der Sippe stets auf den jüngsten Sohn weitervererbt werde. „Verbissen sehe ich das nicht“, sagt Jürgens, „die Schenkung war wohl auch eher ein Scherz.“ Aber nachdem er 1996 von den Aktivitäten Hopes erfahren hatte, schrieb er diesem einen flammenden Brief und prangerte die „amerikanische Raffgier“ an. Eine Antwort hat er nie erhalten.

„Alles Unsinn. Weder Dennis Hope oder irgendjemand sonst ist Eigentümer des Mondes“, sagt der Jurist Virgiliu Pop, „denn das im Weltraumvertrag fixierte Verbot betrifft auch Privatpersonen. Wenn ein Staat zum Beispiel eine Konvention gegen die Sklaverei unterzeichnet, gilt das schließlich auch für jeden Bürger – niemand darf dann Sklaven besitzen.“ Die große Mehrheit der Rechtsgelehrten sieht es genauso: Der Mond gehöre einzig und allein der gesamten Menschheit.

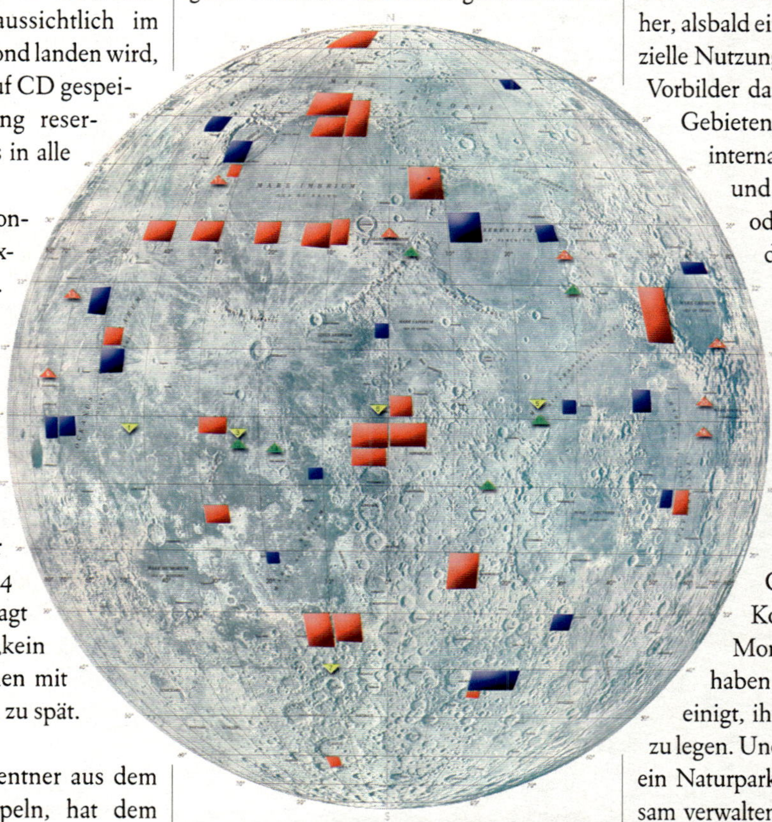

Beleg eines stolzen Maklers: Rote Areale sind bereits verkauft worden, blaue reserviert

Zur Sicherheit arbeitet das International Institute of Space Law (IISL) derzeit an Vorschlägen, wie den Eigentumsansprüchen von Hope & Co. zu begegnen sei. Die Vereinigung von Weltalljuristen wolle einen Appell an die Staatengemeinschaft richten, sagt Stephan Hobe, Mitglied des IISL und Direktor des Kölner Instituts für Luft- und Weltraumrecht. Der Vorstoß von Dennis Hope solle rechtzeitig gestoppt werden. Andererseits müsse die Staatengemeinschaft dringend klären, ob sie privaten Unternehmen „den Weg zum Mond rechtlich öffnen und damit Anreize für Investitionen schaffen will“.

Was würde denn passieren, wenn tatsächlich dereinst Privatfirmen zum Beispiel Lagerstätten von Rohstoffen auf dem Erdtrabanten für sich beanspruchten? „Das Weltraumrecht ist bisher nur auf Staaten zugeschnitten und kennt für diese Fälle keine Antwort“, sagt Frans von der Dunk. Bei den Vereinten Nationen überlege man daher, alsbald ein Reglement für die kommerzielle Nutzung des Mondes zu entwickeln. Vorbilder dafür gibt es – aus entlegenen Gebieten der Erde: zum Beispiel die internationalen Verträge zum Schutz und zur Nutzung der Antarktis oder die Vereinbarungen über den Tiefseebergbau.

Wie auf dem Mond war auch in der Antarktis die Rechtslage bis Mitte des 20. Jahrhunderts so vage wie das Land weit. Zwar reklamieren Staaten wie Großbritannien, Norwegen, Australien und Argentinien noch immer große Gebiete auf dem Sechsten Kontinent für sich. In einem Moratorium aus dem Jahre 1959 haben sie sich allerdings darauf geeinigt, ihre Ansprüche vorerst auf Eis zu legen. Und seit 1991 gilt die Antarktis als ein Naturpark, den die Nationen gemeinsam verwalten und erforschen. Ein Abbau von Bodenschätzen ist für die nächsten 50 Jahre untersagt. Am Grund der Weltmeere darf indes geschürft werden. Eine „Internationale Meeresbodenbehörde“ vergibt Lizenzen und überwacht den Abbau.

Der Pionier in Sachen lunarer Immobilien, Dennis Hope, denkt längst in viel größeren Dimensionen. Seine Kunden kauften die Grundstücke, „weil sie beim nächsten Schritt der menschlichen Evolution dabei sein wollen“. Für sehr weit Vorausschauende hat Hope ein besonderes Schnäppchen im Programm: Der Kleinplanet Pluto, unterwegs im Randbezirk des Sonnensystems, ist für 250 000 US-Dollar zu haben. ❙

Jörn Auf dem Kampe, 30, hat Jura und Geologie studiert und ist Absolvent der Henri-Nannen-Journalistenschule. Er lebt als freier Autor in Münster.

Wenn's denn fruchtet…

Auf Gedeih und Verderb: Seit zehn Jahren führen Birgit und Ernst Breidenbach ihre Gärtnerei im unterfränkischen Schneeberg nach dem Mondkalender. in die Erde – dann nämlich, wenn der Trabant die Sternbilder Schütze, Widder oder Löwe durchläuft. Auch für Muße sorgt der Mond: Steht er im Wassermann,

Gartenarbeit, Friseurtermine, Arztbesuche: Wer alltägliches Tun am Lauf des Erdtrabanten ausrichtet, lebt besser. Wissenschaftler halten diese Behauptung für Unsinn. Millionen von Menschen glauben trotzdem daran

Tomatensetzlinge etwa kommen nur an »Fruchttagen« ist den Pflanzen ohnehin nicht zu helfen

TEXT: ANKE SPARMANN FOTOS: RALF KREUELS

Ein Tag mit Johanna Paungger, und das ganze Leben kann einem vorkommen wie eine Anhäufung verpasster Gelegenheiten.

Gestern etwa, ein Montag, an dem der zunehmende Mond das Sternbild der Jungfrau durchquerte, wäre ein guter Tag zum Haareschneiden gewesen; davor schon ließ man günstige Tage für einen beruflichen Neubeginn ungenutzt verstreichen.

Johanna Paungger hätte einem die Augen für all diese Gelegenheiten öffnen können. Sie sitzt auf der Loggia ihres Hauses im österreichischen Klosterneuburg, hinter ihr liegen die letzten Ausläufer der Alpen. Nebenan ruht eine Frau reglos am Pool; seit Tagen nun schon diese Hitze. Doch was Johanna Paungger lähmt, ist nicht die Sonne, sondern der Mond.

Das muss sie erklären. Sie wählt schlichte Worte, aber es klingt wie Zauberei: Zum richtigen Zeitpunkt erledigt, so Johanna Paungger, gehen die Dinge leicht und mühelos von der Hand. An Tagen wie heute hingegen – es ist ein Dienstag, der zunehmende Mond durchwandert inzwischen das Sternzeichen der Waage – brauchte man gar nicht erst aufzustehen.

Im Detail: Würde sie heute die Blumen gießen, bekämen die Läuse. „Waschen ist ungünstig, Bügeln auch, Fensterputzen auch." Johanna Paungger lebt konsequent. Warum soll sie es sich schwer machen, wenn es doch auch einfach geht?

Sie ist die erfolgreiche Botschafterin eines uralten Volksglaubens: Seit Jahrzehnten hält Johanna Paungger Vorträge über den Mond und dessen Einfluss auf den Alltag des Menschen. Gemeinsam mit ihrem Mann Thomas Poppe hat sie sieben Ratgeber geschrieben. Bauen und Renovieren, Diäten und Arztbesuche, Garten-, Körperpflege und Gymnastik – für alles im Leben gibt es demnach eine Gewähr auf gutes Gelingen: die richtige Mondphase.

Wie enorm viele Menschen diesen Glauben teilen, belegt der Absatz der sieben Bücher: Insgesamt mehr als zehn Millionen Exemplare sind laut Verlag im deutschspra- ›

Einfluss aus dem All

Wie viele Deutsche glauben an besondere Kräfte des Mondes? Im Auftrag von GEOSpecial führte das Berliner Forsa-Institut dazu eine repräsentative Umfrage durch

Frage 1: Können die Mondphasen, vor allem der Vollmond, einen Einfluss auf das Verhalten des Menschen haben?

- **Ja** .... **92 %**
- **Nein** .... **8 %**

Was für eine Kluft: Der überwältigenden Mehrheit wissenschaftlicher Studien zufolge gibt es keinerlei Einfluss dieser Art – und doch sind neun von zehn Deutschen davon überzeugt

Frage 2: Auf welche der folgenden Dinge hat der Vollmond Ihrer Meinung nach Einfluss?

- **auf den menschlichen Schlaf** .... **88 %**
- **auf die Selbstmordrate** .... **40 %**
- **auf die Häufigkeit von Geburten** .... **32 %**
- **auf die Häufigkeit von Verkehrsunfällen.** **31 %**
- **auf die weibliche Menstruation** .... **30 %**
- **auf die Chance, sich zu verlieben** .... **21 %**
- **auf den Erfolg bei Glückspielen** .... **3 %**
- **auf nichts davon** .... **8 %**
- **keine Antwort** .... **1 %**

Frauen sind etwas gläubiger: Einen Einfluss auf den Schlaf bejahen 91 % von ihnen (Männer 85 %), auf Geburten 39 % (Männer 24 %), auf die Menstruation 35 % (Männer 25 %)

Frage 3: Bei welchen Tätigkeiten des Alltags achten Sie persönlich auf die Mondphasen?

- **bei Aussaat und Ernte von Obst und Gemüse** .... **16 %**
- **bei der Planung von Friseurterminen** .... **9 %**
- **bei der Planung von Arzt- und Operationsterminen** .... **7 %**
- **beim Waschen und Putzen** .... **3 %**
- **bei der Einnahme von Medikamenten** .... **2 %**
- **bei nichts davon** .... **78 %**
- **keine Antwort** .... **1 %**

Die größte Diskrepanz zwischen den Geschlechtern gibt es hier bei der Planung von Friseurterminen: 4 % der Männer blicken vorher auf einen Mondkalender – und 14 % der Frauen

Umfragedaten: 1004 repräsentativ ausgewählte Deutsche im Alter ab 14 Jahren wurden Ende September 2003 befragt. Statistische Fehlertoleranz: +/–3 Prozentpunkte

chigen Raum schon verkauft worden, allein 2,5 Millionen Exemplare vom ersten Ratgeber „Vom richtigen Zeitpunkt". Übersetzt wurden die Bestseller in 22 Sprachen, darunter in Russisch, Polnisch, Ungarisch, Griechisch, Japanisch und Chinesisch.

Der Erfolg des österreichischen Autorenpaares lässt erahnen, dass der Mond seine Magie bis heute nicht verloren hat. Im Gegenteil: Gerade in der Welt des 21. Jahrhunderts, in der die Wissenschaft die letzten Geheimnisse des Lebens zu entzaubern sucht, erwacht der alte Glaube an die Kraft des Erdtrabanten neu. Seit Jahren quellen die Esoterik-Regale der Buchhandlungen vor Mondbüchern im Stil von Paungger und Poppe über. In Bioläden reihen sich Bier, Brot und Quellwasser aneinander – bei Vollmond gebraut, gebacken, abgefüllt; und in fast jeder Großstadt finden sich Ärzte und Friseure, die ihre Termine nach den Mondphasen vergeben.

Bei einer Umfrage der GfK Marktforschung im Jahr 1999 bekannte sich jeder zehnte Deutsche zu der Aussage, der Stand des Mondes beeinflusse den Ausbruch und Verlauf von Erkrankungen. Besonders im Süden der Republik, so der Befund, seien solche Ansichten verbreitet. In den USA glauben sogar vier von fünf Psychologen sowie zwei Drittel aller Unfallärzte, der Mond wirke sich unmittelbar auf das menschliche Verhalten aus.

Es gibt Aktienhändler, die beim Kauf und Verkauf ihrer Papiere zuerst den Erdtrabanten konsultieren. Nach dem Mond wird gesät, geerntet, Holz geschlagen; mit mystischer Kraft soll er sich auf die Fruchtbarkeit auswirken und die weibliche Menstruation takten. Auch die Häufigkeit von Autounfällen und Schlägereien, Selbstmorden und Geburten wähnen viele vom Mond regiert, wie Ebbe und Flut. Und einer Phase wird dabei stets besondere Kraft beigemessen: dem Vollmond, bei dem schon Jack the Ripper mordete. Bei dem die Liebe aufflammt. Bei dem Schlafwandler auf Dachfirste klettern.

Alles purer Aberglaube?

Johanna Paunggers Leben wurde früh auf den Mond geeicht. Walchsee, Kaiserwinkl, in Tirol. Kuhglocken und Alpenglühen. Hier wird sie 1953 geboren. Ihr Großvater nimmt sie mit zum Kräutersammeln, Wegereparieren, Holzschlagen. Alles im Rhythmus des Mondes, nach einem Brauch, der irgendwann im 17. Jahrhundert in dem Tiroler Bergdorf Wurzeln schlug.

Als Johanna 14 ist, stirbt der Großvater. Kein Jahr später bricht sie auf, in die Großstadt, nach München. Um „ein moderner Mensch zu werden", sagt Johanna Paungger heute.

Drei, vier Jahre habe sie es durchgehalten, wider den Mond zu leben. Sie ging auch bei zunehmendem Mond zum Zahn-

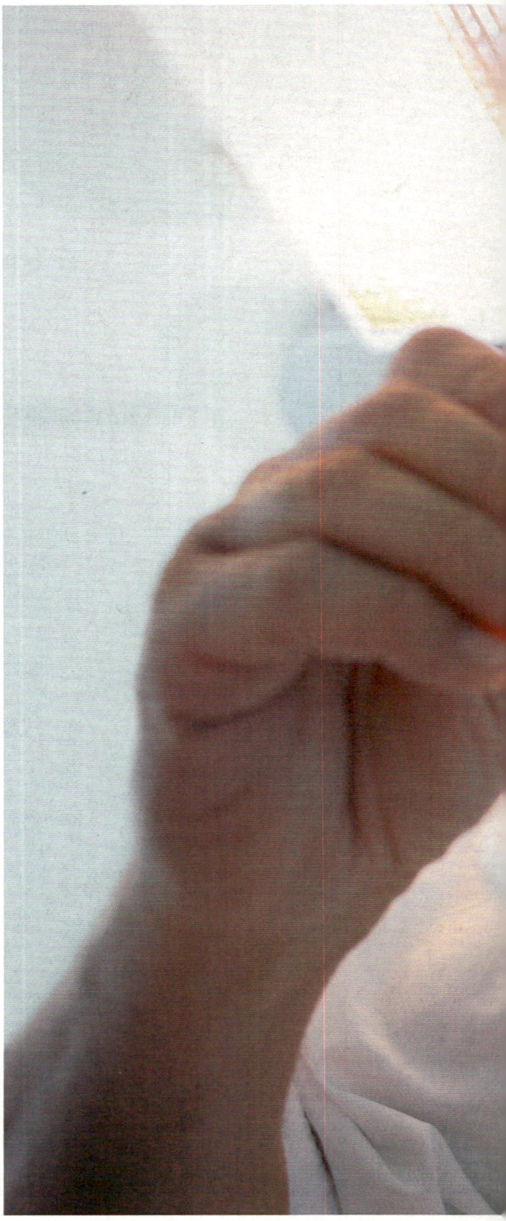

arzt, zum Friseur, wenn's passte, aß dies und jenes ohne Rücksicht auf den Stand des Erdtrabanten. Schließlich fühlte sie sich nur noch elend, zog zurück nach Österreich aufs Land – und richtete ihren Alltag wieder nach dem Mond ein.

Um zu erfahren, wie ein solcher Alltag aussieht, muss man sich nur im Haushalt der inzwischen fünfköpfigen Familie umsehen: Das Rosenspalier, an dem noch das Preisschild vom Baumarkt klebt? Erst bei abnehmendem Mond soll es in die Erde, „dann hält es bombenfest". Das neue Gartenhäuschen, an dem die Stufen fehlen? Am letzten Neumond unterbrach die Familie den Aufbau, nun muss alles für zwei Wochen ruhen.

Der Mond, so viel ist schnell klar, lehrt Geduld.

Mitten im Garten hat Johanna Paungger ein Gemüsebeet angelegt. Dort wachsen Tomaten, Blattsalat, Rhabarber, Peperoni, Paprika, Liebstöckl – alles nach dem Mond gesät, umgesetzt, begossen. Auf den ersten Blick sehen die Pflanzen verdorrt aus. Der Boden ist vom heißen Sommer so hart ausgetrocknet, dass unsere Schuhe keine Abdrücke hinterlassen. „Aber ich kann jeden Tag ernten", sagt Johanna Paungger.

Ihr Mann bringt eine Kanne Tee heraus, hört eine Weile zu, greift ab und an einen Satz aus dem Gespräch heraus und ent- ›

Mond ab, Mund auf: **Zahnarzt Siegfried Bücherl operiert seine Patienten nur bei abnehmendem Mond – weil es dann seltener zu Nachblutungen komme. Wissenschaftlich belegt ist das nicht. Aber seine Patienten, sagt Bücherl, genäsen rascher, seit er chirurgische Eingriffe solcherart plant**

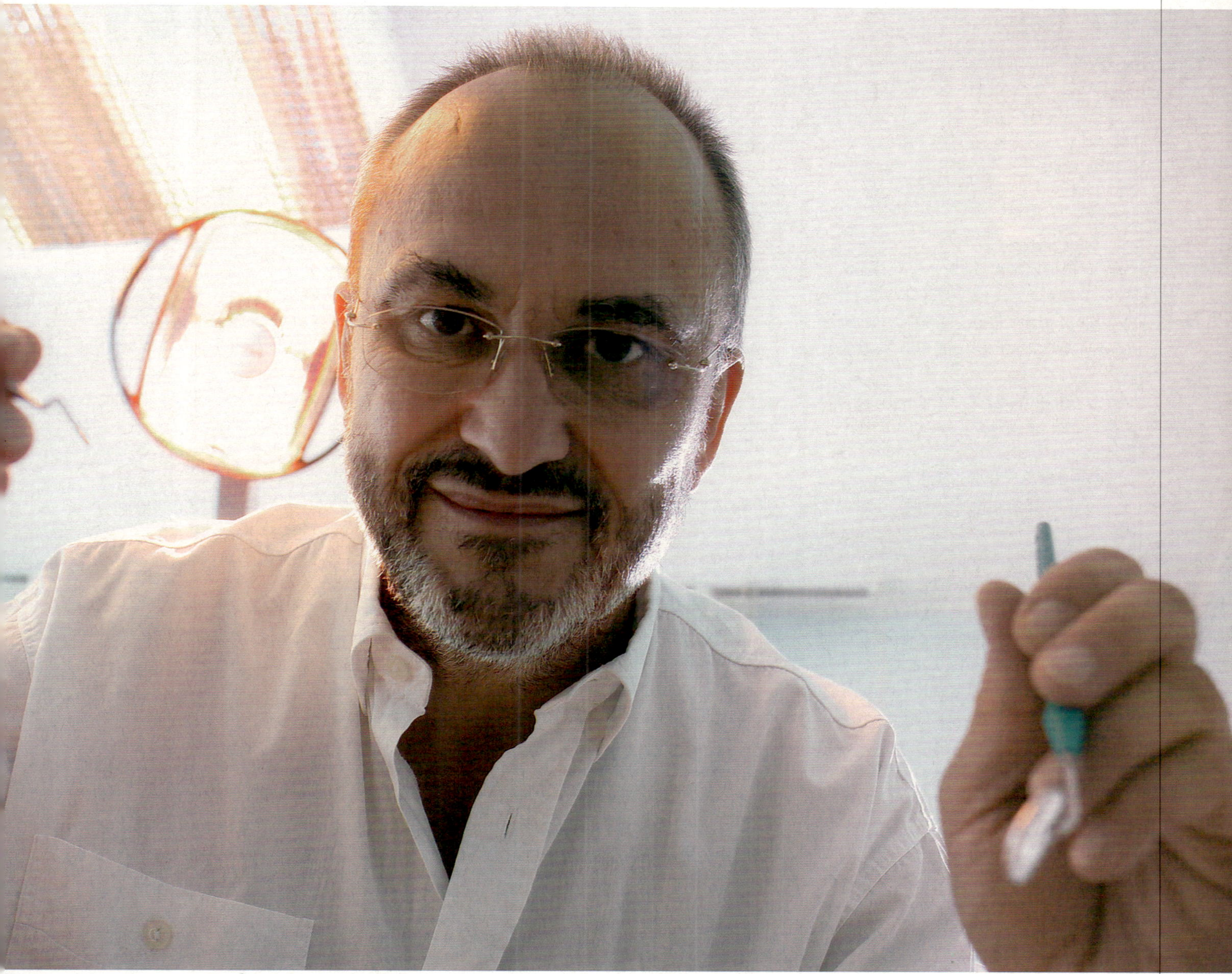

Einschlag mit Aufschlag: **Rund 20 Prozent höhere Preise erhält der österreichische Holzbau-Unternehmer Herbert Maier für Dachstühle aus robustem »Mondholz«. Geschlagen nach alter Sitte bei bestimmten Mondständen im Winter – und errichtet im Einklang mit den günstigsten Sternbildern**

führt ihn in größere Zusammenhänge. Das ist sein Job. So jedenfalls sieht sich Thomas Poppe: als Übersetzer ihrer Welt, die so selbstverständlich vom Mond geregelt ist.

Könnten Johanna Paungger und Thomas Poppe nicht nur ihren Alltag, sondern auch den ihrer Umwelt konsequent gestalten, was käme dabei heraus? Generell würden die Menschen an Tagen wie heute, in Phasen des zunehmenden Mondes, wenig arbeiten. Bei abnehmendem Mond dagegen zwölf, vierzehn Stunden täglich. Bei Kopfschmerzen gäbe es Schafgarbentee statt Aspirin. Man brauchte keine Konservierungsmittel mehr, um Lebensmittel oder Kosmetika haltbar zu machen, sondern nur noch bei Herstellung und Lagerung die Mondregeln zu beachten. Schöne Haare, geschmeidige Haut, feste Fingernägel: ebenfalls kein Problem, pflegt man sich bloß zum richtigen Zeitpunkt. Und Paare, die ungewollt kinderlos sind, müssten sich nicht Medizinern anvertrauen, sondern allein jene Mondphasen nutzen, die Fruchtbarkeit versprechen.

Wenn doch alles so einfach wäre.

Edgar Wunder ist Geschäftsführer der Gesellschaft für Anomalistik e.V. in Heidelberg. Ufos, Poltergeister, Rutengänger: Wer sich als Wissenschaftler mit solchen Phänomenen beschäftigt, sollte grundsätzlich alles für möglich halten – sonst könnte er es gleich lassen. Und so muss sich Edgar Wunder die unterschiedlichsten Theorien darüber anhören, weshalb der Mensch vom Mond regiert sei: Der Erdtrabant verändere das irdische Magnetfeld, heißt es beispielsweise, also auch die Lebensbedingungen aller Organismen. Oder: Müsse nicht ein Himmelskörper, der das Meer bewegen kann, unseren körpereigenen Wasserhaushalt ebenfalls im Rhythmus der Gezeiten schwanken lassen? Andererseits: Die Kraft der Mondgravitation entspricht lediglich jenem Wert, um den die Erdgravitation zunimmt, wenn ein Mensch in einem Hochhaus um zehn Meter nach unten steigt.

Edgar Wunder ist allerdings niemand, der sofort nach Erklärungen sucht. „Das hieße doch", sagt er, „das Pferd von hinten aufzuzäumen." Erst einmal müsse ein eindeutiger Effekt des Mondes zu messen sein. „Dann kann ich mir ja immer noch Gedanken machen, wie er zustande kommt."

Auf der Suche nach solch einem eindeutigen Beleg hat Wunder mehr als 600 Studien durchforstet, in denen Wissenschaftler mögliche Zusammenhänge zwischen dem Stand des Mondes und dem Erleben oder dem Verhalten des Menschen erkundet haben – sei es bei Einweisungen in Nervenheilanstalten, bei der Zahl von epileptischen Anfällen, beim Drogenkonsum, bei Selbstmorden, Unfällen oder Notrufen bei Polizei und Feuerwehr. Das Resultat: Sämtliche Untersuchungen endeten entweder negativ oder erwiesen sich als methodisch fragwürdig.

Häufig waren etwa die untersuchten Zeiträume viel zu kurz: Beobachtet man beispielsweise die Zahl der Kriminalitätsdelikte nur einen einzigen Mondzyklus lang, so kann ein Anstieg am Tag des Vollmonds mit hoher Wahrscheinlichkeit auch auf den entsprechenden Wochentag zurückzuführen sein.

Ähnliche Fehler fanden auch die amerikanischen Forscher Ivan Kelly, James Rotton und Roger Culver zuhauf, als sie in einer 1996 veröffentlichten Meta-Studie mehr als 100 Arbeiten zum Mondeinfluss kritisch überprüften: „The moon was full – and nothing happened", lauteten der Titel und das Ergebnis des Reports. Nicht einmal der weit verbreitete Verdacht, der Vollmond raube Unzähligen den Schlaf, ließ sich statistisch belegen.

»BEI ZUNEHMENDEM MOND WENIG ARBEITEN, BEI ABNEHMENDEM ABER AUCH MAL 14 STUNDEN« *Johanna Paungger*

Merkwürdig nur: Wenn seriöse wissenschaftliche Studien keinen Effekt des Mondes auf den Menschen messen können, warum hält sich der gegenteilige Glaube dann so hartnäckig?

Die Forscher erklären diesen Widerspruch vor allem mit einem Phänomen, das man „Sinnsucht" nennen könnte: Wer beispielsweise eine ruhelose Nacht verbracht hat, sucht dafür nach Gründen – und findet ein Indiz gegebenenfalls im Vollmond. „Weil das Gehirn des Menschen kein Computer ist", wie der Anomalistik-Experte Wunder sagt, registriert es nur die Fälle, in denen sich die einmal aufgestellte Hypothese bestätigt. Die Nächte, in denen kein Vollmond herrscht und die man dennoch wach im Bett verbringt, bleiben in der persönlichen Statistik außen vor.

Außerdem kann der einmal im Kopf verankerte Gedanke an die Macht der Nachtlaterne zu einer sich selbst erfüllenden Prophezeiung werden – sodass man gerade deshalb bei Vollmond nicht in den Schlaf sinkt, weil man glaubt, eben dies nicht zu können.

Ganz ähnlich könnte es sich mit dem Glauben verhalten, Komplikationen seien bei chirurgischen Eingriffen umso häufiger, je näher der Termin am Vollmond liege – was auch Johanna Paungger und Thomas Poppe behaupten. Die Genesungsphase, so schreibt das Autorenpaar, dauere dann länger.

Ein Forscherteam der Grazer Universitätsklinik hat diese Behauptung akribisch überprüft, am Beispiel von 15 000 Operationen, bei denen künstliche Gelenke einge- ›

Zwischen Mond und Marketing: **Die Österreicher Johanna Paungger und Thomas Poppe sind die erfolgreichsten Botschafter der lunaren Glaubensgemeinschaft. Sieben Ratgeber hat das Autorenpaar geschrieben, zehn Millionen Exemplare davon verkauft – allein im deutschsprachigen Raum**

setzt wurden. Die Forscher fanden nicht den geringsten Hinweis darauf, dass der Stand des Mondes den Operations- und Heilungsverlauf beeinflusst habe. Dies zu behaupten verunsichere nur die Patienten und sei daher sogar ein „Akt bedenklicher Verantwortungslosigkeit", so das Klinikteam.

Ist damit nun wirklich schon das letzte Wort gesprochen? Oder kann man den Forschern, ja muss man ihnen entgegenhalten, dass die untersuchten Patienten wahrscheinlich unter so starken Medikamenten gestanden haben, dass etwaige Kräfte des Mondes gar nicht hätten zum Tragen kommen können?

Mit dem Einfluss des Mondes auf den Menschen scheint es wie mit dem Ungeheuer von Loch Ness zu sein: Seine Existenz ist nicht zu beweisen, aber zugleich kaum allgemein überzeugend zu widerlegen. Und solange dies nicht möglich ist, hält sich der Glaube an das Magische.

»UND WENN ES NUR DER GLAUBE IST, DER BERGE VERSETZT – HAUPTSACHE, ES FUNKTIONIERT« *Karin Sams*

Karin Sams, wegen ihrer roten Haare auch „Ginger" genannt, sitzt im Garten und dreht sich eine Zigarette. Die Geschichte, die sie zu erzählen hat, gleicht in groben Zügen jenen, die man von vielen hört, die irgendwann begonnen haben, die Mondregeln für sich ganz persönlich auf die Probe zu stellen.

Vor etwa fünf Jahren hat Karin Sams begonnen, sich für das Thema zu interessieren. Sie hatte von Verwandten und Bekannten gehört, die ihr Leben nach dem Mond ausrichteten. Als sie entschied, es ihnen gleichzutun, hatten ihr Mann und sie gerade zu bauen begonnen. Sie waren keine 30 Jahre alt, hatten die Ratschläge der Eltern in den Wind geschlagen und sich für ein Fertighaus entschieden. Als die Baufirma Konkurs anmeldete, war das Haus im fränkischen Abenberg erst halb fertig, zudem stand es schief auf einem falsch berechneten Fundament. Der Kreditrahmen war beinahe ausgeschöpft – und Karin Sams mit ihrem zweiten Kind schwanger. Vielleicht sehen so die Momente aus, in denen man anfällig wird für den Gedanken, dass das Leben auch einfacher ablaufen könnte.

Frau Sams hatte sich so sehr lange Haare gewünscht. Nie seien sie gewachsen, sagt sie – bis sie begann, an den laut Mondkalender günstigen Tagen zum Friseur zu gehen. Das Esszimmer ihres noch immer unfertigen Hauses hat sie mit Fotos dekoriert. Da sind die Kinder, Kevin und Nadine, daneben ihr Mann. Alte Bilder von sich selbst hat Karin Sams tief hinten in der Schrankwand verstaut; auf ihnen trägt sie stumpfes dauergewelltes Haar, kinnlang.

Mähne dank Löwe: **Jahrelang wünschte sich Karin Sams langes Haar. Doch erst seit sie nur zum Friseur geht, wenn der zunehmende Mond im Sternbild des Löwen steht, wachsen ihre Haare üppig genug. Inzwischen schaut sie auch vor Hausputz und Maniküre auf den Mondkalender**

Heute reicht es ihr fast bis auf die Hüfte. Wer solche Erfahrungen macht, fragt nicht nach Plausibilität und wissenschaftlicher Überprüfbarkeit. Stattdessen schaut Karin Sams nun auch auf den Mondkalender, wenn sie ihre Fingernägel pflegen will, die Fenster putzt, die Wäsche macht. „Und wenn's nur der Glaube ist, der Berge versetzt – Hauptsache, es funktioniert."

Ihre Mutter setzt sich hinzu, mit Streuselkuchen und einem armdicken, nach dem Mond gezogenen Zucchini in der Hand – auch sie also eine Überzeugte. Als wenig später Karin Sams Ehemann nach Hause kommt, gerät die Runde kurz ins Schweigen. Hat er auch eine besondere Beziehung zum Mond? Nun, erzählt Herr Sams, er habe zu Weihnachten einmal ein Teleskop geschenkt bekommen.

Die Kraft der Kugel: **Luisa Francia führt ein Doppelleben. Als ganz normale Steuerzahlerin – und als bekennende Hexe, die bei Vollmond um ein Feuer tanzt, um so die lunare Energie zu nutzen**

Luisa Francia ist, wie sie selbst sagt, eine Hexe – und weiß daher die Macht des Mondes zu nutzen. Aber wenn ihr jemand mit der Frage kommt, ob eine solche Überzeugung rational sei, dann hält sie dagegen: „Ist es rational, Kriege zu führen? Ist es rational, Atomkraftwerke zu bauen?"

Luisa Francia, Filmemacherin und Autorin, veranstaltet Mondrituale, seit mehr als 20 Jahren. Bei Vollmond gehen sie und ihre Münchner Freundinnen in die Berge oder auch nur in den nächsten Park, entzünden dort ein Feuer, tanzen und singen wild und nackt und ungezügelt, legen Steine zu Kreisen. „Frauen wie ich", sagt Luisa Francia, „brauchen diese Rituale zum Überleben. Der Mond gibt uns Energie." Sie versucht damit sogar, weltpolitische Spannungen zu vermindern. In letzter Zeit, sagt sie, widme sie sich vor allem dem Nahost-Konflikt.

Verrückt kommt dies alles einem erst vor, wenn man zu Hause die Notizen durchgeht – und da nur noch nackte Worte stehen, denen der heitere Tonfall der Luisa Francia abhanden gekommen ist.

Mondsüchtig war sie schon als Kind. Bei Vollmond, so erinnert sich ihre Mutter, kam Luisa spätabends ins Wohnzimmer gelaufen, setzte sich auf den Fußboden und blätterte in Büchern oder Katalogen – im Tiefschlaf, die Augen weit geöffnet. Sie redete mit Geistern und tut dies bis heute, ohne dass sie dadurch dieser Welt entglitten wäre. Durchaus diesseitig kommt einem Luisa Francia vor, mit ihrem lauten Lachen und den muskulösen Armen und Beinen einer trainierten Bergsteigerin. „Es gab in meinem Leben immer schon diese beiden Ebenen. Ich unterhalte mich mit Geistern und spiele mit der spirituellen Energie des Mondes, aber ich muss wie jeder andere Mensch auch Geld verdienen und meine Steuererklärung machen."

Und noch auf dieser höchst irdischen Ebene besitzt der Mond für sie eine Bedeutung. „Die globale Industrie, aber auch Kultur und Sport sind so angelegt, als ob immer Vollmond sein müsste: Höchstleistung, helles Strahlen, immer ganz oben, immer top. Es ist aber nicht immer Vollmond, und vielleicht verstehen Frauen das besser, weil auch nicht immer Eisprung ist. Alles kommt und geht. Nichts bleibt. Das Schöne nicht, aber das Miese auch nicht."

Auf Luisa Francias Balkon wächst, was der Wind an Samen angetragen hat. Auch dies ist so ein alter Volksglaube: dass die Natur, aus scheinbar heiterem Himmel, jene Heilkräuter in der Umgebung eines Hauses wachsen lässt, die der Bewohner gerade braucht. Seit kurzem wächst im Blumenkasten auch eine gelb blühende Nachtkerze: Das Öl ihrer Samen soll die Beschwerden der Wechseljahre lindern.

Muss man offen sein für die Wunder der Natur, damit sie einem selber zuteil werden? Erschließt sich etwa auch die Kraft des Mondes nur jenen, die bereit sind, sie zu empfangen?

Kurz nach dem Treffen in München schickt Luisa Francia eine E-Mail. Sie habe noch etwas vergessen. Sie mache mit Freundinnen „Wunschmondrituale". Als „Wunschmond" gelten im Alpenraum die Vollmonde der „festen" Sternbilder, also von Stier, Löwe, Skorpion und Wassermann. Was da als Wunsch per Zettel verbrannt wird oder in ein fließendes Wasser gespuckt, erfülle sich, so schreibt Luisa Francia, bis zum nächsten Wunschmond.

Es klingt alles so einfach. Aber vielleicht liegt eben darin ja der Zauber. ❙

Weil **Anke Sparmann**, 39, ihre Gesprächspartner glaubhaft erschienen, hat sie eine Weile lang streng nach dem Mondkalender gewaschen und gebügelt – aber „geholfen hat es nicht". **Ralf Kreuels**, 40, blickte mithilfe seines ersten Fernrohrs schon als 13-Jähriger zum Erdtrabanten.

Höhenflug von 66 Werbeagenturen

Wie lässt sich in eine Bier- oder Waschmittelwerbung der Mond einflechten? Für zahlreiche Agenturen offenbar kein Problem: Ein von GEO ausgeschriebener Wettbewerb spornte sie zu höchst originellen Anzeigen an

Der Mond erleuchtet. Anders lässt sich wohl die enorme Resonanz nicht erklären, die ein von GEO ausgeschriebener Ideenwettbewerb ausgelöst hat. Anlässlich der vorliegenden Ausgabe hatte die Redaktion deutsche und internationale Werbeagenturen dazu aufgerufen, Anzeigen zu entwerfen, die „in Wort oder Bild einen Bezug zum Mond herstellen“. Insgesamt 66 Agenturen reichten 139 unterschiedliche Motive ein – mehr als je zuvor bei ähnlichen GEO-Wettbewerben.

Die Anzeigen werben für Markenprodukte aus den verschiedensten Branchen: Kosmetik, Uhren, Versicherungen, Fahrzeuge, Nahrungsmittel, Fluggesellschaften, Elektroartikel. Doch auch bei eher ausgefallenen Kunden wie dem Wuppertaler Zoo, der Hamburger Polizei und der „Stiftung Pfadfinden“ gelang es, sie auf Mondfahrt zu schicken.

Es ist wohl wenig überraschend, dass sich speziell der Vollmond dabei als besonders anregend erwiesen hat. Mal steht er völlig fleckenfrei am Firmament (Werbung für ein Reinigungsmittel), mal doppelt (alkoholisches Getränk), dann wieder wird er von der Hand eines Schattenspielers teilweise verdunkelt (Taschenlampe). Als Halbmond hingegen, kombiniert mit der Zeile „Auch gerade am Abnehmen?“, wirbt er für kalorienarme Nahrung, als Flecken in der Hemdachsel („Schwitzsichel“) für eine Deomarke.

Ebenso häufig variiert wurde die Idee, den Mond als Markt der Zukunft für eigene Produkte zu präsentieren – frei nach dem Motto „Wir sind schon da!“: In Mondtälern stehen Rasensprenger (Baumarkt), Verkaufsschilder für Grundstücke (Architektenkammer NRW), eine Notrufsäule (Deutsche Rettungsflugwacht), zwei Filzpantoffel (Wohnzeitschrift). Bei einer Originalaufnahme von Astronauten vor ihrem Mond- ›

Platz 1

Die Jury, der auch der deutsche Astronaut Ulf Merbold angehörte, verlieh den Siegerpreis der Hamburger Agentur Jung von Matt – für eine Abwandlung des berühmten Fotos vom ersten Fußabdruck auf dem Mond

➔ Abschied vom »**Mann im Mond**«: In voller Größe ist die siegreiche Anzeige zu sehen auf Seite 41 – und eine Auswahl weiterer Entwürfe auf **www.geo.de/Mond-Anzeigen**

Platz 2

Grafisch puristisch, inhaltlich eindeutig: Den Blick aus einem Zellenfenster in den Nachthimmel, entworfen von der Hamburger Agentur Grabarz & Partner, hielt die Jury gleichfalls für preiswürdig

1

2

1+2 Selbst thematisch eher sperrige Kunden wie die Hamburger Polizei und das Bowling-Center Soltau lassen sich als außerirdische Angelegenheit verkaufen. 3 Hier für Naschwerk, häufig auch für Diätprodukte variiertes Motiv: der abnehmende Mond. 4 Nach Erweiterung der Police gibt's nun auch Schutz vor lunarem Reifenklau

3

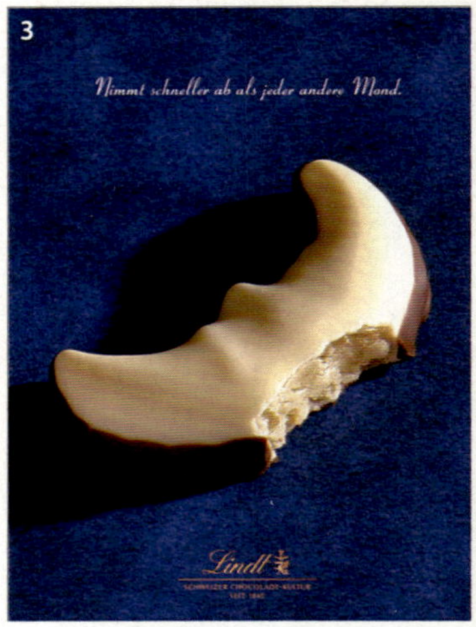

1

1 Vollmondige Assoziation beim Blick ins Glas. 2 Looks different: das Firmenmotiv des Computerherstellers Apple. 3 Schon nachvollziehbar, dass nach diesem Schock eine Stärkung nötig ist. 4 Ein überzeugender Beleg für die Kraft des ultimativen Fleckenlösers

2

3

1

2

3

4

1 Die Andeutung reicht offenbar – für eine 124 Jahre alte schwedische Wodkamarke. 2 Bemerkenswerte Expansion eines Münchner Feinkost-Konzerns. 3 Wovon unerschrockene Hobbygärtner träumen. 4 Ehrlich, unseren Beitrag auf Seite 118 hat die Agentur der Fluggesellschaft nicht vorab gelesen

1

2

3

Platz 3

Klaren trinken, verschwommen blicken. Oder wollte die Frankfurter Agentur Young & Rubicam mit dem Motiv eher auf den Getränkenamen anspielen? Der Jury jedenfalls gefielen beide Assoziationen

1 Wer Überflüssiges streicht, der … Eben. 2 Werbung für einen Fuhrpark aus bisher drei Leihwagen. 3 Himmlische Strahlkraft für ein weltweit verkauftes, inzwischen 92 Jahre altes Markenprodukt. 4 Und so lässt sich die Leuchtstärke einer Taschenlampe illustrieren

auto zeigt erst der zweite Blick, dass da etwas nicht stimmt: Das Fahrzeug ist auf Steinen aufgebockt, die vier Räder fehlen (Autoversicherung).

Viel Diskussionsstoff also für die Jury, der die Geschäftsführer dreier Werbeagenturen angehörten, ein Redakteur des Branchendienstes W&V, der GEO-Chefredakteur Peter-Matthias Gaede – sowie, sozusagen als Experte für das Leitmotiv, Ulf Merbold, der erste Westdeutsche im All, inzwischen Leiter der Astronautenabteilung der European Space Agency. Als Sieger gekürt wurde schließlich ein Anzeigenentwurf der Agentur Jung von Matt für die Zeitschrift „Emma“. Den zweiten und dritten Preis erhielten ähnlich puristisch gestaltete Motive.

Es mag noch eine Weile dauern, bis die drei beworbenen Kunden auf dem Mond vertreten sind. Um den Glauben daran so lange zu erhalten, hat GEO den prämierten Werbeagenturen entsprechende Gewinne überreicht: Schnipsel von Diafilmen, die Apollo-Astronauten auf dem Mond belichteten, nun verschweißt in Displays, versehen mit einem US-Echtheitszertifikat. ❙

Andreas Wolfers

DAS ERSTE MAL

Am 16. Juli 1969 brechen in Florida drei Männer auf, das größte Abenteuer der Menschheit zu wagen: den Flug zu einer anderen Welt im All

Gebannt verfolgen 8000 Ehrengäste vom »Kennedy Space Center« aus den Start der Saturn-V-Rakete

Nach Neil Armstrong wagt auch Edwin Aldrin den Sprung von der Leiter der Landefähre. Im Zeitlupentempo, bei jedem Schritt bis zu 2,5 Meter weit schwebend, erkunden die Apollo-11-Astronauten das »Meer der Ruhe« – und hinterlassen die ersten Spuren der Menschheit im Mondstaub

1

2

TEXT: CAY RADEMACHER

Ende Juni 1969, an Bord der Mondlandefähre. Seit Stunden schon harren die Astronauten Neil Armstrong und Edwin Aldrin in einem Cockpit aus, das kaum größer ist als eine Telefonzelle. Sitze gibt es nicht. Über Boden und Wände laufen Kabel und Leitungen, dazwischen schimmern grünlich Hunderte von Kontrollinstrumenten und Schaltern. Mitten in den Raum ragt ein vibrierender, metallisch verkleideter Konus: eines der Raketentriebwerke. Mit einer Geschwindigkeit von mehr als 7000 Kilometern pro Stunde rast die Kapsel durch das Weltall.

In den zwei winzigen Cockpitfenstern zeichnet sich schließlich eine vernarbte, tote Landschaft ab, die mit jeder Sekunde größer wird: der Mond. Kommandant Armstrong schaut hinaus; er sucht einen felsfreien Platz zur Landung. Da gerät die Staubwüste vor seinen Augen plötzlich ins Schlingern.

Aldrin, der Copilot, starrt aufgeregt auf den Höhenmesser: Der Wert fällt rasend schnell. Nur noch wenige Hundert Meter. Das Raumschiff taumelt immer heftiger. Vom Kontrollzentrum in Houston, das den Flugverlauf verfolgt, kommt der Funkspruch: „Apollo 11, wir schlagen vor, dass ihr abbrecht!" Doch für die 384 400 Kilometer zwischen Erde und Mond benötigt die Übertragung 1,3 Sekunden. Da ist es schon zu spät.

Apollo 11 schlägt im „Meer der Ruhe" auf: viel zu schnell und viel zu hart für das fragile Raumschiff, das in unzählige Trümmer zerfetzt wird. Armstrong und Aldrin wären sofort tot – wäre dies nicht ein Flug im Simulator gewesen.

Abstürze gehören zum Training der Apollo-Astronauten – solange die Crew noch unerfahren ist. Aber Armstrong und Aldrin werden, gemeinsam mit Michael Collins, schon in drei Wochen starten, um als erste Menschen einen anderen Himmelskörper als die Erde zu betreten. Ihre Mission soll die weiteste, spektakulärste, triumphalste Entdeckungsreise aller Zeiten werden.

Tatsächlich aber ist sie ein höchst riskantes, in kürzester Zeit vorbereitetes Vabanquespiel an der Grenze des menschlich und technisch Möglichen. Eine Expedition, die den Astronauten Manöver abverlangen wird, welche nie zuvor ge-

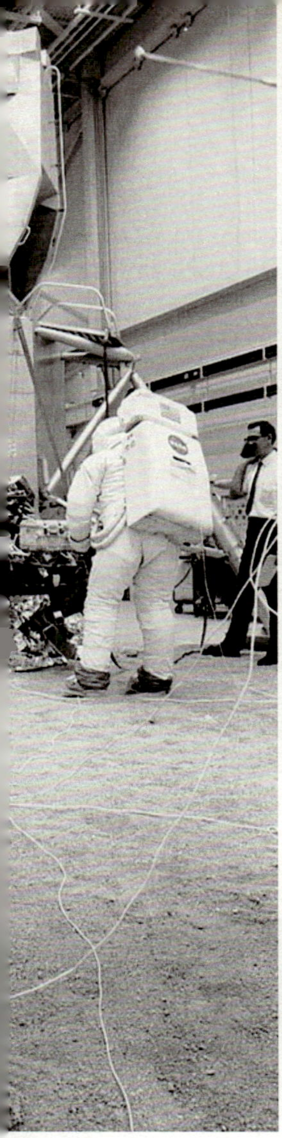

1 + 2 In den Trainingshallen der NASA haben die Astronauten monatelang geprobt, in voller Montur Gesteinsproben aufzusammeln, Funkantennen zu errichten und mit ihren Bauchkameras zu fotografieren. **3** Allein das Landemanöver spielen sie im Simulator hundertfach durch. **4** Der deutsche Ingenieur Wernher von Braun hat die Saturn-V-Trägerrakete entwickelt, die antriebsstärkste Rakete aller Zeiten

probt worden sind. Und die zu einem Ziel führt, von dem niemand weiß, was die Männer dort eigentlich erwartet.

„Ich glaube, dass sich unsere Nation verpflichten sollte, vor dem Ende dieser Dekade einen Mann zum Mond zu bringen und sicher wieder zurück zur Erde", verkündet Präsident John F. Kennedy am 25. Mai 1961 – 43 Tage, nachdem die USA beim prestigeträchtigen Wettlauf um die Vorherrschaft im All von der Sowjetunion zum zweiten Mal geschlagen worden sind: 1957 haben die Russen mit dem „Sputnik" den ersten Satelliten gestartet, nun haben sie auch den ersten Menschen ins All gebracht: den Kosmonauten Jurij Gagarin.

Welche Demütigung für die USA, einen Staat, der sich vor allem auf dem Feld der Technik und der Wissenschaft für unbesiegbar hält! Kennedy muss reagieren – und gibt seinem Land eine Vision vor, wie sie typisch ist für den charismatischen Präsidenten: kühn bis zur Provokation, fortschrittsgläubig und dennoch romantisch. Mit ihr überträgt Kennedy die mythenbeladene Sehnsucht der Amerikaner nach dem unberührten Land im Westen vom 19. Jahrhundert in das Weltraumzeitalter: Die Wildnis, die es in Zukunft zu entdecken gilt, liegt im Firmament. Die neuen Scouts sind Astronauten, und ihrer Mission haftet das vage Versprechen an, irgendwann könnten ihnen Pionierfamilien folgen und den Mond besiedeln. Amerikas Traum, verkündet Kennedy, ist nicht tot.

Mit der Mondlandung will Kennedy endlich die Sowjets übertrumpfen

Die Erfüllung dieses Traumes erlebt der Präsident allerdings nicht mehr. Zweieinhalb Jahre später wird Kennedy erschossen, und Amerika stürzt in seine vielleicht traumatischste Dekade des 20. Jahrhunderts: in das Jahrzehnt des Vietnamkrieges, der Rassenunruhen in den Ghettos der Metropolen, in die Zeit der Ermordung von Bürgerrechtlern und der drogenseligen Flower-Power-Generation, die all das in Frage stellt, was bis dahin unzweifelhaft zum gesellschaftlichen Konsens zählte. Auch die Weltraumflüge der „Mercury"-, dann der „Gemini"-Astronauten sind, wiewohl technisch gelungen, eine Serie politischer Niederlagen: Ob beim ersten Flug zweier Menschen im All, beim ersten Rendezvous zweier Raumschiffe, beim ersten Weltraumspaziergang – stets sind die russischen Kosmonauten um Monate voraus.

Währenddessen arbeiten über ganz Amerika verstreut Techniker und Wissenschaftler an Universitäten wie Privatfirmen, koordiniert von der zivilen Raumfahrtbehörde NASA, fieberhaft an der Vision „Apollo". In der Endphase des Projekts sind 400 000 Menschen ausschließlich damit beschäftigt, einen Amerikaner auf den Mond zu bringen – und den Erzrivalen jenseits des Eisernen Vorhangs damit endlich einmal zu übertrumpfen.

Zunächst muss eine Rakete konstruiert werden, die kräftig genug ist, um in den Orbit aufzusteigen und dort ein Raumschiff bis zum Mond zu tragen. Die Entwicklung dieses Geschosses überträgt die NASA dem wohl genialsten Raketenbauer jener Zeit: Wernher von Braun. Als junger Wissenschaftler hat er für die Nazis in Peenemünde die „V2" ent- ›

wickelt, die erste Langstreckenrakete der Geschichte. Rund 40 000 Zwangsarbeiter mussten dafür schuften, viele wurden hingerichtet oder starben vor Erschöpfung.

Unmittelbar nach Kriegsende hat sich Wernher von Braun mit seinen Mitarbeitern in einer Geheimoperation der US Army nach Amerika abgesetzt. Dort ist niemals Anklage gegen ihn erhoben worden, im Gegenteil: „Mr. Moon", wie der

Die Apollo-1-Mission endet mit dem Tod von drei Astronauten

deutsche Ingenieur später genannt wird, gehört zu den privilegiertesten Wissenschaftlern der Welt. Seit 1945 entwickelt er Raketen für den Kalten Krieg. Und 1959 präsentiert sein Team unter dem Titel „Project Horizon" auch einen der ersten Vorschläge für eine lunare Militärbasis.

Wernher von Braun kommt kurz darauf zur NASA – und krönt dort sein Lebenswerk mit der „Saturn V"-Rakete: einem weißen, 110 Meter hohen, rund 2880 Tonnen schweren Geschoss. Allein die erste der drei Stufen, die beim Flug der Saturn V nacheinander abgesprengt werden, verbrennt während ihres nur zweieinhalb Minuten dauernden Einsatzes fast 1,9 Millionen Liter Kerosin und flüssigen Sauerstoff, wobei sie einen Schub von rund 160 Millionen PS erreicht.

An der Spitze dieses antriebsstärksten jemals von Menschenhand geschaffenen Gefährts sitzen zwei Raumschiffe: das Kommandomodul, das die Astronauten von der Erde bis zum Mondorbit und wieder zurück tragen wird. Und das „Eagle" getaufte, mit seinen langen Beinen aber eher einem Käfer als einem Adler ähnelnde Mondlandemodul, das in der lunaren Umlaufbahn abgekoppelt werden soll, um die eigentliche Landung durchzuführen.

Ein regulierbarer Raketenantrieb wird dabei den Sturz des „Eagle" bremsen, denn Fallschirme oder Flügel wären auf dem Mond, der so gut wie keine Atmosphäre hat, sinnlos. Und um das Gefährt auf komplizierten Kursen bis zum Landeplatz zu navigieren, muss ein Computer mit 33 000 Worten Speicherkapazität genügen – einer Rechenleistung, mit der ein heutiger PC nicht einmal hochgefahren werden könnte.

1968 ist das Jahr der Entscheidung. Noch 24 Monate bis zum Ende der von Kennedy gesetzten Frist – und es läuft zunächst nicht gut für das Projekt. Denn schon am 27. Januar 1967 sind die drei Astronauten der Apollo-1-Mission bei einem Test am Boden in der Kapsel verbrannt – unter ihnen Virgil Grissom, der aussichtsreichste Kandidat für den ersten Flug zum Mond. 1968, beim zweiten unbemannten Testflug der Saturn V, wird die Rakete von unerklärlichen Vibrationen geschüttelt. Nur knapp schrammt die Mission an einem weiteren Desaster vorbei. Und als am 11. Oktober 1968 erstmals drei Astronauten in einer Apollo-Kapsel zu einem Testflug in die Erdumlaufbahn aufsteigen, fluchen und schimpfen die Männer, als säßen sie an einem Stammtisch. Fast scheint es, als überfordere Apollo selbst die erfahrensten Piloten.

Kurz zuvor hat die CIA gemeldet, die Sowjetunion baue eine neue, gewaltige Rakete – groß genug, um Menschen bis zum Mond zu tragen. Sollten die Kosmonauten auch dabei die Ersten sein? Es wäre die finale Niederlage für die USA.

Schon im Sommer 1968 haben sich die NASA-Direktoren und -Techniker deshalb dazu durchgerungen, bereits den Flug von Apollo 8, der nur als vorsichtiger Auftakt einer umfangreichen Testserie geplant war, bis in die Umlaufbahn des Mondes auszuweiten: Die Astronauten sollen nun fast 300-mal weiter in den Weltraum vordringen als je ein Mensch zuvor. Das Unternehmen ist riskant, aber es glückt: Weihnachten 1968 umkreisen Frank Borman, James Lovell und William Anders den Mond. Im Frühjahr 1969 starten Apollo 9 und 10 zu weiteren Testflügen. Die Systeme arbeiten einwandfrei. Im Juli 1969, fünf Monate vor der von Kennedy versprochenen Frist, ist die NASA schließlich bereit, die Reise zum Mond zu wagen.

Aber wer soll fliegen?

Rund zwei Dutzend Männer sind während der 1960er Jahre für die Apollo-Mission ausgewählt worden. Bis auf wenige Ausnahmen sind sie alle ehemalige Testpiloten der NASA, der Marine oder der Luftwaffe. Brillante Flieger, physisch und psychisch extrem belastbar, meist zwischen 30 und 40 Jahre alt; viele haben bereits an den Mercury- und Gemini-Programmen teilgenommen.

1 Edwin Aldrin stellt Messinstrumente auf, darunter einen mit Solarzellen bestückten Seismographen, der die Erschütterung des Bodens durch Meteoriten und innere Beben aufzeichnen soll. **2** Nach zwei Stunden schwinden die Sauerstoffreserven, die Astronauten klettern zurück in die Fähre. **3** Weil auf dem Mond kein Wind weht, spreizt ein Draht die US-Flagge

Zwischen ihnen tobt ein versteckter Konkurrenzkampf, bei dem jedoch keiner der Astronauten die Kriterien kennt, nach denen ihr Chef, der ehemalige Mercury-Pilot Donald Slayton, die Crews schon Monate oder gar Jahre im voraus für die einzelnen Apollo-Missionen einteilt. „Jede Crew ist austauschbar", beteuert Slayton stets. Nach dem triumphalen Flug von Apollo 8 weicht er allerdings von dieser Regel ab: Frank Borman, der Kommandant von Apollo 8, soll auch als erster Mensch den Mond betreten. Doch Borman, erfüllt von der Befriedigung, als Erster um den Mond geflogen zu sein, lehnt ab.

Also bleibt es bei der hergebrachten Crew-Einteilung. Und weil der Flug von Apollo 8 weit umfassender und reibungsloser verlief als ursprünglich gedacht, kann auf einige zusätzliche Tests verzichtet werden. Kurz entschlossen entscheiden Slayton und die NASA-Direktoren, Apollo 11, bis Ende 1968 geplant als ein vergleichsweise wenig spektakulärer Vorbereitungsflug, für die erste Mondlandung zu nominieren.

Es ist somit bloßer Zufall, dass gerade Neil Armstrong, Edwin Aldrin und Michael Collins für den spektakulärsten Flug in der Geschichte der Menschheit ausgewählt werden.

Die drei Astronauten kennen sich vom Gemini-Projekt. Armstrong, blass und still, ist ein schüchterner Einzelgänger, verschlossen bis zur Schroffheit – jemand, von dem selbst seine wenigen Freunde nie genau wissen, was ihn gerade umtreibt.

Edwin Aldrin, den alle „Buzz" nennen, seit seine kleine Schwester im Babyalter das Wort „brother" nur als „buzzer" herausbrachte, ist lebhafter, aber ähnlich kompliziert wie Armstrong. Auch er war früher Kampfpilot, hatte dann aber an der Elitehochschule MIT Raumfahrttechnik studiert. Aldrin ist der erste Astronaut mit einem Doktorgrad. Seine Kameraden bewundern ihn für sein Wissen – und halten ihn im übrigen für geradezu brutal direkt und akademisch-arrogant, unfähig zur unverbindlichen Plauderei.

Aldrin verkündet bei der NASA jedem, der es hören will, dass bei den Gemini-Flügen stets der Kommandant die Kontrolle über das Raumschiff behalten, während sein Copilot andere Aufgaben erfüllt habe, etwa einen Weltraumspaziergang. Warum sollte es bei Apollo anders sein? Der Kommandant, Armstrong also, solle am Steuer blei- ›

1

2

3

ben, während der Copilot, zufällig Aldrin, auf den Mond gehe.

Offiziell sagt Armstrong nichts zu diesen Vorschlägen, sondern überlässt die Entscheidung den NASA-Direktoren. Die beschließen schließlich im Frühjahr 1969, nur Wochen vor dem Start, dass der Kommandant und nicht sein Stellvertreter auf dem Mond als Erster von Bord gehen wird. Armstrong und Aldrin reden danach nie wieder über dieses Thema, doch ihr Verhältnis zueinander kühlt deutlich ab.

Michael Collins, der dritte Mann im Team, der an Bord des Kommandomoduls um den Mond kreisen muss, während seine Kameraden den historischen Abstieg zum Erdtrabanten unternehmen werden, ist das Gegenteil der beiden: ein offener, fröhlicher Mensch. Und ein brillanter Flieger, der sich allerdings nicht besonders um die Technik kümmert. Stattdessen liebt er Wein und gute Bücher, züchtet Rosen und versucht sich als Maler.

Armstrong, Aldrin und Collins sind drei hervorragende Astronauten und dank ihres monatelangen Trainings ein eingespieltes Team. Freunde aber sind sie nicht.

Sonntag, 20. Juli 1969, 12.46 Uhr Houston-Zeit, an Bord von Apollo 11. Vor 4 Tagen, 4 Stunden und 14 Minuten ist Apollo 11 gestartet. Bis jetzt war es ein perfekter Flug. Collins bleibt im Kommandomodul „Columbia“, Armstrong und Aldrin haben sich mit ihren unförmigen Raumanzügen in den „Eagle“ gezwängt, das Mondlandemodul.

„Passt auf euch auf!“, funkt Collins, als sich die beiden kleinen Raumschiffe langsam voneinander trennen.

„See you later“, antwortet Armstrong – und steuert den „Adler“ Richtung Mond.

Die Landung ist das komplizierteste Manöver des gesamten Flugs. Armstrong selbst hat vor dem Start heimlich alle Unwägbarkeiten abgeschätzt – und ist auf eine Erfolgschance von 50:50 gekommen. Auch bei der NASA hat man insgeheim bereits verschiedene Szenarien des Scheiterns der Mission durchkalkuliert: Sollten die Astronauten beispielsweise auf dem Mond stranden, also zwar unbeschadet landen, aber aus irgendwelchen Gründen nicht mehr starten können, bliebe dem Kontrollzentrum in Houston nichts

Die Piloten sind ein eingeschworenes Trio – aber keine Freunde

Umfrage +++ GEO-Umfrage +++ GEO-Umfrage +++

Frage: Welche historische Bedeutung ordnen Sie Apollo 11 zu, der ersten Landung von Menschen auf dem Mond? Sie war:

– das wichtigste Ereignis der letzten 1000 Jahre	8 %
– das wichtigste Ereignis des 20. Jahrhunderts	34 %
– wichtiger als die Wiedervereinigung Deutschlands	7 %
– nur für Amerika von Bedeutung	26 %
– eher unbedeutend	18 %
– keine Angaben	6 %

Ergebnisse einer repräsentativen Forsa-Umfrage im September 2003.
Nähere Daten zur Umfrage Seite 46

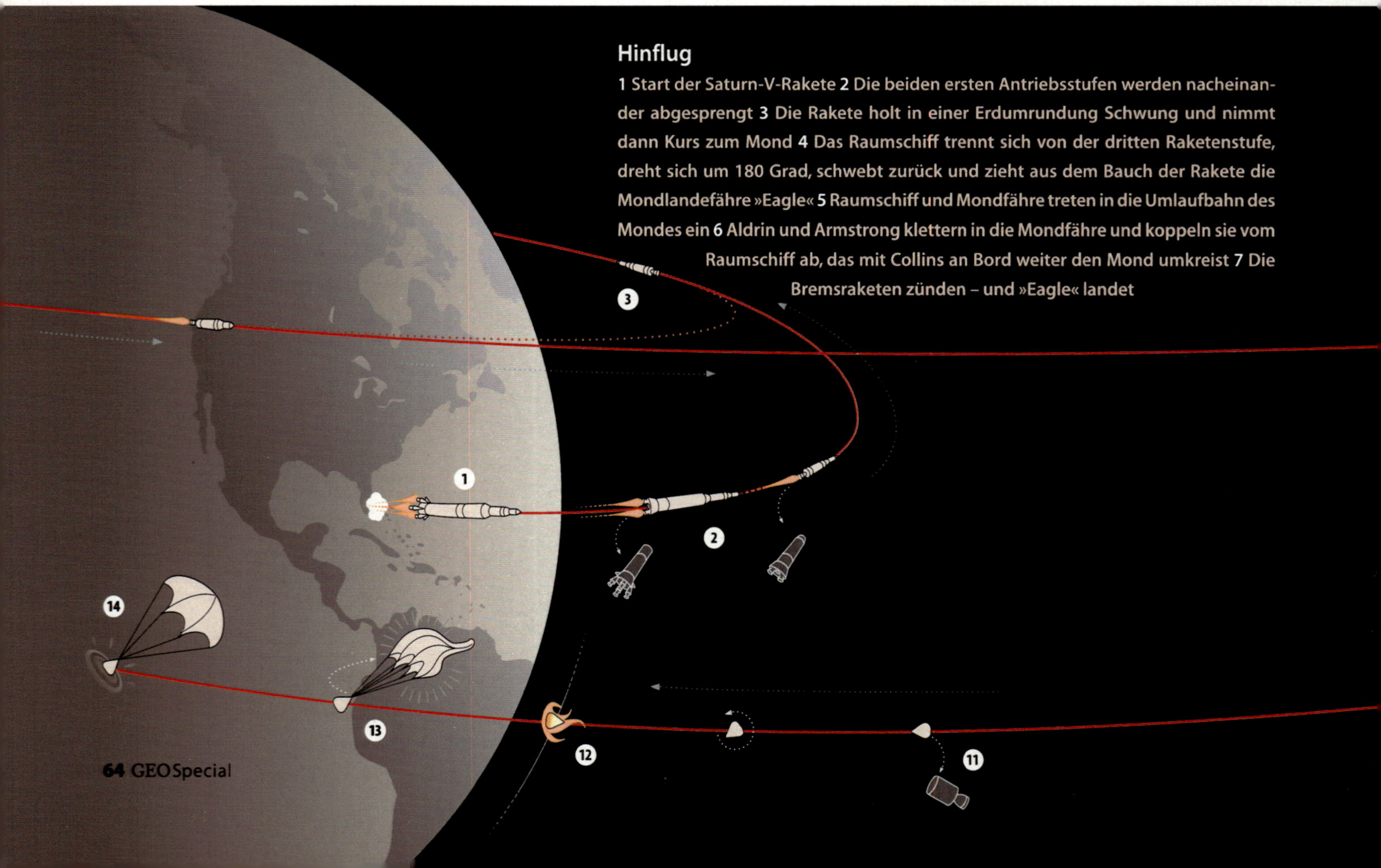

Hinflug

1 Start der Saturn-V-Rakete **2** Die beiden ersten Antriebsstufen werden nacheinander abgesprengt **3** Die Rakete holt in einer Erdumrundung Schwung und nimmt dann Kurs zum Mond **4** Das Raumschiff trennt sich von der dritten Raketenstufe, dreht sich um 180 Grad, schwebt zurück und zieht aus dem Bauch der Rakete die Mondlandefähre »Eagle« **5** Raumschiff und Mondfähre treten in die Umlaufbahn des Mondes ein **6** Aldrin und Armstrong klettern in die Mondfähre und koppeln sie vom Raumschiff ab, das mit Collins an Bord weiter den Mond umkreist **7** Die Bremsraketen zünden – und »Eagle« landet

anderes übrig, als die Funkverbindung zu unterbrechen. Armstrong und Aldrin müssten in völliger Einsamkeit langsam ersticken.

Doch in diesem Moment hat Armstrong keine Zeit, daran zu denken. Seine Konzentration gilt einzig der Stelle, an der „Eagle“ landen soll. „Site 2“ haben Wissenschaftler den dafür ausgewählten, rund 18,5 Kilometer langen und 4,8 Kilometer breiten Streifen im Mare Tranquillitatis, dem „Meer der Ruhe“ nahe dem Mond-Äquator, benannt. Diese Region, ungefähr genauso lang und etwas breiter als Manhattan, scheint weniger von Kratern vernarbt zu sein als der Großteil des Trabanten; auf dieser Ebene dürfte eine Landung noch die geringsten Gefahren mit sich bringen. Armstrong hat alle Fotos, die unbemannte Sonden und die Apollo-8-Astronauten von dem Areal geschossen haben, ausgiebig studiert. Er kennt „Site 2“ so gut wie auswendig.

Auf der Erde würden die Astronauten unter der mehr als 200 Kilogramm schweren Last von Anzug und Geräten zusammenbrechen, hier aber wiegt sie nur ein Sechstel

14.48 Uhr. Das Mondlandemodul taucht nach 48 Minuten wieder aus dem Mondschatten auf, jenem Abschnitt der Umlaufbahn, in dem ein Kontakt mit der Erde unmöglich ist. Und trotzdem bleibt die Funkverbindung nach Houston schlecht. Immer wieder wird der Datenstrom, der den Männern im Kontrollzentrum alle Messwerte von Apollo 11 auf die Bildschirme transportiert, unterbrochen.

15.05 Uhr, 15 240 Meter über der Mondoberfläche. Die Bremsrakete von „Eagle“ zündet. Der *powered descent* beginnt, die Landung auf dem bremsenden Raketenstrahl des Triebwerks. Armstrong und Aldrin blicken sich kurz an. Ihre Gesichter unter den Raumhelmen sind dunkel von ihren Vier-Tage-Bärten, ihre Kehlen trocken vom reinen Sauerstoff, der durch das Atemsystem der Raumanzüge strömt.

Armstrong späht aus einem der kleinen, dreieckigen Fenster. Und ›

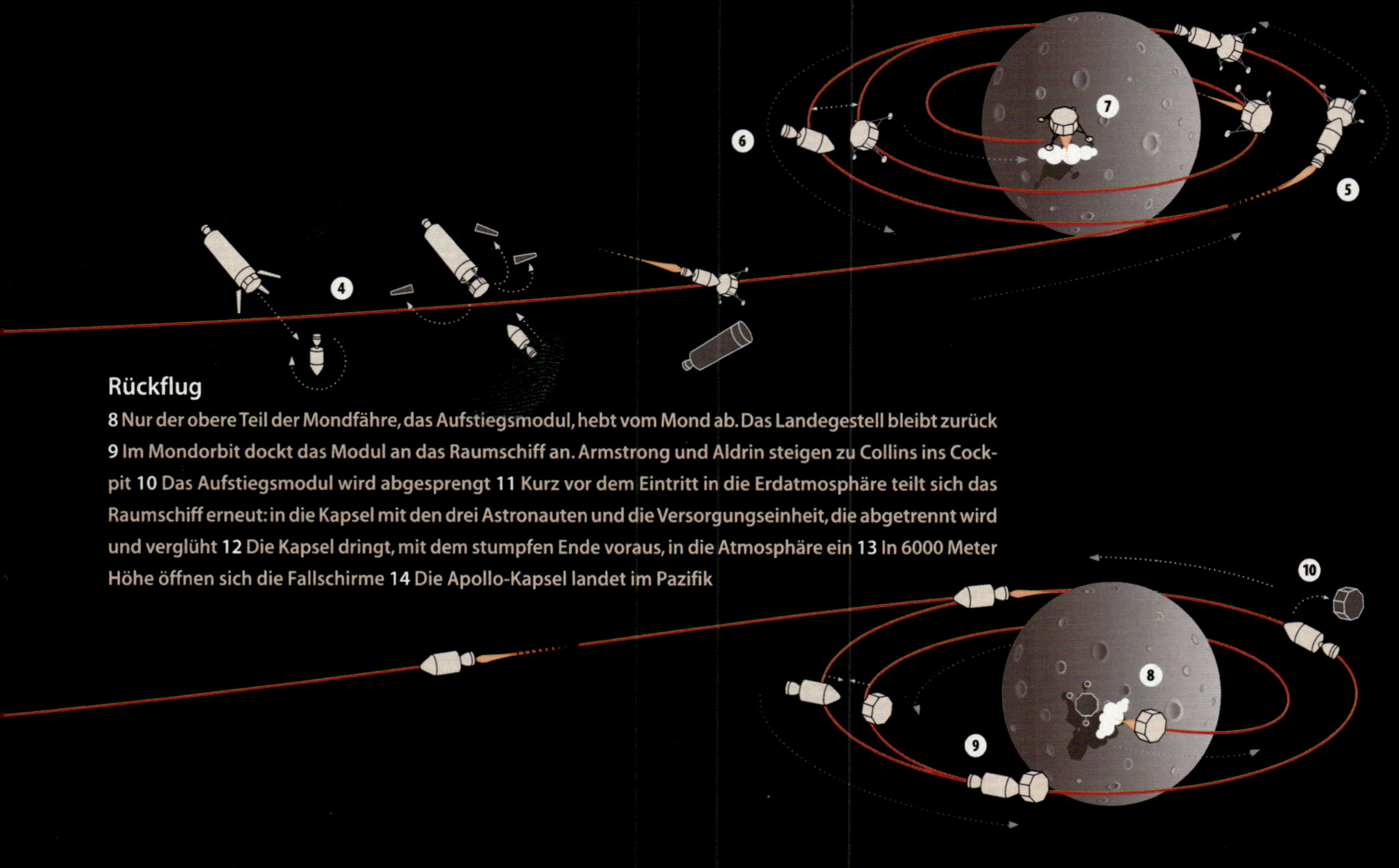

Rückflug

8 Nur der obere Teil der Mondfähre, das Aufstiegsmodul, hebt vom Mond ab. Das Landegestell bleibt zurück **9** Im Mondorbit dockt das Modul an das Raumschiff an. Armstrong und Aldrin steigen zu Collins ins Cockpit **10** Das Aufstiegsmodul wird abgesprengt **11** Kurz vor dem Eintritt in die Erdatmosphäre teilt sich das Raumschiff erneut: in die Kapsel mit den drei Astronauten und die Versorgungseinheit, die abgetrennt wird und verglüht **12** Die Kapsel dringt, mit dem stumpfen Ende voraus, in die Atmosphäre ein **13** In 6000 Meter Höhe öffnen sich die Fallschirme **14** Die Apollo-Kapsel landet im Pazifik

GEO-Grafik: Martin Kunsting

Mit einer Aluminiumfolie fängt Aldrin winzige Strahlungsteilchen ein – den Sonnenwind, der ständig das Mondgestein zermürbt

Tagelang grübelt Armstrong über seine ersten Worte am Ziel

stutzt: Alle markanten Landschaftsmerkmale der Mondoberfläche – die Krater, Felsen, Berge – erscheinen aus irgendeinem Grund zwei Sekunden früher als vorausberechnet. Das bedeutet bei ihrem bogenförmigen Abstieg, dass sie rund 3,6 Kilometer vor dem anvisierten Zielgebiet landen werden.

14 020 Meter. Armstrong dreht „Eagle" so, dass das Lande-Radar die Mondoberfläche erfassen kann. Das Triebwerk feuert jetzt mit verminderter Leistung.

12 192 Meter. Das Lande-Radar nimmt die Arbeit auf. Die Steuerraketen, die „Eagle" auf Kurs halten sollen, zünden viel häufiger als je im Simulator. Der Flug ist unruhiger als erwartet. Die vom Radar übermittelten Daten zur Höhe des Raumschiffes stimmen nicht mit den Berechnungen des Bordcomputers überein. Armstrong und Aldrin beschließen, dem Computer einzugeben, dass er die Daten des Radars akzeptieren muss. Sie wollen Houston informieren. Plötzlich heult eine Alarmsirene.

„Program alarm!", funkt Armstrong sofort nach Houston. Aldrin sieht eine Anzeige auf dem Display: „1202". Das hat er niemals im Simulator erlebt. Was bedeutet 1202? Er glaubt, dass der Computer möglicherweise überlastet ist, doch jetzt ist nicht die Zeit, Handbücher zu wälzen.

In Houston wird es hektisch. Computerspezialisten überprüfen den Alarm.

„We are Go on that alarm", funkt ein Controller Richtung Mond. Die Experten im Kommandozentrum haben beschlossen, dass man die Warnmeldung ignorieren kann, solange sie nur sporadisch erscheint.

7620 Meter. Die Bremsrakete drosselt, genau wie geplant, ihre Leistung automatisch auf nur noch halben Schub. Armstrong und Aldrin fühlen sich plötzlich leichter, obwohl sie stehend festgeschnallt sind.

2286 Meter. Der „Eagle", der bis jetzt schräg abwärts stürzte, wird vom Computer in die aufrechte Landeposition gesteuert, sodass die Beine des Landegestells zum Mond weisen.

1524 Meter. Mit einer Geschwindigkeit von rund 31 Metern pro Sekunde stürzen Armstrong und Aldrin auf den Erdtrabanten zu. Der Kommandant übernimmt kurz die Kontrolle der Brems- und Steuerraketen vom Computer, um auszuprobieren, ob der Flug manuell ähnlich gut steuerbar ist wie vom Rechner. Amstrong ist mit dem Flugverhalten zufrieden und schaltet die Computerkontrolle wieder ein.

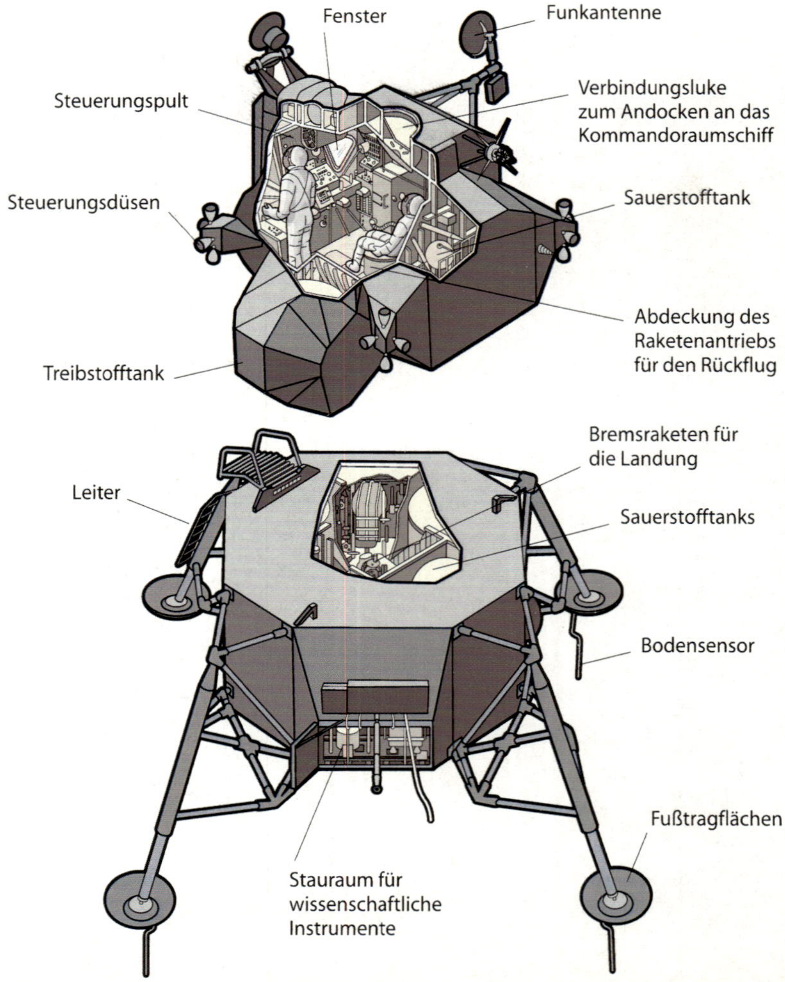

Das Kleine Mondlexikon

Vollmond

Unser Trabant und die Sonne stehen sich gegenüber. Der Erdschatten verfehlt den Mond, da dieser sich unterhalb der Verbindungslinie Sonne – Erde bewegt. Dem leuchtenden Weiß des Vollmonds in Verbindung mit dem Schwarz des Nachthimmels wird eine ungewöhnliche Wirkung auf den Menschen nachgesagt.

Das zartherbe BOUNTY Dark hat diese Faszination der Gegensätze eingefangen in einem Riegel aus nachtdunkler Schokolade außen und strahlend weißem, saftigem Kokosmark im Inneren.

Halbmond

Man sieht nur einen Teil des Monds, da die sonnenabgewandte Seite im Dunkeln liegt. Das macht ihn so geheimnisvoll.

Im Geheimnis der Dunkelheit liegt auch die Faszination von BOUNTY Dark. Erforschen Sie seine dunkle Seite: den Genuss zartherber Schokolade.

Mondfinsternis

Auch „Eklipse" genannt. Der Mond befindet sich in Opposition zur Sonne, die Erde liegt zwischen ihnen. Zieht der Mond durch den Erdschatten, erfolgt die Mondfinsternis.

Geheimnisvoll und fesselnd wie das unendliche Dunkel einer Mondfinsternis: BOUNTY Dark. Aber nur ein kleiner Biss und alles erstrahlt im leuchtenden Weiß des saftigen Kokosmarks …

Mondgesicht

Die gesichtsartigen Strukturen auf der Mondoberfläche entstehen durch die bergigen Hochländer, die Terrae, und die lavagefüllten Maria.

Diese Schichten sind mit bloßem Auge erkennbar und haben in der Vergangenheit einige Mythen um das Mondgesicht entstehen lassen.

Auch BOUNTY Dark besteht aus einer bergigen, zartherben Schokoladenschicht und nicht nur deshalb ist es ein Mythos.

Mondsüchtig

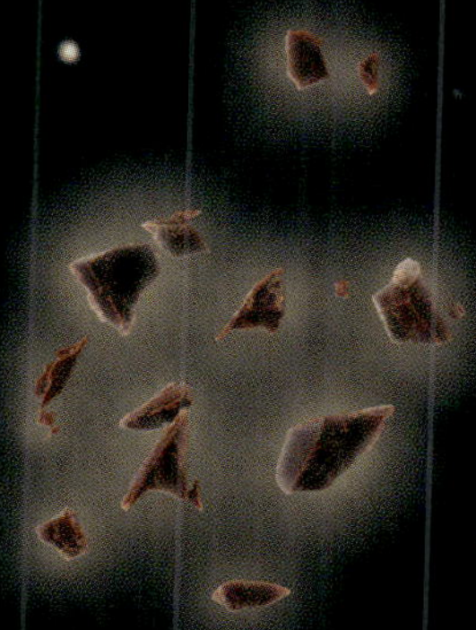

Der so genannte „Lunatismus" beschreibt das Nachtwandeln eines Schlafenden zur Vollmondzeit. Der Mensch folgt einer inneren Motivation und fühlt sich dabei von der Lichtreflexion des Monds angezogen.

Auch Darksüchtige folgen einer inneren Handlung.
Sie fühlen sich von BOUNTY Dark magisch angezogen und es gibt nichts, was sie aus ihrem exotisch zartherben Traum aus Schokolade und Kokosmark erwecken kann.

Papiermond

Der Papiermond ist ein ewiges Symbol für Traumwelten und Wunschdenken.

Stellen Sie sich vor, dieses abgebildete BOUNTY Dark wäre echt, noch unberührt und eingepackt. Darin die köstlich dunkle Schokolade, gefüllt mit verheißungsvoll saftigem Kokosmark.
Zartherbe Exotik pur, greifen Sie einfach danach … es ist aber leider nur Papier.

BOUNTY®
ZARTHERB • DARK • PUUR

TM ® Registered Trademarks © Masterfoods 2003
BOUNTY
ZARTHERB • NOIR • DARK
ENTDECKE DEN EXOTISCHEN TRAUM – BOUNTY® DARK.

914 Meter. Sinkgeschwindigkeit etwa 21 Meter pro Sekunde.

„You are Go for landing", bestätigt ein Controller.

„Program alert! 1201", funkt Aldrin plötzlich. Ein neuer Alarmcode des Computers.

„Go!", antwortet ein Controller.

Armstrong blickt auf das Landegebiet, das jetzt noch fast zwei Kilometer entfernt ist. „Es sieht nicht schlecht aus", meldet er. Immer wieder heulen Alarmsirenen, ausgelöst vom überlasteten Computer.

305 Meter. Der Alarm verklingt. Jetzt erkennt Armstrong Details des Landegebietes: einen Krater von der Größe eines Fußballfeldes im Zentrum, darum verstreut zahllose Felsen, manche so groß wie Autos. Viel zu gefährlich, um zu landen.

107 Meter. Armstrong greift ein. Er übernimmt vom Computer die Steuerung, hält „Eagle" einigermaßen auf Höhe und sucht im horizontalen Flug dicht über der Mondoberfläche nach einem Landegebiet. Das Einzige, worauf er sich nun noch verlassen kann, sind seine Augen.

Aldrin starrt unterdessen die Computer- und Radaranzeigen an und liest pausenlos die Messwerte ab. Er hat nicht eine Sekunde Zeit, um aus dem Fenster zu blicken, und weiß deshalb nicht, weshalb der Flug nicht mehr so verläuft wie geplant.

Auch in Houston haben die Controller gemerkt, dass Armstrong die Steuerung übernommen hat. Doch niemand ahnt den Grund dafür. „Ich glaube, wir sollten jetzt besser still sein", sagt der Funker dem Leiter der Flugkontrolle.

Armstrong steuert nach links, um großen Felsen auszuweichen.

91 Meter. „Was ist mit dem Treibstoff?", fragt er. „Acht Prozent", antwortet Aldrin. Weniger als je in einer Simulation. „Okay", sagt Armstrong, „sieht aus wie ein gutes Areal da vorn." Er steuert „Eagle" weiter.

67 Meter. Doch auch die angepeilte Region ist zu hügelig. „Ich muss direkt über einen Krater hinweg", meldet Armstrong. Dann erblickt er eine ebene Fläche von etwa 60 Meter Kantenlänge, zwischen Kratern und Felsen. Sein neues Ziel.

„Descent QTY" leuchtet auf dem Instrumentenpaneel auf: Der Treibstoff schwindet. Den Astronauten bleiben nur noch exakt 70 Sekunden für ein Landemanöver.

31 Meter. Armstrong weiß, dass „Eagle" genau senkrecht aufkommen muss, denn schon bei leichten horizontalen Bewegungen könnten die Landestützen brechen. Er will sich an großen Felsen orientieren, um zu sehen, ob das Landemodul nun senkrecht sinkt. Doch inzwischen wirbelt das Raketentriebwerk so viel Staub von der nahen Mondoberfläche auf, dass es vor dem Fenster im Sonnenlicht flimmert.

18 Meter. Ein Controller meldet sich: „Noch 60 Sekunden Treibstoff."

Neun Meter. „Eagle" treibt horizontal rückwärts. Armstrong weiß nicht, warum das Raumschiff taumelt, aber er steuert gegen.

Sechs Meter. „Eagle" driftet jetzt seitwärts. Die Sicht ist fast null, denn inzwischen quellen draußen große Staubwolken hoch. „30 Sekunden", meldet Houston.

Da ruft Aldrin plötzlich: „Contact light."

Auf dem Instrumentenpaneel leuchtet eine Lampe, die anzeigt, dass ihr Raumschiff die Mondoberfläche berührt. Eigentlich hätten sie aus Sicherheitsgründen dicht über dem Boden das Triebwerk abschalten müssen. Doch nun ist die Landung so sanft verlaufen, dass ihnen erst die Instrumente verraten, dass sie gelandet sind.

Armstrong betätigt den „Engine stop"-Schalter. „Shutdown", lautet sein erstes Wort vom Mond.

Die beiden Astronauten gehen rasch eine Checkliste durch, dann ›

Die Mondfähre »Eagle«, bestehend aus Steuerungsmodul und Landegestell

Lunare Gästeliste

Eine Übersicht der wichtigsten Missionen zum Mond

September 1959 – Lunik 2

Zwei Jahre nach dem »Sputnik«, dem Pioniergefährt der Raumfahrt, heben die ersten **Mondsonden** der UdSSR ab: Lunik 1 fliegt im Januar 1959 knapp vorbei, Lunik 2 schlägt im September 1959 als erste Sonde auf dem Mond auf

April 1962 – Ranger 4

Sechs Pioneer- und drei Ranger-Missionen scheitern, dann erreicht die erste **US-Sonde** den Trabanten

März 1966 – Luna 10

Luna 10 kreist 460-mal über Krater und Ebenen, sendet **Gravitations- und Strahlungsdaten** zur Erde – sowie per Funk die »Internationale« zum 23. Kongress der KPdSU in Moskau

Juli 1969 – Luna 15

Wenige Tage vor dem Start von Apollo 11 soll eine sowjetische Sonde erste **Gesteinsproben** vom Mond einsammeln. Doch der Plan, den USA die Show zu stehlen, misslingt: Luna 15 zerschellt im Mare Crisium

Juli 1969 – Apollo 11

Am 20. 7. 1969 betritt **Neil Armstrong** als erster Mensch den Mond, im Mare Tranquillitatis

April 1970 – Apollo 13

Während des Hinflugs explodiert ein Sauerstofftank. Über einen **improvisierten Luftschlauch** aus Pappe, Klebeband und Plastiktüten entgiftet die Crew ihre Atemluft – und landet wohlbehalten im Pazifik

Dezember 1972 – Apollo 17

Bei der sechsten und letzten Landung ist mit Harrison Schmitt erstmals ein Geologe dabei. Sein Kollege **Eugene Cernan** verlässt als bislang letzter Mensch den Trabanten

Januar 1994 – Clementine

Nach 22 Jahren Unterbrechung starten die USA erneut eine Mondmission. Die Sonde Clementine entdeckt an den Polen Hinweise auf **Wassereis**

September 2003 – Smart-1

Europas erste Mondfahrt. Die Sonde soll nach knapp 1,5 Jahren Flug vom Orbit aus das Gestein erforschen und Technologien für Missionen tiefer ins All testen

2004/2005 – Lunar-A und Selene

Japans erste Mondfahrt. Geplant ist, dass 2004 die Sonde Lunar-A zwei seismographische Messgeräte über dem Mond abwirft und 2005 die Folgemission Selene dessen Oberfläche genauer kartiert

2008 – Chandrayan-1

Indiens erste Mondfahrt. Voraussichtlich mit einer Sonde für geologische Forschungen

2010 – China

Chinas erste Mondfahrt. Eine Weiterentwicklung des Raumschiffs »Shenzhou«, das im Oktober 2003 die Erde umkreist hat, soll auf dem Mond landen

Präsident Richard Nixon begrüßt die Heimkehrer – die nach der Landung drei Wochen in einer Quarantänekammer ausharren müssen

meldet sich Armstrong wieder: „Houston, hier ist Tranquillity Base. Der Adler ist gelandet."

„Roger, Tranquillity, wir verstehen euch", antwortet ein Controller. „Wegen euch sind hier eine ganze Menge Leute blau angelaufen. Jetzt atmen wir wieder. Danke schön."

Der Treibstoff hätte noch für rund 20 Sekunden gereicht.

Um 21.39 Uhr Houston-Zeit am 20. Juli 1969 beginnt Armstrong langsam und vorsichtig über eine schmale Leiter ins Freie zu steigen. Den Raumanzug, den er sich zuvor in einer stundenlangen Prozedur für diesen ersten Gang ins Unbekannte angelegt hat, schützt ihn wie ein eigenes kleines Raumschiff: Mehrere mit Teflon beschichtete Stofflagen halten den Sauerstoff im Inneren, eine Unterwäschegarnitur mit netzartig verknüpften, von Wasser durchspülten Plastikschläuchen kühlt den Körper, ein Goldvisier schützt die Augen vor dem grellen Sonnenlicht, und der Rucksack enthält genügend Sauerstoff für mehrere Stunden. Auf der Erde hat diese Montur mehr als 137 Kilogramm gewogen. Hier aber, im schwachen Gravitationsfeld des Mondes, konnte Armstrong sie beim Anziehen mit einem Arm anheben.

Trotzdem ist der letzte, entscheidende Schritt auf der Leiter gefährlich. Denn da „Eagle" viel sanfter als vorausberechnet aufgekommen ist, sind die teleskopartigen Landebeine nicht wie geplant leicht zusammengedrückt worden, sondern stehen aufrecht da: Die Leiter endet rund einen Meter über der Mondoberfläche – und Armstrong kann die Beschaffenheit des Untergrunds schwer einschätzen. Nach einigem Zögern wagt er den Sprung.

Es ist 21.56 Uhr in Houston, als der erste Mensch den Mond betritt.

„That's one small step for a man, one giant leap for mankind", will Armstrong zur Erde melden. Lange hat er über einen Spruch nachgesonnen, der dem Ereignis angemessen ist. Bis ihm, dem verschlossenen Piloten und Techniker, einer der poetischsten Sätze eingefallen ist, mit denen je eine Entdeckung vom Entdecker selbst gewürdigt wurde: „Das ist ein kleiner Schritt für einen Menschen, ein großer Sprung für die Menschheit." Armstrongs einziger, lässlicher Fehler besteht darin, dass er in der Aufregung den unbestimmten Artikel „a" vergessen hat, was seinen Satz, streng grammatisch gesehen, widersinnig macht.

Um 22.15 Uhr folgt Edwin Aldrin. Mühsam pflanzen die beiden die amerikanische Flagge in den Boden, machen Film- und Fotoaufnahmen, sammeln rund 22 Kilogramm Mondgestein und -staub ein. Nach insgesamt zwei Stunden und 31 Minuten steigen sie zurück in die Fähre.

Kennedys Vision ist wahr geworden.

21 Stunden und 36 Minuten nach der Landung kehren Armstrong ❯

Apollos Erbe – jenseits der Teflon-Pfanne

Für den Triumph der sechs Mondlandungen scheuten die USA keine Kosten. Was aber ist deren Bilanz?

Politisch hatten die USA ihr Ziel mit der Apollo-11-Mission bereits erreicht, für die Wissenschaftler waren die späteren Mondlandungen hingegen von weitaus größerer Bedeutung. Erst diese sicherten einige grundlegende Erkenntnisse über den Trabanten: etwa, dass er geologisch komplex aufgebaut ist, sehr alt und eng mit der Erde verwandt, dass er keinerlei Leben birgt und früher vermutlich von einem Magmaozean bedeckt wurde.

Darüber hinaus warf die Entwicklung der Apollo-Mondfahrzeuge, Raumanzüge und Raketen angeblich mehr als 30 000 wirtschaftlich nutzbare Nebenprodukte ab. Dünn aufgedampfte Metallschichten etwa, die einst die Landefähren isolierten, werden heute in Lebensmittelverpackungen, Winterjacken und zur Wärmedämmung von Häusern verwendet. Auch sind leichte, zugleich stark belastbare Verbundmaterialien, die zuerst in Raumfahrzeugen eingesetzt wurden, noch immer im Flugzeug- und Autobau zu finden. Die berühmte Teflon-Pfanne allerdings ist keineswegs ein „Spin-off" der Mondlandung: Die hitzebeständige Kunststoff-Beschichtung wurde bereits 1938 entdeckt.

Auf den heutigen Geldwert umgerechnet, verschlang das Apollo-Programm von 1960 bis 1973 rund 80 Milliarden US-Dollar – jährlich weniger als die Hälfte des derzeitigen NASA-Jahresbudgets von 14,5 Milliarden Dollar.

Dennoch hielten schon damals viele Amerikaner die Mondfahrt für reine Geldverschwendung. In einer Umfrage von 1966 sprachen sich 48 Prozent der Befragten dafür aus, das Mondprogramm unter den Ausgabeposten der Regierung als Erstes zu streichen. Nur drei Monate nach dem Erfolg von Apollo 11 kürzte der US-Kongress tatsächlich die Gelder für den Bau zusätzlicher Saturn-V-Raketen. 1971 wurden auch die geplanten Apollo-Missionen 18, 19 und 20 gestrichen – und die NASA setzte fortan allein auf den Spaceshuttle.

Seit dem „Columbia"-Unglück hat sich eine Wende in der Strategie der Konstrukteure angedeutet: Im September 2003 verkündete ein NASA-Sprecher, bei der Entwicklung einer neuen Raumflotte wolle man eventuell auch auf das Konzept der Apollo-Kapseln zurückgreifen.

REIFEPRÜFUNG
LINIE AQUAVIT
LYSHOLM
FABRIK MÆRKE
LINIE
AQUAVIT
LINIE fra Norge
Am Anfang ist er nur ein ausgezeichneter Aquavit, am Ende nennen wir ihn LINIE. Über vier Monate lang reist der norwegische Premium Aquavit in alten Sherry-Fässern rund um den Globus. Zweimal überquert er dabei den Äquator – die Linie, wie die Norweger sagen. Damit vollendet die Weltreise seinen berühmten einzigartigen Geschmack und verleiht ihm die charakteristische goldgelbe Farbe.
LINIE. Premium Aquavit mit Äquatorreife
www.linie.de

Bei einer Rundreise durch 22 Staaten werden Armstrong, Aldrin und Collins vielerorts, wie hier in Chicago, frenetisch bejubelt

und Aldrin mit dem abtrennbaren Oberteil des Mondlandemoduls, das über ein eigenes Raketentriebwerk und eigene Tanks verfügt, in den Orbit zu Collins zurück. Auf dem Mond bleiben Messinstrumente, das Landegestell und die Fahne zurück, zudem kiloweise überschüssiger Ballast an Rucksäcken, Überschuhen und leere Behältern – sowie, im Staub, ein paar Hundert Schuhabdrücke, die wahrscheinlich Jahrtausende erhalten bleiben werden.

Und was bleibt auf der Erde von Apollo 11?

Als Armstrong, Aldrin und Collins am 24. Juli 1969 mit der winzigen Landekapsel mitten im Pazifik niedergehen, sind sie globale Helden. Sie haben während ihres Fluges mehrmals live zur Erde gesendet, ihre ersten Schritte auf dem Mond wurden von einer automatischen Außenkamera am Raumschiff übertragen und in Echtzeit zu den Fernsehapparaten der Erde gesendet. Rund eine halbe Milliarde Menschen haben die Pioniertat auf flirrenden, surreal anmutenden Schwarzweißbildern verfolgt.

In der amerikanischen Geschichte aber wird der Triumph der Astronauten schnell von anderen Ereignissen überschattet: vom Watergate-Skandal, vom Vietnam-Desaster und vom Ölpreisschock.

Zurück bleiben Instrumente, Müll und Hunderte von Schuhabdrücken

Auch wissenschaftlich bleibt die Bilanz der Apollo-11-Mission umstritten: Die paar Kilogramm Mondgestein hätten von unbemannten Sonden viel billiger zur Erde gebracht werden können. Der technische Fortschritt, etwa bei der Entwicklung der Saturn V, ist zwar gewaltig. Nur: Wozu sonst, außer für den Mondflug, soll das turmhohe Raumschiff eingesetzt werden?

So ist die Mondlandung letztlich vor allem die teuerste und, aus Sicht des Westens, wohl erfolgreichste nichtmilitärische Schlacht im Kalten Krieg geworden, die späte Rache für den Sputnik-Schock. Seit dem Ende der bemannten Mondflüge 1972 hat kein Mensch mehr den Orbit seines Heimatplaneten verlassen, geschweige einen anderen Himmelskörper betreten. Keines der heutigen Raumfahrzeuge wäre in der Lage, einen Menschen wieder bis zum Mond zu bringen. Die Errichtung einer bemannten Mondstation oder gar die Landung auf dem Mars, die 1969 als logischer nächster Schritt schon greifbar nahe erschien, bleiben vorerst Utopie.

Und Neil Armstrong, Buzz Aldrin und Michael Collins? „Neil, wir haben das Ganze verpasst", hat Aldrin seinem Kommandanten zugeraunt, als die drei Astronauten in der Quarantäne-Kammer die Euphorie zu spüren bekamen, die ihre Reise auf der Erde ausgelöst hatte. Für sie, die ehemaligen Militärpiloten, war stets der *Weg* zum Mond die eigentliche Herausforderung, das *Ziel* hingegen nebensächlich.

Wenig später haben sich ihre Wege getrennt: Collins verfasste mehrere autobiografische Werke, verbringt seine Zeit heute jedoch hauptsächlich beim Angeln auf seinem Alterssitz. Aldrin stürzte bald nach der Mondlandung in schwere Depressionen und verfiel dem Alkohol. Später stieg er zu einem erfolgreichen Manager der Weltraumbranche auf – und ist der Einzige des Trios, der noch regelmäßig vor größerem Publikum erscheint. Armstrong, der eine neue Karriere als Universitätsdozent begann, lebt zurückgezogen in Ohio und hat sich seit 30 Jahren selten öffentlich geäußert.

Einige der späteren Apollo-Astronauten sind bereits gestorben. Und schon in ein, zwei Jahrzehnten wird es niemanden mehr geben, der mit eigenen Augen die Erde über dem Mond hat aufgehen sehen. Es sei denn, es findet sich ein Land oder ein Unternehmen, das sich erneut auf dieses Wagnis einlässt. Die Motive werden dann wohl andere sein – aber kaum die Faszination und Strahlkraft solch eines Abenteuers. **I**

GEO-Redakteur **Cay Rademacher**, 38, hat bereits eine US-Mondmission rekonstruiert: den dramatischen Flug von „Apollo 13", kurz vor dem Start des gleichnamigen Kinofilms erschienen in der GEO-Ausgabe 02/1995.

Sony Ericsson

Sony Ericsson

Alles Lüge!

TEXT: WOLFGANG MICHAL

Die Mondlandung: die teuerste Filmproduktion aller Zeiten. Ihr Auftraggeber: US-Präsident »Tricky Dick« Nixon. Regie: natürlich die CIA … Die Genese einer weltweiten Verschwörungstheorie

Wenn abends die Igel gefüttert sind und der bayerische Pfaffenwinkel in Schlaf versinkt, zieht sich Commander Gernot L. Geise in seine Raumkapsel zurück: in ein kleines Mansardenzimmer, bis zur Decke voll gestopft mit Studiotechnik, an den Wänden Mondkarten, vor den Monitoren ein breit gesessener Commanderstuhl, daneben ein Pott kalter Kaffee.

Unter uns zieht die Mondoberfläche vorüber. Krater und Meere, Löcher und Rinnen. Plötzlich ein Ruckeln, eine Unschärfe, der Horizont taumelt und stürzt kopfüber, wir überqueren den Mond in entgegengesetzter Richtung. Houston, wir haben ein Problem!

Zufrieden drückt Commander Geise die Stopptaste des Videorecorders.

„Haben Sie das gesehen? Die haben einfach eine Mondkarte vor der Kameralinse hin und her bewegt. Wenn sie den Rand der Karte erreichten, haben sie sie gedreht und wieder zurückgeschoben."

O mein Gott! Hat die NASA im Juli 1969 wirklich eine halbe Milliarde Fernsehzuschauer mit derart plumpen Mitteln belogen und betrogen?

Commander Geise streicht sich sein Ziegenbärtchen. „Nie", sagt er, „hat ein Mensch den Mond betreten. Alle so genannten Mondlandungen waren gefaked"; inszeniert in der Wüste von Nevada, in einem geheimen Hangar des US-Militärs. Gefilmt, so glauben viele, von Stanley Kubrick, dem Regisseur von „2001 – Odyssee im Weltraum".

Apollo 11 – die Mega-Lüge des Jahrhunderts!

Auch Geise mochte das Ungeheuerliche zunächst nicht glauben. Wie Millionen andere hatte er die Nacht vom 20. auf den 21. Juli 1969 vor dem Fernsehapparat verbracht und Armstrong und Aldrin sogar von der Mattscheibe abfotografiert, um den historischen Moment festzuhalten. Begeistert hatte er als 13-Jähriger Perry Rhodan und Wernher von Braun gelesen und mit Freunden zweistufige Raketen gebastelt, in denen er Mehlwürmer und Heuschrecken per Zündkabel und Salpeter in den Frankfurter Himmel katapultierte. An winzigen Fallschirmen schwebten die Mehlwurm-Kapseln dann zur Erde zurück.

Ja, es wäre seine Erfüllung gewesen, Astronaut zu werden, aber die Umstände haben ihm ein anderes Leben eingebrockt: Er lernte Drucker, gründete eine Familie, bezog ein Häuschen – und wurde krank. Mit 46 Frührentner, berufsunfähig und obdachlos, gestrandet im Meer der Ruhe, unterhalb des Hohenpeißenbergs im Allgäuer Pfaffenwinkel. Seither ist Commander Geise zu neuen Welten unterwegs.

Aber schon 1969, sagt er, sei ihm aufgefallen, dass Neil Armstrong den berühmten Satz vom großen Sprung für die Menschheit gar nicht gesagt habe. Der Satz habe lediglich im Ablaufplan gestanden, den die NASA für die erste Mondlandung ausgearbeitet hatte. Trotzdem sei der Spruch in die Geschichtsbücher gelangt, und niemand habe dagegen protestiert.

Der Anfangsverdacht war gesät. Und je mehr Geise aus der Welt herausfiel, desto öfter entdeckte er „Unstimmigkeiten" an ihr. Nichts passte wirklich zusammen. Als Drucktechniker hatte er gelernt, auf kleinste Details zu achten. Und wenn man genauer hinsah, brachen die Kartenhäuser der offiziellen Wirklichkeit schnell zusammen.

So konnte er auf den zigtausend Fotos, welche die Astronauten bei ihren Mondspaziergängen geschossen haben, nie Sterne erkennen, obwohl sich die Raumfahrer doch im sternenklaren All befanden. Die in den Boden gerammte US-Flagge flatterte im Wind, obwohl es keinen Wind auf dem Mond geben kann. Neben den Beinen der Landefähre sind die Fußspuren der Astronauten zu sehen, obwohl das bremsende Raketentriebwerk kurz vor dem Aufsetzen allen Staub hätte wegpusten müssen. Unter der Fähre ist auch kein Landekrater auszumachen, und beim Rückstart in den Mondorbit schießt kein Brennstrahl aus dem Triebwerk – gerade so, als würde nur ein Modell an unsichtbaren Fäden nach oben gezogen.

Spieglein, Spieglein im Visier: Der Horizont, der im Helm des Astronauten Edwin Aldrin sichtbar ist, wurde einkopiert. Er stimmt nicht mit dem Aufnahmewinkel überein. Sagen die Zweifler

Merkwürdig auch die Fadenkreuze der Kamera, die auf manchen Fotos hinter den Objekten verschwinden: ein Effekt, der ebenfalls auf Manipulation schließen lässt. Am auffälligsten aber sind die auf den Fotos zu sehenden Schatten, die in völlig unterschiedliche Richtungen weisen – was auf mehrere Lichtquellen in einer Studiohalle deutet. In manchen Aufnahmen spiegeln sich die Scheinwerferbatterien sogar „versehentlich" in den Visieren der Astronautenhelme.

Das entscheidende Indiz dafür, dass alles gefälscht sein musste, erkannte Geise schließlich in der im All wirkenden Strahlung. Sie hätte den Raumfahrern und ihrem Filmmaterial böse zusetzen müssen. Die Durchquerung der erdumspannenden, strahlungsintensiven Van-Allen-Gürtel, die Belastung durch Sonnenstürme während des Flugs zum Mond und die intensive Bestrahlung auf dem Erdtrabanten selbst hätten bei den Astronauten erhebliche Gesundheitsschäden bewirken müssen: Hautkrebs, Verbrennungen, Leukämie. Denn weder die dünnen Raumanzüge noch die Bordwände der Apollo-Kapseln seien für Strahlenbombardements dieser Dimension gerüstet gewesen.

Technisch, sagt Geise, seien die Amerikaner in den 1960er Jahren noch gar nicht in der Lage gewesen, einen Flug zum Mond zu realisieren. Man brauche doch nur die Liste der Unfälle und Fehlschläge zu betrachten. ›

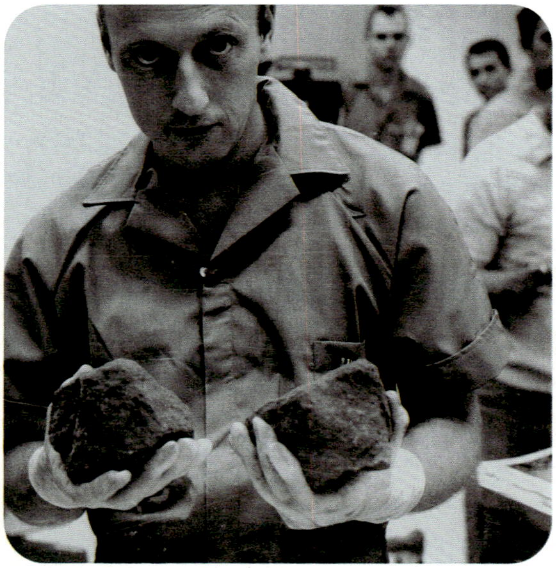

1 + 2 Schatten auf dem Mond? Einer kurz, der andere lang, einer weist nach rechts, der andere nach links? Kenner durchschauen die Manipulation: Im Filmstudio wurde mit mehreren Lichtquellen gearbeitet. 3 Mondgestein ist schwach radioaktiv. Weshalb kann dieser Mann es ungeschützt tragen?

welche die NASA-Programme wie ein roter Faden durchziehen. Kaum ein Prototyp, der bei seiner Erprobung nicht explodierte, außer Kontrolle geriet oder abstürzte. Unter dem Druck der vollmundigen Vorgabe Präsident Kennedys, vor 1970 einen Mann zum Mond und zurück zu bringen, schenkte man sich die notwendigen Testreihen. Mit unausgereiften Geräten und einer Computerkapazität, die heute jeder handelsübliche Mikrowellenherd übertreffe, will die NASA das Präzisionsunternehmen Apollo gesteuert haben? Völlig unmöglich!

Also, sagt Geise, war alles ganz anders. 1968, im Jahr nach dem tödlichen Zwischenfall mit Apollo 1, wurde dem designierten US-Präsidenten Richard Nixon schnell klar, dass die NASA Kennedys Versprechen nicht würde halten können. „Tricky Dick" schaltete um auf Plan B: Die CIA kontaktierte Hollywood und gab die Mondlandung in Auftrag. Für die Studios kein Problem, denn bereits Walt Disney und Wernher von Braun hatten bei ihrer „Man in Space"-Serie hervorragend zusammengearbeitet. Und die Bauten, Bühnenbilder und Requisiten für Stanley Kubricks „2001" waren noch frisch. Für die Außenaufnahmen wählte man ein Atomtestgelände in der Wüste von Nevada – die berüchtigte Area 51 –, weil sie landschaftlich der zerkraterten Mondoberfläche am nächsten kam. Die Szenen wurden in Zeitlupe gedreht, und die Astronauten, die hinter ihren verspiegelten Helmen nicht zu erkennen waren, wurden von Schauspielern gedoubelt.

Als diese Theorie 1974 von Bill Kaysing, dem Vater der Mondlandungs-Skeptiker, erstmals publiziert wurde („We never went to the Moon"), stieß sie auf wenig Resonanz. Auch „Moongate", 1982 von William Brian veröffentlicht, lasen nur die üblichen Verdächtigen aus der Szene. Erst als die privaten Fernsehsender, die mit „Akte X", „Alien"- und „Star Trek"-Filmen hervorragende Quoten erzielten, das Thema aufgriffen und sich die „Moon-Hoax Believers" ungestört über das Internet ausbreiten konnten, wurde die Theorie von einer Fälschung populär.

Den Siedepunkt erreichte sie, als George W. Bush Präsident wurde. Mit den Mitteln des investigativen Journalismus und der pathetischen Dramaturgie des

Mit Argumenten von scheinbar zwingender Logik säten jüngst zwei »Dokumentationen« erneut Zweifel

Doku-Thrillers stellten gleich zwei „Dokumentationen" das bisher Geglaubte in Frage: „A Funny Thing Happened on the Way to the Moon" des Filmemachers Bart Sibrel und „Did We Land on the Moon?", ein Report des einflussreichen US-Senders Fox. Mit sonorer Stimme, unterlegt von hypnotisierender Musik und patriotischen Bildern, wurde „im Namen aller Amerikaner" die Hand-aufs-Herz-Frage gestellt: Habt ihr uns betrogen?

Im verwirrenden Jahr 2001 fielen die Zweifel auf fruchtbaren Boden. 20 Prozent der Amerikaner, hieß es in der Fox-Dokumentation, seien sich nicht mehr ganz sicher, ob die Mondlandung nun tatsächlich stattgefunden habe. Wenn selbst der amtierende Präsident nur mithilfe juristischer „Tricks" an die Macht kommen konnte, wenn Regierungen in aller Öffentlichkeit gefälschte Dokumente vorlegen, um Kriegsgründe zu schaffen, warum soll dann nicht auch die Mondlandung gefälscht worden sein? Schließlich befand sich die Nation in den 1960er Jahren vor einer ähnlich fundamentalen Herausforderung wie heute: Man wollte den Kalten Krieg gegen die auftrumpfenden Sowjets um jeden Preis gewinnen.

Die Reaktion der NASA goss zusätzlich Öl ins Feuer der Ungläubigen. Statt sich mit den Thesen der „Mondlandungslüge" auseinander zu setzen, spielte die Behörde das bewährte Repertoire: totschweigen, ignorieren, lächerlich machen. Als das nichts half, betraute die NASA den Wissenschafts-Publizisten James Oberg mit der Aufgabe, die Vermutungen der Zweifler einwandfrei zu widerlegen. Doch im letzten Moment zuckte die NASA zurück und entzog Oberg den Auftrag. Würde sich eine Institution wie die NASA auf die Ebene von „Verrückten" begeben, so ihre Befürchtung, sei das für die Moon-Hoaxer ein halber Sieg. Die aber behaupten nun, Oberg sei ausgestiegen, weil er merkte, dass die NASA etwas zu verbergen habe.

Tatsächlich schaffte sich die NASA das Problem auf elegante Weise vom Hals. Statt offiziell gegen die Moon-Hoaxer vorzugehen und sie wegen übler Nachrede zu verklagen, überließ sie den Kleinkrieg einer Reihe von Idealisten, die, wie Geise, die Mondlandung am Bildschirm miterlebt hatten und daher emotional an dieses „Urerlebnis" gebunden waren. Seither duellieren sich Verteidiger und Bezweifler der Mondlandung auf privater Ebene im Internet.

Besonders streitlustig ist der ehemalige NASA-Mitarbeiter und Astronom Philip Plait, der mit seiner „Bad astronomy"-Website unverdrossen gegen die Hydra der Hoaxer kämpft. Jede neue Spekulation unterzieht er einer spöttischen Entlarvung. Für jede „Anomalie" hält er eine plausible Erklärung bereit.

Der unterschiedliche Schattenwurf auf den Fotos? Jeder Amateurfotograf, sagt Plait, kenne das Phänomen. Durch Bodenunebenheiten würden Schatten gestreckt oder gestaucht und zeigten dann in verschiedene Richtungen. Die Flagge? Sie hänge an einem waagerechten, am Stangenende befestigten Stab, ihr Flattern sei verursacht durch das Nachzittern der Stange nach dem Einrammen in den Mondboden. Der fehlende Landekrater? Der liegen gebliebene Staub? Der Rückstart ohne Brennstrahl? Das Triebwerk der Fähre, erklärt Plait, sei bereits vor dem Aufsetzen auf den Mondboden stark gedrosselt gewesen. Es konnte also weder einen Krater brennen noch weitflächig Staub wegblasen. Und im Mondvakuum habe der Hydrazin-Treibstoff eine transparente Abgasflamme erzeugt. Die fehlenden Sterne am Himmel? Jeder wisse aus eigener Erfahrung, dass ein heller Vordergrund vor dunklem Hintergrund Belichtungsprobleme beschere. Bei normalen Verschlusszeiten würden die Lichtpunkte im Hintergrund verschluckt. Die verdeckten Fadenkreuze? Hervorgerufen durch den so genannten Blooming-Effekt, bei dem helle auf benachbarte dunkle Bildpunkte übergreifen.

Doch die Strahlung! Wie hätten die Astronauten den Protonenhagel ohne meterdicke Bleiwände und gewaltige Schutzanzüge überleben sollen? Ganz einfach, sagen Strahlenexperten, die Belastung sei viel geringer gewesen, als von den Moon-Hoaxern behauptet. Die Apollo-11-Astronauten erhielten während ihres Fluges „nur" eine Strahlendosis von 6,1 Millisievert, ›

Wäre die Lichtquelle die Sonne, so die Verschwörungstheoretiker, wäre das Gelände nicht so ungleichmäßig beleuchtet

Geschichte muss neu geschrieben werden. So will es der Deutsche Gernot L. Geise. Seit Jahren entlarvt er unermüdlich die NASA

so viel, wie wir alle in zwei bis drei Jahren durch natürliche Strahlung absorbieren. Die Propagandisten der Mondlüge operierten mit Extremwerten, wie sie allenfalls im Zentrum der Van-Allen-Gürtel oder bei heftigen Sonnenstürmen gemessen werden. Wären die Astronauten tatsächlich in einen solchen Sturm geraten, hätten sie durchaus eine tödliche Dosis abbekommen können.

Bleibt die Kernfrage, ob ein Großunternehmen wie Apollo überhaupt fälschbar war? Gesetzt den Fall, dem wäre so. Warum hätte man dann „die teuerste Filmproduktion aller Zeiten" derart stümperhaft ins Werk setzen sollen? Warum haben die Russen, die in den Zeiten des Kalten Krieges über eine hervorragende Auslandsspionage verfügten, nichts gemerkt oder nichts gesagt? Und wieso hat nie einer der 400 000 Mitwirkenden des Apollo-Programms ausgepackt?

Auch bei solchen Fragen sind echte Moon-Hoaxer nie um Antworten verlegen: Wurden die Hitler-Tagebücher denn nicht als plumpe Fälschung entlarvt, und hat die britische Regierung, als sie den Irakkrieg unter anderem mit Hilfe der Forschungsarbeit eines jungen Politologen begründete, nicht die Tippfehler der Quelle mit übernommen? Die Russen, so Geise, hätten nur deshalb stillgehalten, weil auch Gagarins legendärer Flug – wie der ganze Kalte Krieg – ein Täuschungsmanöver war; das Stillhalteabkommen sollte den militärisch-industriellen Komplexen auf beiden Seiten des Eisernen Vorhangs das Überleben sichern. Und geschwiegen hätten die Beteiligten bis heute, weil sie genau wüssten, dass es den sicheren Tod bedeuten würde, alles offen zu legen. Ist es nicht seltsam, fragt Geise, dass Neil Armstrong seit Jahrzehnten kein einziges großes Interview gegeben hat?

Egal, was NASA & Co präsentieren: Für die Skeptiker ist auch der beste Beweis nur eine intelligente Lüge

Egal also, was für plausible Erklärungen die Gegner der Mondlügen-Vertreter auch präsentieren, die Moon-Hoax-Gemeinde hat immer schon ein Gegenargument parat. Es ist aussichtslos, sie des Schwachsinns zu überführen, denn in ihrer Haltung steckt prinzipielle Opposition: Was von offizieller Stelle, von Staat, Kirche, Wissenschaft „verordnet" ist, kann nur eine Lüge sein.

Auch Geises „Gesamtwerk" passt in dieses Raster. In den vergangenen 13 Jahren hat er sich zu allem und jedem geäußert, zum keltischen Nachrichtensystem und zum Ursprung des Menschen, zum Geheimnis der Pyramiden und zum Marsgesicht. Geise gehört dem inneren Zirkel des Vereins „Efodon" an, einer Abspaltung von Erich von Dänikens Gesellschaft für Prä-Astronautik. Efodon beschäftigt sich etwa mit der Frage, ob der Mond ein gestrandetes Raumschiff ist; ob die Lichterscheinungen und Flugbewegungen auf dem Mond etwas zu bedeuten haben, ob auf seiner Rückseite Landebahnen und Kuppelbauten existieren. Für manche lebt ja auch der Führer noch in einem Bunker auf dem Mond.

Ziel von Efodon ist die Revision unseres Geschichtsbildes. Denn das, sagt Geise, „stimmt vorne und hinten nicht". Das Mittelalter: weitgehend erfunden. Die Römer: in Wahrheit Keltogermanen. Die Geschichte muss neu geschrieben werden.

Selbst wenn also ein chinesischer Astronaut oder ein irdisches Super-Teleskop den untrüglichen Beweis liefern sollten: Bilder von den drei zurückgelassenen Mondautos, den Landegestellen der diversen Mondfähren oder von der amerikanischen Flagge im Mare Tranquillitatis – es wäre für die Anhänger der Geschichtsrevision nur die Bestätigung, dass auch dieses Beweismaterial gefälscht sein muss. Der einzige Beweis, den Commander Gernot L. Geise gelten lassen würde, wäre, wenn er selbst mit auf den Mond fliegen dürfte. Ein solches Angebot, sagt er, würde er nicht ausschlagen.

Dann wäre er endlich dort, wo er immer sein wollte: in einer Raumkapsel, und nicht abgekapselt in einem Mansardenzimmerchen des Allgäuer Pfaffenwinkels. Gut möglich, dass Geise genau das mit seinen Büchern erreichen will. **I**

GEO-Autor **Wolfgang Michal**, 49, ist seit Jahren der schnittfesten Überzeugung, dass der Mond aus Käse besteht. Zweiflern hält er gern ein Stück Raclette-Käse entgegen, das NASA-Ingenieure 1969 von der Außenhaut der zurückgekehrten Apollo-11-Kapsel gekratzt haben.

LUNA, DER PLANET AUS ÄTHER, ENTHÜLLT SEIN ANTLITZ

TEXT: ARIEL HAUPTMEIER

1

Wie der Mond geformt ist, ob als makellose Scheibe, Feuerrad oder Spiegelbild der Erde, bleibt bis ins 17. Jahrhundert ein Mysterium. Dann erst entlarvt ihn ein »Teleskop« genanntes Instrument als wundes Kraterreich – was nach Galileo Galilei zahlreiche Astronomen dazu anspornt, die Terra incognita am Himmel zu erkunden. Ein Wettlauf beginnt, an dem sich auch Kirchenlehrer und Literaten beteiligen

1 **BABYLONIEN** ab 3000 v. Chr.

Schon früh beobachten die Babylonier den Sternenhimmel. Ihre älteste bekannte Skizze, eine Tontafel um 800 v. Chr., zeigt das Siebengestirn (links) und den Mond – mit einem Bewohner

Wie ein Lauffeuer zieht das Gerücht durch Norditalien: In den Niederlanden, so heißt es, sei ein wundersamer Apparat entworfen worden. Ein Glas, das die Distanz bezwingt. Eine Waffe für das Auge, die zudem höchst simpel, nämlich nur aus einem Bleirohr und zwei Brillenlinsen, konstruiert sei.

Als die Nachricht von dem magischen Gerät im Sommer 1609 die Stadt Padua erreicht, beschließt ein 45 Jahre alter, von Geldsorgen geplagter Mathematiker der dortigen Universität, die für Handel und Armee zweifelsohne unschätzbar wertvolle Erfindung nachzubauen. Sein Name: Galileo Galilei.

Er experimentiert so lange mit konkaven und konvexen Linsen, bis er dem Senat der Stadt schließlich ein eigenes *perspicillum* präsentieren kann. Feindliche Schiffe sind damit schon Stunden vor ihrem Eintreffen zu erspähen. Die Ratsherren sind begeistert; sie entlohnen Galilei gut. Und wohl eher aus Neugier oder um Abwechslung von seinen Formeln zu suchen, richtet der Forscher ein paar Monate später, Anfang Dezember 1609, eine weiterentwickelte Variante seines Fernrohrs statt wie sonst zum Horizont in einer klaren Nacht hinauf zu der Silbersichel, die über den Dächern von Padua schwebt.

Beiläufig ist dieser Blick, mit dem die moderne Mondforschung ihren Anfang nimmt. Bei Galilei aber löst er Entsetzen aus.

Bis zum Anbruch des 17. Jahrhunderts weiß noch niemand, wie der Mond beschaffen ist oder wieso es ihn gibt. Dabei beginnen schon um 3000 v. Chr. Sternenkundige in Babylonien, Indien, China, Ägypten und Europa, Jahrhunderte vor Galilei auch die Maya und Azteken, den Mondzyklus genauer zu erforschen. Sie richten Kalender danach ein, berechnen Mond- und Sonnenfinsternisse, bauen Observatorien, in deren Architektur sich der Lauf der Sonne und der Nachtgestirne widerspiegelt. Im heutigen Sachsen-Anhalt nehmen Priester den Mond bereits vor rund 7000 Jahren ins Visier – von einem hölzernen Palisaden-Tempel aus. Und ihre Nachfolger, mit spitzen Goldhüten gekrönte Himmelsdeuter, verzeichnen die Mondsichel in einer auf das Jahr 1600 v. Chr. datierten Bronzeplatte, die erst im Frühjahr 2002 als „Himmelsscheibe von Nebra" an die Öffentlichkeit kommt und die Bedeutung der Mondbeobachtung für die Menschen der Bronzezeit offenbart.

Ab 600 v. Chr. richten auch griechische Philosophen ihren Blick zum Mond – und stellen erste Theorien über dessen Gestalt auf: Er sei ein Feuerrad, behauptet Anaximander. Eine hohle Schale, schreibt Heraklit. Ein Ort, an dem die toten Seelen wohnen, vermutet Pythagoras. Ein Felsbrocken ähnlich der Erde, meinen Philolaos und Plutarch. Oder ist der Mond nur eine riesige Spiegelscheibe, in der die Erde widerscheint, ohne eigenes Wesen? Dies behaupten jene griechischen Denker, die in den dunklen Flecken auf dem Mond die Umrisse von Meeren der Erde zu entdecken meinen.

Später dann, bis zu Galileis Lebzeiten, besagte die Lehre der römischen Kirche, gestützt auf das Buch Genesis des Alten Testaments und Schriften des Aristoteles: Der Kosmos teile sich in eine himmlische und eine irdische Sphäre. Der Mond, entstanden am vierten Tag der Schöpfung, gehöre eindeutig zum Himmel, sei göttlich, also makellos, vollkommen, glatt und rund. Er bestehe, wie alle anderen Planeten, aus Äther, dem fünften Element, der Quintessenz.

Doch als Galilei in jener klaren Nacht durchs Fernrohr schaut, sieht er, was es eigentlich gar nicht geben darf: unregelmäßige Licht- und Schattenmuster, Beulen und Blessuren. Luna, die Königin der Nacht, hat Pickel!

Galilei macht leuchtend helle Punkte aus und folgert, dass es Berge sein müssen, ›

2

2 **BRONZESCHEIBE** 1600 v. Chr.

Die »Himmelsscheibe von Nebra«, entdeckt in den Resten einer Wallanlage im heutigen Sachsen-Anhalt, gilt als die älteste astronomische Karte der Menschheitsgeschichte

deren Gipfel von der aufgehenden Sonne angestrahlt werden. Und er gelangt zu der Erkenntnis, dass der Mond „keineswegs vollkommen“ sei, sondern beschaffen „nicht anders als das Antlitz der Erde selbst“.

Im März 1610 veröffentlicht Galilei sein Buch „Sidereus Nuncius“, die „Botschaft der Sterne“. Nicht nur, dass er darin den Äthermond als zweite Erde definiert und die Erde als Planeten. Er attackiert auch das von den Griechen aufgestellte Sichtbarkeitspostulat, wonach in der Natur nur wahr ist, was man mit bloßem Auge sieht; nun schrumpft das Sichtbare zu einem kleinen Ausschnitt der Wirklichkeit zusammen.

Der Mond scheint seinen Zauber eingebüßt zu haben. Das bleiche Nachtgestirn, mit Wolfsgeheul und Werwölfen assoziiert, mit Hexenkult und Wahnsinn: Verblasst es nun im ersten Licht der Aufklärung?

Nur teilweise. Denn die alten Mythen sind erstaunlich zäh, und schon bald werden neue Legenden gesponnen. Jeder Entdeckungsschub wird in Zukunft zugleich neue Mond-Fantasien erzeugen. Diese Ambivalenz beginnt mit Galilei – und setzt sich durch die Jahrhunderte fort, bis heute.

Zunächst sind es traditionsverhaftete Sprecher der katholischen Kirche, die sich einer nüchternen Betrachtung des Trabanten in den Weg stellen – während andere römische Geistliche, insbesondere die Wissenschaftler des Collegium Romanum, Hochburg jesuitischer Gelehrsamkeit, Galileis verblüffende Erkenntnisse begeistert aufnehmen und sogar bestätigen. Einer ihrer Protagonisten, der deutsche Jesuit Christoph Clavius, versucht indessen, das kirchliche Weltbild zu retten, indem er spitzfindig behauptet: Der Mond möge rau und zerklüftet sein, aber er sei umhüllt von einer kristallinen, gänzlich runden Schale.

Andere Gelehrte weigern sich schlicht, durchs Fernrohr zu schauen, um die Lehre vom makellosen Mond nicht zu gefährden. Sie denunzieren Galilei als Betrüger: Seine Linsen täuschten den Betrachter; das, was man durch ein Fernrohr sehe, befinde sich im Fernrohr selbst. Verbittert notiert Galilei: „Wer die Gabe seines Augenlichtes so gering schätzt, verdient, dass er sie verliert.“

Dem Teleskop, das den Mond plötzlich so nahe an die Erde rückt, haftet der Makel des Unseriösen auch deshalb an, weil es nicht nur vergrößert, sondern auch verfremdet. Zunächst können die Linsen Lichtstrahlen nicht in einem Punkt bündeln, zudem brechen sie die Farbanteile des Lichtes unterschiedlich stark. Die Bilder werden unscharf, die Sterne sind umkränzt von einer bunten Aura. Als wollte sich die neue Technik selbst in Frage stellen.

So kommt die Erforschung des Mondes in den folgenden Jahrzehnten nur schleppend in Fahrt. Die Konturen des Trabanten bleiben unscharf. Doch dann konstruieren Astronomen wie der Danziger Johannes Hevelius neue, bis zu 40 Meter lange Teleskope, mit deren Hilfe sich Mondkarten von ungekanntem Detailreichtum erstellen lassen. Die Mär vom makellos runden Erdtrabanten ist endgültig dahin. Nun geht es darum, Anspruch und Einfluss auch dadurch zu demonstrieren, indem man den fernen Kratern, Bergen und Ebenen Namen verleiht.

Den meisten Erfolg hat damit Giambattista Riccioli, Professor am Jesuitenkolleg in Bologna, dessen 1651 veröffentlichte Nomenklatur bis heute weitgehend gültig ist. Voller Poesie, voller ironischer Anspielungen sind die Namen auf der von ihm erstellten Mondkarte. Und sie sind Werkzeuge: Riccioli will die Autorität der Kirche, die vom Protestantismus und dem

3

3 GALILEO GALILEI 1564 – 1642

Galilei richtet sein Teleskop zwar erst ein paar Monate nach dem Briten Thomas Harriot zum Mond, macht seine Erkenntnisse jedoch schneller in Zeichnungen und Vorträgen publik – und erntet den Ruhm

kopernikanischen Weltbild zunehmend bedroht ist, wieder herstellen – und sei es, symbolisch, auf dem Mond.

Der Jesuit ist nicht der Einzige mit diesem Ziel, aber er geht subtiler vor als seine Konkurrenten: Seine Namenswahl soll von der Aufgeschlossenheit der Kirche zeugen, auch gegenüber der Wissenschaft und den Andersdenkenden. Zunächst benennt Riccioli die dunklen Lavaflächen. Er hält sie für Meere und gibt ihnen Namen, die er aus volkstümlichen Überlieferungen abgeleitet hat. Demnach soll es auf der Erde stürmen, wenn der größte Mondfleck deutlich sichtbar wird – Riccioli nennt ihn Oceanus Procellarum, Ozean der Stürme. Regnerisch und eisig wird es, wenn der Mond zwei Flecken weiter nördlich dem menschlichen Blick offenbart – das Regenmeer, Mare Imbrium, und das Meer der Kälte, Mare Frigoris.

Der abnehmende Mond habe ungünstigen Einfluss, der zunehmende beschere Gutes, behaupten die Legenden. Darum liegt links oben das Meer der Gefahren, Mare Crisium, und rechts unten das Meer der Ruhe, Mare Tranquillitatis.

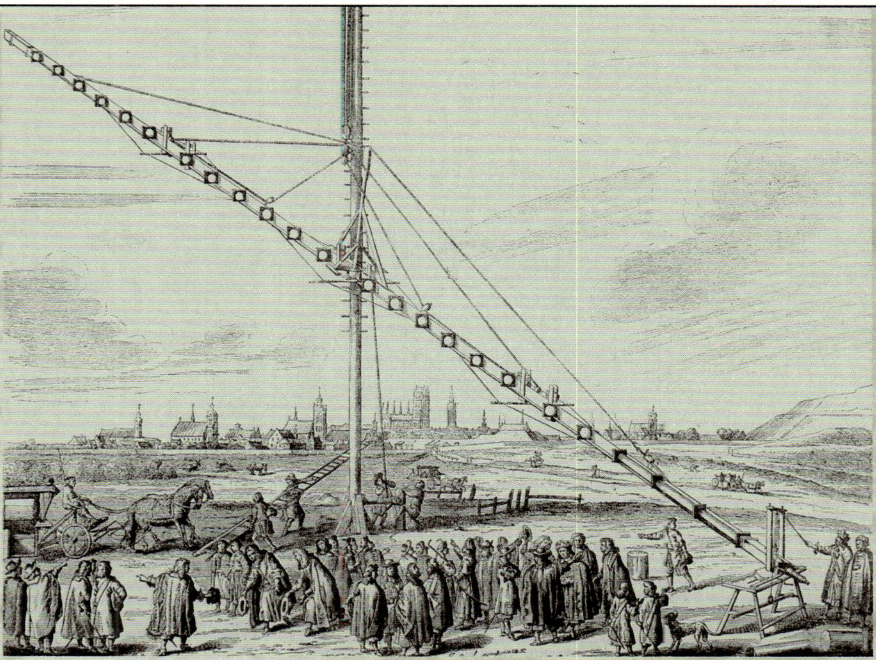
5

Die Namen der Mond-Landschaften zeugen vom Streit der Weltbilder

Die Mondkrater tauft Riccioli nach Geistesgrößen der Antike, von Plato bis Timaios, von Pythagoras bis Tycho. Und ins Zentrum seines Mondes platziert er die alten arabischen Lehrmeister der Astronomie sowie jüdische Gelehrte. Riccioli vergisst auch die Gegner der traditionellen Lehre nicht, Kopernikus, Kepler und Galilei, die für das neue Weltbild eintreten, nach dem die Erde nicht mehr Mittelpunkt des Universums ist, sondern die Sonne umkreist. Riccioli benennt drei Krater im Oceanus Procellarum nach den Gelehrten. „Ich wollte, dass sie in einem stürmischen Meer gleichsam umhergetrieben werden", schreibt Riccioli, „wegen der Unstetheit der Erde, die ja von ihnen behauptet wird."

Seine Mondkarte überschreibt er mit dem Satz: „Menschen wohnen nicht auf dem Mond, noch reisen dorthin Seelen" – und reagiert damit auf einen neu aufgetauchten Mythos: vom Leben auf dem Mond. Schon der Astronom Johannes Kepler berichtete in seiner Erzählung „Somnium", 1634 postum veröffentlicht, von gigantischen, reptiliengleichen Mondbewohnern, die, vor der enormen lunaren Hitze flüchtend, tagsüber in die Tiefen der Meere hinabtauchen.

Andere Autoren erträumen menschenähnliche „Seleniten", die sich per Musik verständigen, weder Durst noch Hunger spüren und in mobilen Häusern leben. ›

4

4 **HEVELIUS** 1611 – 1687

Der Danziger Astronom Johannes Hevelius erstellt 1647 mit seiner »Selenographia, sive Lunae Descriptio« das Standardwerk über den Mond für die nächsten 150 Jahre

5 **NEUE TELESKOPE** 1673

Längere Brennweiten für detailgenauere Entdeckungen: 1673 präsentiert Hevelius ein 40 Meter langes Holzfernrohr. In England entwickelt derweil Isaac Newton die ersten Spiegelteleskope

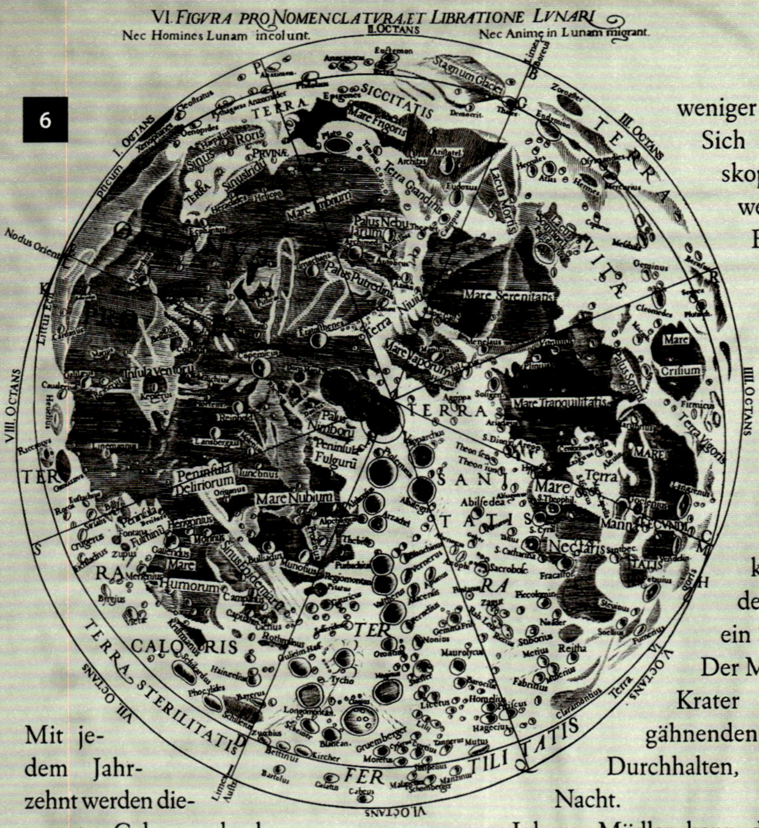

6

Mit jedem Jahrzehnt werden diese ersten Gehversuche des Science-Fiction-Genres detaillierter und populärer. Wie viele Menschen schließlich die Legende glauben, zeigt sich 1835: Eine New Yorker Tageszeitung berichtet, man habe blaue Fledermausmenschen auf dem Mond entdeckt; die Auflage schnellt in die Höhe. In aller Welt wird die Geschichte nachgedruckt.

In 600 Nächten zeichnet Mädler die präziseste Mondkarte seiner Zeit

Sogar seriöse Astronomen halten Ausschau nach Lunariern – und entdecken sie. 1822 wird ein Münchner Astronom eine 35 Kilometer lange, symmetrische Stadt auf dem Mond erspähen, 1923 ein bekannter Harvard-Forscher jubeln, er habe Leben im Krater Eratosthenes aufgespürt: Schwärme von riesigen Insekten, die zwischen Brutplätzen und Weidegründen hin und her wandern wie einst die Bisons auf den Prärien Nordamerikas.

Den Mond ins Auge fassen, bis die Augen tränen. Warten. Auf gutes Wetter, auf kühle Nächte, in denen die Atmosphäre weniger stark wabert. Sich hinters Teleskop klemmen, wenn andere ins Bett gehen. Sich konzentrieren, sich nicht täuschen lassen vom Spiel der Schatten, die einen Himalaya vorgaukeln, wo Stunden später nur ein Sauerland ist. Der Monotonie der Krater trotzen, der gähnenden Langeweile. Durchhalten, Nacht für Nacht.

Johann Mädler kann das; er ist in den Mond vernarrt. Mädler, 1794 in Berlin geboren, kommt aus armen Verhältnissen, konnte nicht studieren und muss sich als Schönschreiblehrer verdingen. Doch abends besucht er Astronomiekurse an der späteren Humboldt-Universität. Dort lernt er den Bankier Wilhelm Beer kennen, einen der reichsten Männer Berlins. Beide haben die gleiche Leidenschaft: Sie wollen die beste Mondkarte zeichnen, die es je gegeben hat. Und sie sind ein gutes Team. Beer hat das Geld, Mädler den Ehrgeiz.

600 Nächte lang sitzt Mädler, mitunter abgelöst von seinem Kompagnon, am Teleskop. Er ermittelt den Äquator des leicht trudelnden Trabanten, bestimmt, beim Krater Mösting A, einen nullten Längengrad, berechnet von 1095 Bergen die genaue Lage und von 150 Kratern Durchmesser und Tiefe.

Seine Akribie macht sich bezahlt: 1836, als Mädlers und Beers Mondkarte erscheint, ist der Beifall in der Fachwelt groß, Mädler wird zum Leiter der Sternwarte im baltischen Dorpat ernannt, und „Sua Majestas Fridericus Sextus", dem die Mondkarte gewidmet ist, ehrt ihn und Beer mit einem Orden. Gründlich wie niemand vor ihnen haben die beiden Berliner Astronomen den Mond als trostloses Wüstenreich bloßgestellt.

Fast wirkt es absurd, dass zu ebenjener Zeit die nachhaltigste Verzauberung des Mondes aller Zeiten stattgefunden hat – in der romantischen Literatur. Der Mond der Liebenden ist in diesen Jahren aufgegangen. Dichter duzen den „Gedankenfreund" vertraulich, die Mondnacht ist zur Gegenwelt geworden, in ihr verschwimmen die Grenzen zwischen der Natur und dem eigenen Ich.

Während die Romantiker ihren Blick bewusst auf Unschärfe trimmen, beobachtet Mädler den Mond noch jahrelang mit höchster Präzision. So intensiv, dass er zu schielen beginnt. Doch nur vier Jahre, nachdem seine monumentale Karte erschienen ist, wird die erste Fotografie vom Erdtrabanten aufgenommen. Und der Typus des nächtlichen Mondguckers und -zeichners, der in Johann Mädler seinen vielleicht ›

7

6 RICCIOLI 1598 – 1671

Viele Astronomen kämpfen um die Ehre, den Mondregionen Namen zu verleihen. Der Jesuitenpater Giambattista Riccioli setzt sich durch – seine Nomenklatur von 1651 gilt weitgehend bis heute

7 JULES VERNE 1828 – 1905

Beflügelt von den Entdeckungen der Astronomen, schießt der Schriftsteller Jules Verne 1865 in seinem Roman »Von der Erde zum Mond« drei Passagiere per Kanone auf die Reise

SONY
Sie wecken oder filmen?
Wecken Sie sie. Nehmen Sie ihre Sachen. Sorgen Sie dafür, dass nichts wegschwimmt. Aber wenn Sie das tun, können Sie nicht filmen. Sie können den Augenblick nicht festhalten, wenn sie nass wird und später nicht gemeinsam darüber lachen. Die Sony Handycam DCR-TRV33 zeichnet alles dank ihres Carl Zeiss Objektivs gestochen scharf auf. Und da sie direkt an Ihren Computer, DVD-Recorder oder Fernseher anschließbar ist, könnte es nicht einfacher sein, das Erlebnis immer wieder aufs Neue zu genießen!
HANDYCAM
'Sony' und 'Handycam' sind eingetragene Marken der Sony Corporation, Japan.
www.sony.de/imaging
You make it a Sony

8

Höhenflüge der Literaten – mal mit Ballon, mal mit Ochsenschmalz

eifrigsten Vertreter gefunden hat, verkommt zu einem Auslaufmodell der Astronomie.

Rund 120 Jahre später beginnt die Erkundung des letzten mysteriösen Teils des Trabanten. Am 7. Oktober 1959 um 6.30 Uhr Moskauer Zeit, verstummt plötzlich die Sonde. Soeben ist Lunik 3 in den Funkschatten des Mondes getreten, um dessen „dunkle“, von der Erde aus niemals sichtbare Rückseite zu fotografieren.

9

Wie zur Zeit Galileis ist der Erdbegleiter erneut zum ideologischen Schlachtfeld geworden: Russen und Amerikaner haben ihn zum Objekt ihres Glaubenskrieges gemacht. Noch liegt der Kommunismus vorn. Lunik 1 ist am Mond vorbeigeflogen, Lunik 2 „hart“ auf ihm gelandet, also zerschellt. Die Hoffnung, auf der Rückseite des Mondes wiederum in unbekanntes Terrain vorzustoßen, ruht jetzt auf Lunik 3.

Die unbemannte Sowjet-Sonde führt fort, was mit dem ersten Teleskop begonnen hat: den Traum der Astronomen, sich dem Mond zu nähern, irgendwann Fluggeräte oder sogar Menschen dort hinaufzubringen.

Vier Möglichkeiten gebe es dafür, hatte schon 1638 der englische Bischof Francis Godwin konstatiert: „Erstens mit Hilfe von Geistern oder Engeln, zweitens mit Vögeln, drittens mit angeschnallten Flügeln, viertens mit einem fliegenden Wagen.“ 1657 ließ der französische Freigeist Cyrano de Bergerac seinen Romanhelden mit Hilfe von Ochsenschmalz durchs All fliegen, das angeblich vom Mond angezogen wurde. Doch solche Fantastereien traten erst mit Jules Verne in das Stadium der technischen Wahrscheinlichkeit ein. Verne schoss in einem Roman von 1865 drei Männer mit einer 270 Meter langen gusseisernen Kanone zum Mond hinauf – und ließ sie hernach im Pazifik wassern.

Lunik 3 hingegen soll niemals aus dem All zurückkehren. Nur die Bilder werden, so die Planung, von der Sonde übrig bleiben, gebannt auf Filmen, die noch in der Schwerelosigkeit entwickelt werden müssen. Dann soll ein Gerät an Bord die Bilddaten einlesen und sie zur Erde funken.

Zunächst gibt es Probleme – das Radiosignal ist schwach, die Temperatur im Innern der Sonde viel zu hoch –, schließlich aber bezeugen schemenhafte, grobkörnige Schwarzweißbilder: Die Rückseite des Mondes birgt wenig Überraschungen. Eine lange Bergkette wird als „sowjetisches Gebirge“ gefeiert, entpuppt sich dann jedoch als eine Anhäufung von Pixeln, überinterpretiert in dem Verlangen, den Mond ans Sowjetreich zu binden. Die einzigen Meere, die Lunik 3 entdeckt, tauft man „Mare Moscoviense“, Moskaumeer, und – symptomatisch für die Erforschung nicht nur dieses letzten weißen Mondfleckens – „Mare Desiderii“: das Meer der Wünsche.

Heute bringen, in klaren Nächten, unzählige Hobbyastronomen ihre Teleskope in Stellung, stellen scharf und streifen über den Mond. Erklimmen die Gipfel, flanieren über Ringgebirge und ziehen durch das öde Bett der Ebenen. Wandern vom Krater Mädler, 2670 Meter hoch, zum Krater Galilei, nicht weit vom Regenmeer entfernt.

Griechische Philosophen vermuteten einst, dass der Mond ein Spiegel unserer Erde sei. Die Historie der Monderkundung zeigt: Sie haben Recht behalten. ❙

Ariel Hauptmeier, 34, ist freier Autor und Mitglied des Berliner Textbüros „Schön & Gut“. Im GEO Special „Arktis + Antarktis“ (1/2003) hat er einen vergleichbaren Wettlauf von Forschern und Kartographen beschrieben: die historische Erkundung der Antarktis.

8 **BALLONFAHRT** 1892

Der Franzose A. de Ville d'Avray lässt seine Abenteurer im Kinderbuch »Voyage dans la lune« im Ballon zum Mond aufsteigen – und sie dort schwer bepackt umherstapfen

9 **LANDUNG** 1959

Im September 1959 landet das erste Fluggerät auf dem Mond: kein Gefährt, wie einst von Bischof Francis Godwin prophezeit, sondern eine Sonde namens »Lunik 2«

Erst einen Regenmantel gekauft.
Dann eine warme Fellmütze.
Dann neue Winterreifen.
Und dann einen neuen Bikini.
Jetzt mit den gesammelten
Membership Rewards Punkten die Sonne genießen.
AMERICAN EXPRESS
3750
00000
84

Hochzeit im Silberlicht

Wer mit dem Mond lebt, überlebt – so lautet die Regel für zahlreiche Tierarten, die sich nur bei bestimmten Mondphasen paaren. Wie es ihnen gelingt, den Termin zu wahren, ist bislang kaum enträtselt

TEXT: LARS ABROMEIT

Seit Tagen schon dröhnen die Trommeln, schallt der Gesang, stampfen die Tänzer. *Tatelega* naht: die Nacht der Würmer. Aufmerksam beobachtet der *matai*, das Stammesoberhaupt, den abnehmenden Mond am Himmel über Samoa, folgt dem Puls der Gezeiten, prüft die Blüten des Mosooibaums. Denn wenn diese sich öffnen und ihren süßlichen Duft entfalten, dann steht das Fest kurz bevor. Einige Nächte noch lässt der *matai* verstreichen. Dann endlich, in aller Frühe, bläst er das Muschelhorn. Das Fest, der Rausch, beginnt.

In einer langen Prozession ziehen die Männer und Frauen zum Strand, bewaffnet mit Keschern, Körben und Lampen, und staken im Dämmerlicht durch das flache Wasser, in dem Millionen grün schimmernder Fäden zucken: *Eunice viridis*, „Palolos", Ringelwürmer. Genauer: deren Hinterteile. Einmal im Jahr lassen die bis zu 60 Zentimeter langen, an schleimige Spaghetti erinnernden Polychaeten, die als „Kaviar der Südsee" gelten, ihre mit Eiern und Spermien beladenen Körperenden gleichzeitig zur Meeresoberfläche treiben: um sich zu paaren. In einer einzigen Nacht, meist in der Woche nach dem Vollmond im Oktober, tanzt die genau synchronisierte Wurmhochzeit über das Riff. Sie dauert nur wenige Stunden – und sichert den Fortbestand der Würmer: Der plötzliche Massenauftritt der Palolos überfordert selbst den Appetit der größten Fressfeinde.

Als Signalgeber ist der Mond im Kampf ums Überleben ein mächtiger Verbündeter – nicht nur für den Palolo-Wurm: Ähnlich wie dieser richten sich Hunderte von Tierarten nach dem Takt des Erdtrabanten. Die meisten bevölkern den Ozean. Korallen beispielsweise, die innerhalb weniger Nächte wie auf Kommando gleichzeitig Myriaden Ei- und Spermienpakete ausstoßen. Ährenfische, die nur zu Voll- und Neumond laichen. Leder- und Karettschildkröten, die mancherorts besonders zahlreich an den Strand zur Eiablage kommen, wenn das Nachtgestirn die Flut am höchsten steigen lässt.

Doch auch an Land und in der Luft, bei Schmetterlingen und Honigbienen, Eisfüchsen und Antilopen, Ziegen, Goldhamstern und Büffeln, insgesamt bei rund 600 Tier- und Pflanzenarten, haben Wissenschaftler Indizien für lunar gesteuerte Verhaltensmuster aufgespürt. Die meisten Befunde beziehen sich auf Zeitabläufe bei der Fortpflanzung – und viele sind nach wie vor umstritten. Sicher aber ist, dass der Mond zumindest mit zwei Kräften auf das Leben vor allem in den Ozeanen einwirkt: mit seinem Licht und den Gezeiten.

Wie sich beides nutzen lässt, um die Zukunft der eigenen Spezies zu sichern, zeigt kaum ein anderes Tier so anschaulich wie die weltweit verbreitete Felswattmücke *Clunio*. Das Problem dieses Insekts ist seine äußerst kurze Lebensspanne: Nach dem Larvenstadium trotzen die Mücken dem Tod nur zwei bis drei Stunden lang – und schlüpfen daher einzig beim besonders starken Gezeitenwechsel der Springtiden: wenn Sonne und Mond in einer Linie stehen und so ihre Anziehungskraft bündeln, also in der Zeit um Voll- und Neumond. Dann fallen die Felsküsten, an denen die *Clunio*-Larven leben, so weit trocken, dass die Tiere gefahrlos ausschwärmen, sich paaren und ihre Brut absetzen können.

Wie diese Mücken dabei den Termin zum Gruppensex stets zuverlässig einhalten, hat der Kölner Zoo- ›

Der Palolo-Wurm pflanzt sich in einer einzigen, vom Mond vorgegebenen Nacht des Jahres fort. Der Wurm wird als »Kaviar der Südsee« geschätzt

Vor allem im Meer sind Wissenschafler auf zahlreiche Tier- und Pflanzenarten gestoßen, die offenbar über eine innere »Monduhr« verfügen. Laborexperimente sollen zeigen, was den Chronometer so verlässlich am Laufen hält

loge Dietrich Neumann bereits vor mehr als 15 Jahren entschlüsselt: Er simulierte in seinem Labor den Tag-Nacht-Zyklus, sowie mit einem zusätzlichen Lämpchen den Mondenschein – und identifizierte diesen als maßgeblichen Geburtshelfer: Die Mücken akzeptierten die künstliche Nachtleuchte – und schlüpften vor allem bei „Vollmond"- oder „Neumond"-Phasen. Nun ist Neumann auf der Suche nach speziellen „Mondlichtrezeptoren" in den Nervenzellen der Insekten, um auch das Geheimnis aufzuklären, wie die Tiere zwischen Tag- und Nachtbeleuchtung unterscheiden können.

Allerdings stellte der Kölner Forscher bei seinem Experimenten ebenfalls fest, dass sich ausschließlich *Clunio*-Arten aus südeuropäischen und subtropischen Breiten am Licht des Mondes orientieren. Ein an den Küsten Helgolands heimischer *Clunio*-Stamm hingegen nutzt stattdessen vor allem den Rhythmus der vom Mond verursachten Gezeiten, um die nächste Springtide vorauszusehen, und setzt dabei gleich zwei genetisch geeichte „innere Uhren" ein. Zum einen nehmen die Helgoland-Mücken – wie viele andere Meeresbewohner auch – die Wellenbewegungen, Strömungen und Unterwassertöne wahr, die mit Ebbe und Flut schwanken und sich etwa alle 12,4 Stunden wiederholen. Diese Signale verknüpfen die *Clunio*-Larven zudem mit einer „Tag-Nacht-Uhr", die im 24-Stunden-Rhythmus läuft. Das Verhältnis der beiden Zeit-Kreisläufe verschiebt sich nun jeden Tag um etwa 50 Minuten. Nach 14,76 Tagen, somit genau im Abstand zweier Springtiden, wiederholen sich die Phasenmuster – was die Insekten registrieren und als Signal zum Schlüpfen deuten.

Ähnliche Mondrhythmen sind nicht nur bei Tieren, sondern auch im Pflanzenreich entdeckt worden: Botaniker berichten beispielsweise von einer australischen Seegras-Spezies, die zur Fortpflanzung die Tage rund um Neumond „wähle"; andere Arten wiederum, wie der Gabeltang *Dictyota dichotoma* oder die Grünalge *Scenedesmus quadricauda*, gäben ihre Keimzellen vor allem bei Vollmond in das Wasser ab. Und immer wieder werden Belege dafür präsentiert, dass auch die Ernteerträge von Salat, Tomaten, Bohnen oder Weizen mit den Mondphasen korrelierten.

Zuletzt machte vor allem der Holzwissenschaftler Ernst Zürcher von der schweizerischen Hochschule für

1

2

3

Holzwirtschaft in Biel mit zwei Studien Furore, in denen er zu dem Ergebnis kam, das Wasser in Baumstämmen schwelle im exakten Gleichklang mit dem Tidenhub der Meere und mit den Mondphasen an und ab. Andere Forscher bezweifeln dieses Ergebnis allerdings: Die Wassermenge eines Baumes sei viel zu gering, als dass sich Gezeiten gegen die Reibungs- und Kapillarkräfte im Zellgewebe durchsetzen könnten. Der Forstwissenschaftler Jens Triebel von der TU Dresden beispielsweise fand in einer Langzeituntersuchung von Fichtenholz überhaupt keinen Zusammenhang zwischen den Mondphasen und dem Brennverhalten, dem Pilzbefall oder der Rissbildung.

Ob und wie der Mond auf Organismen wirkt, ist ganz offenbar nach wie vor häufig zweifelhaft. Und selbst für jene Tier- und Pflanzenarten, die unstrittig seinem Einfluss unterliegen, hat die junge Disziplin der „Chronobiologie", die dem Zeitmanagement von Tieren und Pflanzen nachspürt, noch nicht völlig klären können, wie die „Monduhren" eigentlich „ticken": Wie gelingt es *Clunio*-Mücken und Korallen, Ährenfischen und Seegräsern, die Entwicklung ihrer Keimzellen oder Larven „vorauszuplanen", sodass sie in der richtigen Mondphase bereit sind?

4

5

6

Die meisten Wissenschaftler gehen davon aus, dass den Zeit-Schaltkreisen ein sich selbst regulierendes Prinzip zugrunde liegt: Äußere Reize wie das Mondlicht oder Flutwellen kurbeln nach und nach die Produktion von „Uhren"-Proteinen an, die über das Hormonsystem beispielsweise die Keimzellenentwicklung eines Tieres fördern. Haben die Proteine eine gewisse Sättigung erreicht, „bremsen" sie wiederum ihre eigene Produktion. Diese Rückkopplung ermöglicht es, dass die innere Uhr sich in einem festen Takt „einpendeln" und komplexe Prozesse wie die Larven- oder Keimzellenentwicklung auch über längere Zeiträume hinweg planen kann.

Anhand des Lichtes, der Gezeiten oder anderer Umweltfaktoren wird diese Taktung bei den meisten Organismen immer wieder „nachjustiert". Sie kann aber auch, wie Laborexperimente mit der *Clunio*-Mücke gezeigt haben, eine Weile lang für sich allein weiterlaufen. Welche Gene und Proteine dabei im Einzelnen aktiv sind, ist bislang allerdings erst am Beispiel von Tag-Nacht-Rhythmen entschlüsselt worden. Ein Forscherteam um den britischen Meeresbiologen Peter J. W. Olive von der University of Newcastle versucht diesem Geheimnis nun seit kurzem auch bei einer „Monduhr" auf die Spur zu kommen – und zwar am Beispiel des Palolo-Wurms. Nach Olives Angaben stehe die Arbeit „kurz vor einem Durchbruch".

Den Palolo-Jägern von Samoa mag die Biochemie einerlei sein: Ihnen geht es an dem jährlichen Festtag ausschließlich um den Geschmack der Ringelwürmer. Am liebsten essen sie die schleimigen Tiere roh – oder leicht in Butter angebraten. I

Lars Abromeit, 29, studierte Jura und Biologie, absolvierte die Henri-Nannen-Journalistenschule und ist seit 2002 GEO-Redakteur. Er hat die vorliegende Ausgabe redaktionell betreut.

Im Takt des Trabanten: 1 Springfluten an Voll- und Neumond treiben Lederschildkröten zur Eiablage. 2 Der Nautilus, ein Verwandter des Tintenfisches, fügt im Laufe eines Mondzyklus seiner Schale eine neue Luftkammer hinzu. 3 Rund 100 Korallenarten des Great Barrier Reefs stoßen ihre Keimzellen gemeinsam kurz nach Vollmond aus, 4 während *Clunio*-Mücken ihre Weibchen nur bei extremer Springtiden-Ebbe begatten. 5 Auf Christmas Island im Pazifik wandern einmal im Jahr, bei bestimmtem Mondstand, 100 Millionen Landkrabben zur Paarung ans Wasser. 6 Der Ährenfisch Grunion legt bei Springflut im Sand seine Eier ab

Das 160 Meter hohe »Lunar Hotel« des Architekten Hans-Jurgen Rombaut soll am Rande eines Canyons aufragen

Zimmer mit **Erdblick**

Schon in wenigen Jahrzehnten sollen die ersten Gebäude auf dem Mond bezugsfertig sein. Wie sie aussehen könnten, überlegen weit blickende Architekten schon heute. GEO-Autor **Hans Zippert** über den zu erwartenden Komfort und die Folgen defekter Milchaufschäumdüsen

Bauland

Wenn Makler träumen, dann träumen sie vom Mond, denn der Mond ist das größte zusammenhängende Bauerwartungsland in erreichbarer Nähe. Grundstücke können schon seit einiger Zeit zu sehr günstigen Preisen erworben werden, obwohl die Besitzverhältnisse unklar sind: Ist der Mond ein amerikanischer Bundesstaat, oder handelt es sich um eine Weltkulturlandschaft ähnlich dem Rheintal zwischen Koblenz und Rüdesheim? Allerdings sucht man auf dem Mond vergeblich nach Stimmungslokalen, wie man sie am Rhein an jeder Ecke findet, weshalb Wissenschaftler auch der Ansicht sind, der Mond habe keine Atmosphäre und sei damit für menschliche Siedlungen nicht geeignet. Menschen sind jedoch durchaus in der Lage, einen Abend in einem Restaurant ohne jegliche Atmosphäre zu überleben und dafür auch noch Mondpreise zu bezahlen.

Vorbilder

Mondbesiedlung ist noch ein relativ neues Phänomen in der Geschichte der Menschheit und wurde deshalb literarisch nur am Rande behandelt. Cyrano de Bergerac unternahm Mitte des 17. Jahrhunderts eine Reise auf den Mond, wo er das Paradies fand und als einzigen Be- ›

1 + 2 Modell Wohntürme

Die verglaste Rezeption von Rombauts „Lunar Hotel" greift über den Abgrund, die Zimmer hängen als tropfenförmige Kapseln in den Türmen. Um sie zu betreten, drückt der Gast auf eine Fernbedienung – und schon schwebt das Zimmer am Drahtseil zur Einstiegsgalerie.

wohner einen Heiligen. Mecki, der viel gereiste Igel, gelangte 1959 mit Charly Pinguin und dem Schrat ebenfalls auf den Mond; die drei entdeckten dort die Sternen-Bäckerei sowie einen Mondsee einschließlich Mondseebootsverleih.

Von diesen erstaunlichen Einrichtungen war jedoch schon zehn Jahre später nichts mehr zu sehen, als Neil Armstrong und Edwin Aldrin das Mare Tranquillitatis betraten. Im Gegensatz zu Bergeracs und Meckis Mondmissionen wurde die Apollo-Landung weltweit live übertragen. Trotzdem glauben viele, dass es dabei nicht mit rechten Dingen zugegangen ist: Auf dem Mond existieren nämlich nach Erkenntnissen des ehemaligen NASA-Mitarbeiters Richard Hoagland riesige gläserne Bauten, die Außerirdische dort zurückgelassen haben. Warum sind sie bei der Liveübertragung nicht zu sehen gewesen? Und weshalb stießen Armstrong und Aldrin nicht auf Überreste des Paradieses oder wenigstens der Sternen-Bäckerei?

Verallgemeinernd könnte man sagen, es gibt zwei Schulen der Mondarchitektur. Die eine geht davon aus, dass der Mond praktisch voll gebaut ist. Nach Ansicht der anderen gibt es dort oben dagegen noch sehr viel zu tun. Für die Dauer des Artikels schließen wir uns der zweiten Meinung an.

Erste Pläne

Ganz einig sind sich die Experten nicht, aber irgendwann zwischen 2020 und 2050 soll die planmäßige Bebauung des Mondes beginnen. Schon 1966 hatte der Publizist Heinrich Rieker genaue Vorstellungen, wie solch eine Bebauung vonstatten gehen könnte. „Als Baumaterial für Notunterkünfte sollen zunächst die leeren Hülsen ausgebrannter Raketenstufen dienen", ebenso die Gefährte diverser Missionen. Für später sagte Rieker die Errichtung ganzer Mondstädte voraus, die mit künstlicher Luft voll gepumpt würden. „Die Russen haben bereits durchblicken lassen, dass sie sich in größeren Kratern einnisten werden."

In der Tat hatte der russische Wissenschaftler Nikolaj Alexandrowitsch Warwarow im Jahre 1959 verkündet: „Sind die Täler und Krater des Mondes nicht geradezu dafür bestimmt, riesenhafte Städte unter Sturzgläsern zu beherbergen?" Unter diesen Kuppeln werde dann – bedingt durch die geringere Anziehungskraft des Trabanten – „das Kraut eines Radieschens hoch wie eine Palme" wachsen, aus einer Zwiebel schössen „Triebe von zehn Meter Länge".

Bisher hat der Umzug allerdings nicht stattgefunden. Erst zwölf Menschen waren nach Angaben der NASA auf dem Mond, aber bleiben wollte keiner – unter Sturzgläsern schon gar nicht.

Geplant wird unverdrossen weiter. Das Hotel-Imperium Hilton verblüffte vor einigen Jahren mit dem Projekt einer lunaren Dependance. Der Londoner Architekt Peter Inston stellte auf einer Pressekonferenz das „Lunar Hilton" vor: ein gigantisches Freizeitzentrum mit Schwimmbädern, Wellnessbereich, Vergnügungsparks, mit Kirchen und Restaurants. Allerdings sind bis heute nur wenige Skizzen dieses Projektes einsehbar. Wahrscheinlich will der Konzern verhindern, dass Konkurrenten die besten Ideen kopieren.

Hans-Jurgen Rombaut hat diese Angst nicht. Der Utrechter Architekt entwarf in seiner Diplomarbeit ein „Lunar Hotel" und nennt sich, seit er damit viel Aufsehen erregt hat, „Lunar architect". Derzeit allerdings konstruiert er vorwiegend irdische Bürokomplexe und Einkaufspassagen. Für ausgefallenere Entwürfe ist die Erdanziehung in Holland einfach zu groß. Zudem wird jedes Bauvorhaben in den Niederlanden auch von einer so genannten „Schönheitskommission" begutachtet. Sie entscheidet, ob das Gebäude in die Umgebung passt oder nicht. Die Beschlüsse des Gremiums werden häufig als willkürlich empfunden, was erklärt, weshalb ein niederländischer Architekt unbedingt auf dem Mond bauen will.

Das „Lunar Hotel" soll genau auf der Kante eines kilometertiefen Canyons stehen. Ein Drittel des Gebäudes befindet sich unter der Mondoberfläche, der Rest neigt sich in atemraubender Schräge über den Abhang. Nur die geringe Schwerkraft und der fehlende Wind machen diese gewagte Konstruktion möglich. Grandios soll der Blick in die Tiefe und über die Berge sein; und wer in den Himmel schaut, wird die Erde sehen, eine große blaue Kugel am schwarzen Firmament.

Der Mond wendet uns ja, dank genau abgestimmter Rotationsgeschwindigkeiten, stets die gleiche Seite zu, weshalb man von dort aus immer die Erde sieht; vorausgesetzt, man hat ein Zimmer zur richtigen Seite gebucht. In Rombauts Hotel sind alle Zimmer mit Erdblick ausgestattet. Dies kann allerdings zu Reklamationen von Touristen füh- ›

An Ameisen und Kakerlaken gescheitert: das Projekt »Biosphere 2«

Erste Mondbasen – auf der Erde

Seit Jahrzehnten testen Ingenieure und Forscher, wie Kolonisten im Weltall autark überleben könnten. Der Erfolg ist bescheiden

Gäbe es das Stellenprofil eines Mond-Kolonisators, es würde dem eines Bauern ähneln. Denn sein Überleben hinge von einem komplexen **Bio-Kreislauf** ab: Pflanzen versorgen den Bewohner mit Nahrung, reinigen sein Trinkwasser, filtern seine Atemluft. Abfälle und Abwässer werden umgehend biologisch recycelt.

Das erste Überlebenssystem dieser Art entwarfen in den 1960er Jahren sowjetische Forscher des Instituts für Biophysik im sibirischen Krasnojarsk: Ihr „Bios-3-Habitat" – ein flaches, luftdicht versiegeltes Wohn- und Gewächshaus – konnte zwei bis drei Insassen ein halbes Jahr lang mit fast allem Lebensnotwendigen versorgen. Einzig die **Nahrungsproduktion** war noch zu gering, zudem konnten die Abfälle nicht gänzlich wiederverwertet werden.

1991 zogen sich acht Amerikaner für zwei Jahre in „Biosphere 2" zurück, ein luftdichtes, 1,6 Hektar großes Gewächshaus in den Bergen von Arizona. Doch in den Miniaturausgaben von Regenwald, Wüste und Meer starben bald die meisten Tiere – **Ameisen und Kakerlaken** dagegen vermehrten sich rasant. Und Mikroorganismen im Boden verbrauchten so viel Sauerstoff, dass Luft nachgepumpt werden musste. Im Weltraum wäre ein solcher Systemfehler fatal gewesen.

Die NASA, die sich für das privat finanzierte Projekt interessiert hatte, konzentrierte sich nach dessen spektakulärem Scheitern auf kleinere künstliche Ökosysteme. So schlossen sich 1997 im „Lunar-Mars Life Support Project" vier Probanden in ein dreistöckiges Forschungsmodul ein. 91 Tage lang versorgten biologische und chemische Filtersysteme die Bewohner mit recycelter Atemluft. Die NASA wertete den Test als Erfolg, für 2009 plant sie neue, wesentlich längere Experimente.

Die vier Probanden hatten sich allerdings von mitgebrachtem Proviant ernährt – was bei einem Daueraufenthalt im All unpraktikabel wäre. Die Europäische Raumfahrtagentur arbeitet daher an einem autonomen Versorgungssystem. MELISSA (Micro-Ecological Life Support Alternative) heißt die Anlage nahe Barcelona, deren erste Bewohner drei Ratten sein werden. Eine andere Lösung testet der Bochumer Biologe Volker Blüm – auf Basis eines Aquariums. Sein CEBAS-Modul ist ein **150 Liter großer Tank**, der Wasserpflanzen, Fische und verschiedene Mikroorganismen enthält und über eine computergesteuerte Beleuchtung verfügt. Mehr als ein Jahr lang kann sich das CEBAS-Modul von selbst im biologischen Gleichgewicht halten. Ein kleines Modell der Anlage hat bereits drei Weltraumflüge absolviert. Vielleicht werden die ersten Mondbewohner dank des Bochumers dereinst auch Fischgerichte genießen können. *Roman Heflik*

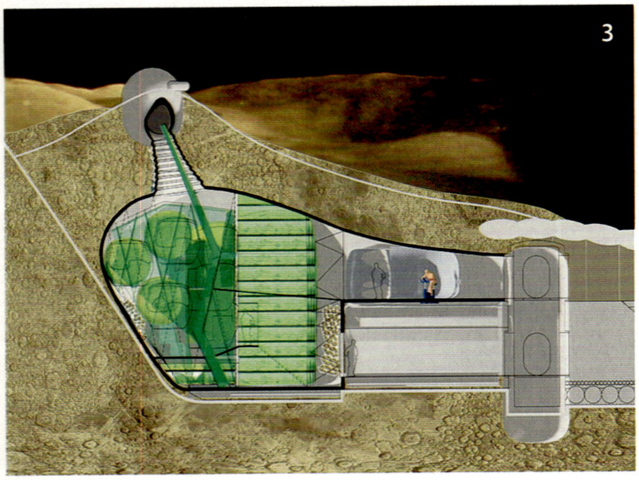

3 + 4 Modell Kaninchenbau

Die Forschungsstation „Kepler" wurde (wie alle folgenden Entwürfe) beim „Lunar Base Design Workshop 2002" entwickelt. Zum Schutz vor Strahlung soll sie im Untergrund verborgen sein. Ein riesiges Gewächshaus versorgt die Bewohner mit Nahrung und filtert die Atemluft.

ren, die 14 Tage lang immer nur das Gleiche sehen und sich von einem abwechslungsreichen Mondurlaub mehr versprochen haben. Zeit genug gäbe es ja: Ein Mondtag entspricht 14 Erdentagen. Was übrigens die Frage aufwirft, was der Gast dann zu zahlen hat: eine Übernachtung oder 14? Diese Frage sollte möglichst rasch geklärt werden, bevor sich der Mondtourismus als Minusgeschäft erweist.

In einem Seitenturm von Rombauts Hotel sollen sich die Urlauber den Freuden der verringerten Schwerkraft hingeben können, also in hohen Räumen umherspringen und im Schwimmbad wie ein Delfin aus dem Wasser schnellen. Sie würden ein völlig neues Körpergefühl genießen und den Mond als „Fun-Planet" erleben. Eher meditativ ginge es im Nachbarturm zu, wo sich die Gäste mit speziellen Teleskopen der Erdbeobachtung widmen und seufzend das wohl schrecklichste Heimweh ihres Lebens auskosten können.

Das Personal wohnt unter der Mondoberfläche, denn die kosmische Strahlung dürfte, trotz massiver Schutzschilde aus mondeigenem Regolith, bei einem längeren Aufenthalt bedrohlich werden.

Welchen Service können wir auf dem Mond erwarten? Wird sich die öde, immer gleiche Umgebung negativ auf die Laune des Personals auswirken? Zumal hier schon eine defekte Milchaufschäumdüse selbst weit entfernt stehenden Gästen den ganzen Urlaub vermiesen kann. Nun, auf jeden Fall wird der Zimmerservice immer strahlen.

Gewiss mag es Urlauber geben, die sich fragen: Warum soll ich ein Vermögen ausgeben, nur um zu sehen, dass der Mensch in der Lage ist, in einer völlig lebensfeindlichen Umgebung zu existieren? Das kann ich doch in Bielefeld-Baumheide oder Berlin-Marzahn viel billiger haben. Die meisten werden allerdings dem Drang nicht widerstehen können, ihren Freunden eine Postkarte vom Mond zu schicken, mit Kreuzchen am Hotelfenster und einem „Hier waren wir". Oder sie melden ein R-Gespräch an: „Ihr kommt nie darauf, von wo wir anrufen ..."

Wettbewerb

Im Sommer 2002 veranstaltete eine international zusammengesetzte Expertengruppe, unterstützt von der europäischen Raumfahrtagentur ESA, den ersten „Lunar Base Design Workshop" im niederländischen Noordwijk und in Wien. Studenten der Architektur aus 16 Ländern reisten an, um lunare Bauprojekte zu entwerfen. Als Gastredner konnte Harrison Schmitt, Mitglied der Apollo-17-Mission und „vorletzter Mann" auf dem Mond, gewonnen werden – und überraschte durch einen vollkommen unromantischen Vortrag. Kein Wort über das befreiende Gefühl verminderter Schwerkraft. Für Schmitt war der Mond offenbar nur voll technischer Probleme.

In der Tat fehlt dem Mond jene gewisse Gemütlichkeit, die wir auf der Erde so schätzen. Frische Luft, gemähte Wiesen, der Gesang einer Amsel, ein dahinplätschernder Bach, auf das alles hat der Schöpfer des Mondes verzichtet. Der Trabant wirkt kühl und abweisend; man könnte sagen, er ist ein Designerplanet. Immerhin bietet er unendlich viele Möglichkeiten der Gestaltung.

Zum Beispiel für die Unterkünfte von Arbeitern im künftigen Helium-3-Abbau. Ein Workshop-Team entwickelte dafür eine Kugel, die den wechselnden Förderstätten hinterherrollen kann. Der Wohnkugel folgen noch eine Energieversorgungskugel und eine große Kugel voller Hydrokulturen, also eine Hydrokulturkugel. Die Wohnkugel besteht aus drei Sphären; in der inneren wohnt man, die mittlere Schale ist zu etwa einem Drittel mit Wasser gefüllt, dessen umherpumpbare Masse zum Bewegen der Kugel genutzt

5

wird. Die Außenhülle dient als Aufbewahrungsort für schweres Gerät sowie für ein Rettungsfahrzeug. Eine sechsköpfige Crew soll hier etwa ein halbes Jahr lang wohnen, bis die Ablösung kommt.

Es ist bis auf die Gästetoilette alles vorhanden, was wir auch an einem guten Reihenhaus schätzen; Küche, Bad, Wohnzimmer, vom Team „Chill Out Deck" benannt. Möglicherweise wird sich dieses Konzept eines Tages auch auf der Erde durchsetzen: Jobsuchende könnten in ihrer Wohnkugel der Arbeit hinterherrollen – allerdings ohne Hydrokulturkugel, die ist auf der Erde überflüssig.

Wer all die Entwürfe studiert, gerät irgendwann ins Grübeln: Warum müssen Mondhäuser eigentlich so komplett anders aussehen als Erdhäuser? Kann man das wirklich nur mit Strahlung, Schwerkraft und der Angst vor Meteoriten erklären, oder ist es das erklärte Ziel der Architekten, den Mond als ersten Himmelskörper unseres Sonnensystems nicht mit Doppelhaushälften, Carports und Imbissbuden voll zu stellen?

Oder ganz anders: Sieht es bei uns nur so aus, wie es aussieht, weil wir unseren Sauerstoff nicht mitschleppen müssen und die Gravitationskraft so stark ist?

Weltallarchitekten tüfteln an Alternativen zur Doppelhaushälfte

5 + 6 Modell Luftblase

Die Wohnzellen der „Kopernikus Lunar Service Base" sind aufblasbar, daher platzsparend und günstig zu befördern. Für Touren in die Umgebung stehen den 30 Kolonisten insektenähnliche Gefährte zur Verfügung, die dank ihrer langen Beine wenig Staub aufwirbeln.

Siegerehrung

Im September 2003 ist es in Barcelona an schönen Tagen nur unwesentlich kälter als auf dem Mond oder dem Mars. Auf dem Gelände der Universität findet die Endrunde des „1. Aurora Student Design Contest" statt, eines von der Europäi- ›

6

7 Modell Wohnmurmel

In der mehrschaligen Kugel des Teams „Tycho" werden Geochemiker leben und die Gewinnung des Isotops Helium-3 aus Mondgestein überwachen. Ohne aussteigen zu müssen: Umherpumpbares Wasser in der Schale lässt die Behausung zum nächsten Ziel rollen.

7

schen Raumfahrtbehörde geförderten Wettbewerbs. Seit Monaten haben 60 international besetzte Teams an Entwürfen für Transport-Raketen gebastelt, für Landemodule, Raumstationen und Weltraumzubehör. Das Finale findet im „Vertex Auditorium" statt, das versteckt am Rand des weitläufigen Universitätsgeländes liegt, dessen Architektur an manchen Stellen durchaus etwas Außerirdisches hat.

Vom Aufbruch ins Weltall ist im Auditorium nichts zu spüren; dies könnte auch ein Treffen von Anglisten oder Gestalttherapeuten sein. Auf länglichen Tischen stehen mit Kaffee gefüllte Plastikbecher, auf anderen liegen belegte Brotscheiben. Piero Messina aus der Führungsetage der ESA begrüßt die Teilnehmer. In fünf Kategorien haben jeweils drei Teams das Finale erreicht und dürfen ihre Projekte vorstellen. Der Mond spielt bei den meisten keine Rolle, darf höchstens als Basislager dienen. Hier wollen alle zum Mars, der in diesen Wochen, im Herbst 2003, der Erde so nahe kommt wie seit 60 000 Jahren nicht mehr. Ist das der Grund? „Zufall", sagt Piero Messina. „Der Mars übt im Moment wohl die größere Faszination aus."

Der Mond wirkt in dieser Runde geradezu altmodisch. Ein Hotelplanet. Hier geht es um Lasttaxis zum Mars, Trägerraketen, Vorposten der Zivilisation. Die Veranstaltung macht klar, dass die Mondarchitekten sich ranhalten müssen. Sonst ist das ganze Sonnensystem besiedelt, bevor die erste Wohnkugel auf dem Erdtrabanten herumrollt. ›

8

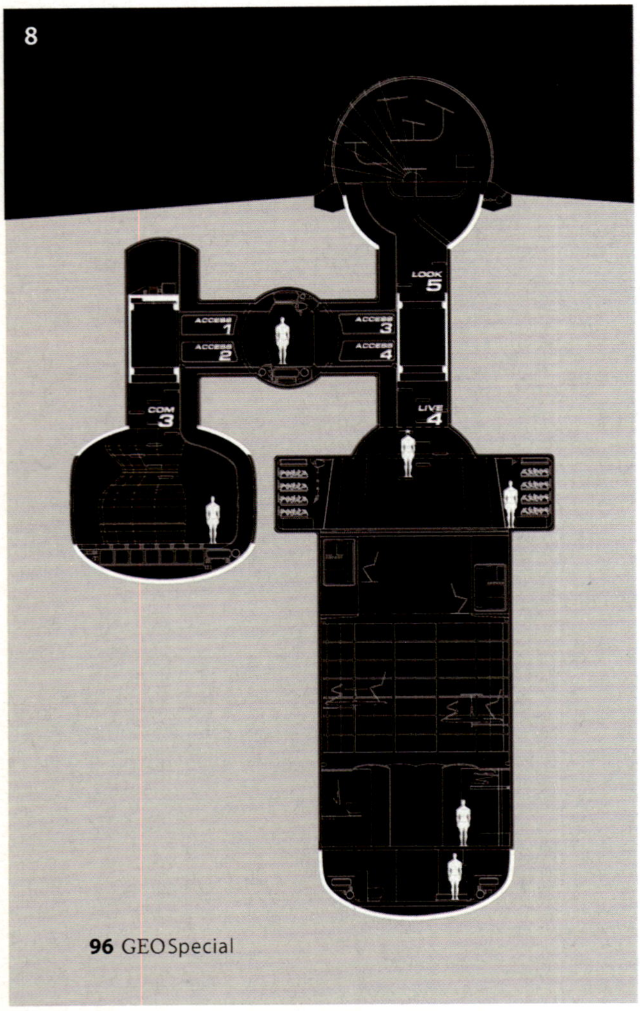

8 + 9 Modell Eisbohrer

Für längere Aufenthalte auf dem Mond sind Wasservorräte zwingend notwendig. Das Team „Anaxagoras" hat eine Wassereis-Mine entworfen, deren Wohn- und Förderschächte tief in den Boden des polaren Shackleton-Kraters getrieben werden sollen. Fahrstühle halten die Architektur-Studenten aufgrund der geringen Gravitation für verzichtbar – stattdessen springt man von Etage zu Etage über wenige Stufen.

9

1000 Routen und ein Ziel:
Kultiviertes Reisen
Studiosus-Reisen erweitern vom ersten Tag an Ihren Blick auf die Welt und schaffen unvergesslich intensive Eindrücke.
Wählen Sie aus dem größten Studienreise-Angebot Europas. Erleben Sie über 100 Länder in ihrer ganzen Vielfalt: Sehenswürdigkeiten und Kultur, Märkte, Strände und die Menschen.
Fordern Sie jetzt kostenlos unsere aktuellen Kataloge an:
Per Telefon 00 800/24 01 24 01
(Gebührenfrei für D, A und CH)
Oder Internet www.studiosus.com
Intensiverleben
Studiosus

cayenne
Einer guten Idee ist es egal,
wo ich sie habe. Aber nicht,
mit wem ich sie verschicke.
(Claas Eimer, Business Manager
Solutions, Toshiba.
Verantwortlich für die Entwicklung
mobiler Kommunikationslösungen.)

10

10 Modell Käfer

Die Gefährte der Architektengruppe „Contact" sind vielseitig verwendbar: als Wohnmobile, Lastenschlepper und Patrouillenfahrzeuge. Eine jeweils zweiköpfige Besatzung soll damit ein gigantisches Radioteleskop aufbauen und dessen Betrieb kontrollieren. Ein mit Solarzellen bestücktes Dach versorgt das Gefährt mit Energie. Und im Notfall können die Insassen mit kräftigen Zangen zupacken.

Wann wird der erste Baumarkt im Mare Imbrium eröffnet?

Prognosen

Zum Glück beflügeln Wettbewerbe wie jene der ESA fantasievolle Mond-Architekten und gewiss bald auch Investoren. Überdies wollen ja die Chinesen in den nächsten Jahren dort oben landen und ab 2015 einen ständigen Wohnsitz anmelden. Behaupten sie wenigstens.

Unserer Ansicht nach ist es daher dringend geboten, dass auch Lehrer und Hausfrauen an den Planungen beteiligt werden. Um Fragen aufzuwerfen, die bisher sträflich vernachlässigt worden sind: Wie kann man die Besiedlung eines Planeten planen, ohne die Errichtung eines Heimwerkerbaumarkts in Erwägung zu ziehen? Muss man in amerikanische Mondhotels Adapter mitnehmen, weil sonst die elektrischen Geräte nicht funktionieren? Gilt der internationale Führerschein auf dem Mond, und ermäßigt sich mit der Bahncard auch der Shuttleflug? Zumindest, wenn man die Reise 20 Jahre im voraus bucht?

Sicher ist: Auf dem Mond wird alles leichter. Waschmaschinen, Bücherkisten und Klaviere lassen sich dort problemlos umhertragen. Komplizierteste Tarifverhandlungen vereinfachen sich, das Gesamtwerk von Marcel Proust ließe sich problemlos in einem Sechstel der Zeit bewältigen. Selbst diesen Text hätten Sie auf dem Mond schon vor zehn Minuten zu Ende gelesen – und anschließend noch genug Zeit zum Mondstaubwischen in Ihrer Kugel gehabt. ❙

Hans Zippert, 46, ehemaliger Chefredakteur des Satiremagazins „Titanic", lebt wieder hinter noch vor dem Mond, sondern im Vordertaunus. Für GEO Special war er zuletzt in Norwegen unterwegs, für ein sehr persönliches Porträt von Oslo.

TEXT: OLAF TARMAS

KONKURRENZ FÜR HOUSTON

Unternehmer entdecken den kommerziellen Nutzen des Mondes: Zunächst wollen sie ihn als Filmkulisse und Friedhof vermarkten, später als Abbaustätte für seltene Bodenschätze

Wenn David Gump in klaren Nächten zum Mond hinaufschaut, überkommt ihn Resignation. Denn, so sagt er: „Dort oben waren wir schon vor über 30 Jahren – und jetzt sind wir weiter vom Mond entfernt als je zuvor."

Gump ist Chef der Firma „LunaCorp" im US-Bundesstaat Virginia. Seit 14 Jahren arbeitet er an einem Programm, das als die erste kommerzielle Mission zum Mond in die Geschichte eingehen sollte. Sein Plan: US-Raumfähren transportieren Bauteile einer unbemannten Mondsonde zur internationalen Raumstation ISS, damit sie dort montiert werden. Doch weil die NASA seit dem „Columbia"-Unglück im Februar 2003 ihre Shuttles am Boden hält und – schlimmer noch – seine Kundschaft seither abgesprungen ist, weiß Gump noch nicht, wie es weitergeht.

Mehr Aussicht auf Erfolg rechnet sich sein größter Konkurrent Dennis Laurie aus, der Präsident der kalifornischen Firma „TransOrbital". Mit einer umgebauten russischen Interkontinentalrakete, Typ SS-18, will er seine Sonde direkt zum Mond schießen. Im April oder Mai 2004 soll „TrailBlazer" vom russischen Weltraumbahnhof Baikonur abheben.

Bei beiden Unternehmungen geht es weder um nationale Ehre noch um Forschungsinteressen, sondern allein um die kommerzielle Erschließung des Erdtrabanten. Noch wäre ein Abbau der auf dem Mond vermuteten Rohstoffe allerdings zu teuer. Daher ist der Stoff, der private Missionen lukrativ machen soll, vorerst virtueller Natur: Die Sonden der beiden US-Firmen sind weltraumtaugliche Videokameras, die hochwertiges Bildmaterial zur Erde funken sollen, das für Kinofilme, Werbung und Videospiele zu vermarkten wäre. Zum ersten Mal seit 32 Jahren könnte die Welt dadurch wieder hochauflösende Bilder der Apollo-Mondlandestätten zu sehen bekommen.

Nachdem sie ihre Arbeit getan haben, sollen die Sonden beim Aufprall auf der Mondoberfläche zerschellen – bis auf eine gehärtete Kapsel aus Titan, in der die Gegenstände deponiert sind, die Kunden von Laurie gern auf dem Mond haben möchten: kleine Kunstwerke, Schmuck, Visitenkarten und Urnen mit der Asche Verstorbener. Die Post zum Mond kostet pro Gramm 2500 Dollar; kurze Texte und Nachrichten, gespeichert auf CDs, werden für 16,95 Dollar pro 300 Zeichen mitgenommen.

Dennis Lauries Sonde soll bis Mai 2004 starten

Für 2005 plant Laurie bereits die zweite Stufe der kommerziellen Nutzung des Mondes. Diesmal soll seine Sonde sanft auf dem Mond landen, im Gepäck die Server zweier großer Unternehmen, die sich auf die Speicherung sensibler Daten spezialisiert haben. „Nach dem 11. September hat man in vielen amerikanischen Firmen neu über die Sicherheit von Daten nachgedacht", erläutert Laurie seine Geschäftsidee, „und es gibt nun mal kaum einen Ort, der sicherer vor Anschlägen oder Naturkatastrophen ist als der Mond."

Nicht in der Entwicklung neuer, sondern in der „Identifizierung vorhandener Technik zur profitablen Nutzung im Weltraum" sieht Laurie die Hauptaufgabe aller Monduntemehmer. Dieser Ansicht ist auch LunaCorp-Chef Gump, schließlich sei die US-Weltraumbehörde bei der Wiedereroberung des Mondes ohnehin überfordert: „Die NASA wird nie mehr in neue Grenzbereiche vorstoßen. Denn für einen behördenähnlichen Apparat ist der Status quo viel bequemer als ein unternehmerisches Risiko."

Das meint auch Edwin „Buzz" Aldrin, jener Astronaut, der 1969 gemeinsam mit Neil Armstrong erstmals den Mond betrat, heute als Berater für LunaCorp tätig ist und für die Privatisierung des Alls wirbt. „Für die weitere Erforschung des Weltraums ist es wichtig, dass er zum Wirtschaftsraum wird – und dass die Öffentlichkeit stärker daran partizipiert." Ein erster Schritt wäre für den 73-jährigen NASA-Veteran die Möglichkeit, dass jedermann über das Internet mit den Sonden kommunizieren kann, wie es Dennis Laurie für seine Mission plant.

David Criswell, Professor an der Universität von Houston und Direktor des Institute for Space Systems Operations, unterstützt die kommerziellen Pläne. „Die Menschen sollten mehr von der NASA erwarten, als immer nur im Orbit herumzukreisen und zu forschen. Wir müssen runter auf die Mondoberfläche und arbeiten, uns die Hände schmutzig machen.

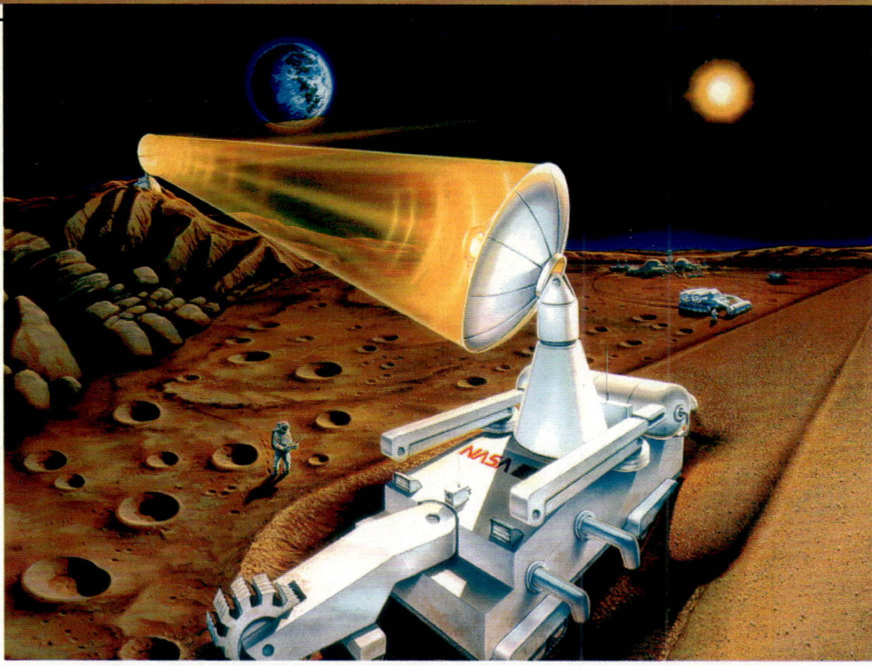

Vision einer Energiegewinnung für die Erde: solar betriebener Helium-3-Abbau auf dem Mond

Die NASA hat heute mindestens das gleiche Budget wie auf dem Höhepunkt des Apollo-Programms, aber sie gibt es für die falschen Projekte aus."

Die Entwürfe für das „richtige" Projekt liegen seit 20 Jahren in Criswells Schublade – etwa die Idee des „Lunar Solar Power System": Roboter stellen auf dem Mond aus dort abgebauten Rohstoffen Solarkollektoren her. Die damit gewonnene Energie wird in Mikrowellen umgewandelt und dann zur Erde gesendet. Auf diese Weise ließe sich die Weltbevölkerung mit preiswertem Strom versorgen: „Dafür brauchen wir keine technologischen Durchbrüche, sondern können nutzen, was heute schon millionenfach erprobt ist."

Technisch sind solche utopisch anmutenden Pläne nach Meinung zahlreicher Experten tatsächlich realisierbar. Der Haken ist die Finanzierung der enormen Investitionen für Infrastruktur, Fertigungsroboter und auf dem Mond stationiertes Wartungspersonal. Am Geldmangel sind schon wesentlich bescheidenere Projekte gescheitert, so etwa das der Firma „Applied Space Resources", die vor einigen Jahren Mondgestein zur Erde transportieren und vermarkten wollte.

Ob auf dem Mond überhaupt jemals wertvolle Metalle wie Titan oder Platin abgebaut werden können, hängt allerdings nicht nur vom Geld, sondern vor allem von der noch immer ungeklärten Frage ab, ob es auf dem Mond Wasservorkommen gibt. Sowohl der Abbau von Erzen als auch die Metallgewinnung wären ohne diesen Rohstoff nicht zu bewerkstelligen.

Die zahlreichen Visionen von dauerhaften Mondsiedlungen wären ohne Wasser ebenfalls nicht realisierbar. Die vorgelegten Entwürfe reichen von spartanischen Unterkünften, in denen Arbeiter für einige Monate Schürfgerät und Tagebau-Roboter warten sollen, über Luxushotels für wohlhabende Mondtouristen bis hin zu Weltraumbahnhöfen, von denen aus Raumschiffe zur weiteren Erkundung des Sonnensystems aufbrechen. Vor allem die „Artemis Society International", eine 1994 gegründete Gesellschaft von Unternehmern und Mond-Freaks, hat detaillierte Pläne für die Errichtung einer dauerhaften, kommerziell betriebenen Mondsiedlung vorgelegt. Demnach würde eine erste Niederlassung auf dem Mond 1,42 Milliarden Dollar kosten – nicht viel mehr als eine Bohrinsel im Atlantik. Und dabei sei sie, so sagen die Projektentwickler, sehr viel lukrativer. Doch bislang mochte niemand sein Geld für solch ein Himmelfahrtsprojekt aufs Spiel setzen.

Eine Siedlung für lunare Minenarbeiter soll nicht viel teurer sein als eine Bohrinsel im Ozean

Ein Ausweg aus dem Wasser-Dilemma könnte darin bestehen, Sauer- und Wasserstoff direkt aus dem Mondgestein chemisch zu extrahieren. Dafür müssten allerdings enorme Gesteinsmengen auf mindestens 700 Grad Celsius erhitzt werden. Im gleichen Verfahren ließe sich übrigens ein anderer „Bodenschatz" des Mondes gewinnen: Helium-3. Dieses bei uns sehr seltene Isotop lagert sich auf der Mondoberfläche mit den Sonnenwinden ab. Dort abgebaut und zur Erde transportiert, würden schon 25 Tonnen Helium-3 genügen, um den gesamten Energiebedarf der USA zu decken. Erforderlich wäre jedoch der Bau eines geeigneten Kernfusionsreaktors – was derzeit nicht absehbar ist.

Auch wenn die meisten Pläne zur Eroberung des Trabanten heute noch utopisch anmuten – das Rennen ist eröffnet, und mit der „TrailBlazer"-Mission rückt die Ziellinie der ersten Etappe in greifbare Nähe. Trotz aller Unwägbarkeiten ist TransOrbital-Chef Dennis Laurie zuversichtlich, als erster Leiter einer rein kommerziellen Mondfahrt in die Geschichte eingehen zu können. ∎

Olaf Tarmas, 35, hat für GEO eine Premiere arrangiert: Dieser Text wird, auf CD gebrannt, mit der „TrailBlazer"-Kapsel auf dem Mond landen.

Seit 1989 will David Gump sehr hoch hinaus

Der Weggefährte

TEXT: ERNST ARTUR ALBAUM

Das Leuchten am dunklen Firmament hat Literatur und Malerei merklich bereichert. Vor allem Dichtern der Romantik war der Mond ein Freund, der die Tiefen der eigenen Empfindsamkeit aufscheinen ließ

Mondnacht

Es war, als hätt der Himmel
Die Erde still geküßt,
Daß sie im Blütenschimmer
Von ihm nun träumen müßt.

Die Luft ging durch die Felder,
Die Ähren wogten sacht,
Es rauschten leis die Wälder,
So sternklar war die Nacht.

Und meine Seele spannte
Weit ihre Flügel aus,
Flog durch die stillen Lande,
Als flöge sie nach Haus.

Joseph von Eichendorff (1788–1857)

Caspar David Friedrich _ Mondaufgang am Meer _ 1821

Johann Peter Hasenclever _ Die Sentimentale _ 1846

Abendlied

Der Mond ist aufgegangen
Die goldnen Sternlein prangen
Am Himmel hell und klar;
Der Wald steht schwarz
und schweiget,
Und aus den Wiesen steiget
Der weiße Nebel wunderbar.

Wie ist die Welt so stille,
Und in der Dämmrung Hülle
So traulich und so hold!
Als eine stille Kammer,
Wo ihr des Tages Jammer
Verschlafen und vergessen sollt.

Seht ihr den Mond dort stehen? –
Er ist nur halb zu sehen,
Und ist doch rund und schön!
So sind wohl manche Sachen,
Die wir getrost belachen,
Weil unsre Augen sie nicht sehn.

Matthias Claudius (1740–1815)

Carl Gustav Carus _ Das Kolosseum bei Mondschein _ um 1830

An den Mond

Schwester von dem ersten Licht,
Bild der Zärtlichkeit in Trauer,
Nebel schwimmt mit Silberschauer
Um dein reizendes Gesicht.
Deines leisen Fußes Lauf
Weckt aus tagverschloßnen Höhlen
Traurig abgeschiedne Seelen,
Mich, und nächt'ge Vögel auf.

Johann Wolfgang von Goethe (1749–1832)

Paul Klee _ Der Vollmond _ 1919

Schwierigkeit mit Mond und Sternen

Soviel Mühe den Mond
zu beschreiben.
Von verzehrenden Sternen
gar nicht zu reden.
Und wieviel gilt
ein glänzendes Nachtlied?
Immer sehe ich,
was zwischen den Lichtern ist.
Weit größer der Raum,
der im Finsteren liegt.

Rainer Malkowski (1939–2003)

„Süßer Mond, mit deinen Strahlen scheuchest du das nächtge Grauen." So pries Heinrich Heine den Erdtrabanten, lobte an ihm etwas Profanes zu Zeiten, als künstliches Licht noch kostbar war. Und gewiss hat der nächtliche Schein vom Himmel seit jeher etwas ungemein mildtätig Sympathisches, mehr sogar als das lebensspendende, den Tag beherrschende Licht der Sonne, dessen Aggressivität Menschen mancherorts gar flüchten müssen.

Das Licht des Mondes scheut kaum jemand. „Du, lieber Mond, bist schwächer zwar und kleiner . . ., allein du bist so mehr wie unsereiner", stellt Gottfried August Bürger lakonisch fest. Und Annette von Droste-Hülshoff schwärmt: „Bist keine Sonne, die entzückt und blendet, in Feuerströmen lebt, im Blute endet, – bist, was dem kranken Sänger sein Gedicht, ein fremdes, aber o! ein mildes Licht."

Es leuchtet buchstäblich ein, dass der große nächtliche Himmelskörper in empfindsameren Zeiten die schöpferische Kraft von Malern, Dichtern und Musikern angeregt hat. Sie haben ihn dabei nicht etwa vergöttert, sondern mit ihrer Poesie belebt und beseelt, ihn zur Projektionsfläche ihrer sinnlichen und geistigen Erfahrungen gemacht. Als tröstlich erlebten ihn die einen, als kaltherzig die anderen.

Es fragt sich indessen, ob der Mond heute, nachdem wir seiner physischen Wirklichkeit so nahe gekommen sind, nachdem wir seine Vergangenheit und Gegenwart weithin ausgelotet haben, noch eine poetische Dimension hat. Zwar sind irdische Landschaften wie das Meer oder Hochgebirge nicht schon dadurch den Dichtern genommen, dass der Mensch sie erobert hat. Die alten Bilder vom Mond jedoch gehören kaum noch zum Schatz unserer Alltagsassoziationen; gleichgültig, ob sie

René Magritte _ Der Mann und die Nacht _ 1964

Marc Chagall _ Abend am Fenster _ 1950

das „Gute und Schöne" vermitteln wie beim frommen Matthias Claudius, der den Mond ganz selbstverständlich zum Handwerkszeug des lieben Gottes zählte, oder ob – neuzeitlicher – Alfred Lichtenstein dem Mond „weiße Elendsaugen" attestiert.

Die Ursache für solchen Verlust, der ja nicht nur die lunaren Metaphern betrifft, mag darin liegen, dass uns die Metaphysik verloren gegangen ist, der Glaube an eine Wirklichkeit, die über das sinnlich Wahrnehmbare und das Berechenbare hinausreicht. Vielleicht hat ohne dieses Bewusstsein nicht nur die Religion, sondern auch die Poesie keine Breitenwirkung mehr. Und es ist keineswegs ausgemacht, dass mehr Information, mehr Umtriebigkeit zu höherer Erkenntnis der Wirklichkeit führt und von dort erneut in die Metaphysik. Theodor Storm hatte da schon seine Zweifel.

„Platz da!", schrie der kleine Häwelmann in der gleichnamigen Parabel des friesischen Erzählers, als er mit Hilfe des Mondes in seinem Rollenbett nach ausgiebigem Karriolen auf der Erde in den Himmel gefahren kam.

„Junge", sagte der gute alte Mond, „hast du noch nicht genug?" „Nein!", schrie der kleine Häwelmann, „mehr, mehr!" Und fuhr dem alten guten Mond quer über die Nase, dass er ganz dunkelbraun im Gesicht wurde. „Pfui!", sagte der Mond und nieste dreimal. „Alles mit Maßen!" Und damit putzte er seine Laterne aus, und alle Sterne machten die Augen zu.

Da wurde es im ganzen Himmel auf einmal so dunkel, dass man es ordentlich mit Händen greifen konnte. „Leuchte, alter Mond, leuchte!", schrie Häwelmann. Aber der Mond war nirgends zu sehen und auch die Sterne nicht. Da fürchtete der kleine Häwelmann sich sehr, weil er so allein im Himmel war. ❙

Ernst Artur Albaum, 69, bis 1999 Chef vom Dienst bei GEO, ist mit Gedichten dieser Art groß geworden – und sie begleiten ihn noch immer.

Wie Fangzähne ragen etwa 100 Meter hohe Eisgipfel aus **KALLISTO** empor, dem zweitgrößten Mond des am Himmel sichtbaren **JUPITER**

Lunas Geschwister

Mindestens 128 Monde kreisen um die Planeten unseres Sonnensystems. Etwa die Hälfte von ihnen ist erst kürzlich entdeckt worden. Mit dem Erdtrabanten haben sie häufig wenig gemein

TEXT: BARBARA MACK ILLUSTRATIONEN: RON MILLER

Am 21. September 2003 endete abrupt die Mission eines ungewöhnlich erfolgreichen Weltraumgefährts. Die NASA ließ die Sonde „Galileo“ verglühen, um auszuschließen, dass sie mögliches Leben auf einem Mond namens Europa bakteriell verseucht. Es war ein minutenschnelles Ende: Das Kontrollzentrum hatte die Sonde auf den Planeten Jupiter umgelenkt; als sie in dessen äußerste Atmosphäre eintrat, zerbrach sie und verflüssigte sich bei Temperaturen weit über 1000 Grad Celsius sekundenlang zu einem Schwarm glühender Tropfen. Und dann, ohne irgendeine Spur ihrer Existenz zu hinterlassen, verdampfte „Galileo“.

Bereits 1989 war die Sonde gestartet, seit 1995 hatte sie den größten Planeten unseres Sonnensystems umkreist: den Jupiter. Während ihres Flugs hatte sie sich insgesamt 40-mal Planeten, Asteroiden und Monden genähert, häufiger als jedes Raumfahrzeug zuvor. Unermüdlich funkte sie Nahaufnahmen und Messdaten zur Erde, vor allem von den vier größten Monden des Jupiter. Die Bilder von Europa, dem kleinsten der vier, elektrisierten die Wissenschaftler: Bestimmte Strukturen in dessen Eispanzer lassen vermuten, dass sich darunter ein Ozean verbirgt, mit mehr Wasser gefüllt als auf der Erde vorhanden. Die Forscher schlossen nicht aus, eine Geburtsstätte außerirdischen Lebens entdeckt zu haben – sind doch auch die ersten Mikroorganismen auf der Erde im Wasser entstanden.

Schon vor der „Galileo“-Mission wussten die Himmelsforscher, dass im äußeren Sonnensystem nicht die Planeten, sondern deren Monde die beeindruckendste Vielfalt an fantastischen Welten bieten. Mit Landschaften aus kilometerdickem Eis, Schwefel speienden Vulkanen, Seen aus flüssigem Methan und Temperaturen bis minus 240 Grad Celsius. Manche Monde umhüllt eine dünne Atmosphäre, andere die reglose, eisige Leere des Weltalls.

Unser Sonnensystem ist eine Zwei-Klassen-Gesellschaft. Zur einen gehören die vier kleinen, der Sonne am nächsten kreisenden Planeten: Merkur, Venus, Erde, Mars. Von ihnen verfügt nur die Erde über einen nennenswerten Mond, entstanden nach dem Aufprall eines riesigen Asteroiden. Bei den Monden des Mars handelt es sich lediglich um zwei eingefangene kleine Asteroiden, die knapp über seiner Oberfläche kreisen.

Weit jenseits des Mars beginnt das Reich der gigantischen Himmelskörper: Jupiter, Saturn, Uranus und Neptun; hinzu kommt Pluto als winziger Außenseiter. Diese Planeten halten sich einen Hofstaat von insgesamt 125 Monden. Etwa die Hälfte von ihnen, überwiegend Monde mit einem Durchmesser von weniger als zehn Kilometern, ist erst in den letzten sechs Jahren mithilfe starker Teleskope und

IAPETUS ist zur Hälfte von so rußschwarzem Material bedeckt, dass Sonnenlicht kaum reflektiert wird. Den Rest des SATURN-Mondes überzieht helles Eis

Schwere Treffer zeichnen NEREIDE. Vermutlich als Asteroid eingefangen, umkreist der Mond nun NEPTUN in weiten, elliptischen Bögen

ausgesandter Sonden entdeckt worden. Kaum jemand zweifelt, dass ihre Zahl noch steigen wird.

Die planetare Zwei-Klassen-Gesellschaft enthüllt die Regeln, die in dem rotierenden Nebel aus kosmischem Staub und Gas, aus dem unser Sonnensystem erwuchs, einst Ordnung stifteten: Die schweren Elemente nahe der Sonne wurden zu den vier kleinen, terrestrischen Planeten aus Gestein und Metall verbacken. Ihre Wege um die Sonne liegen so dicht beieinander, dass sie weiteren Monden keinen Raum für stabile Umlaufbahnen geboten haben.

Auch im äußeren Sonnensystem formten sich vier terrestrische Planeten, ein jeder mindestens zehnmal so schwer wie die Erde. Dank dieser Masse gelang es ihnen, gewaltige Mengen von herumwirbelndem Wasserstoff und Helium anzuziehen. Vier Riesenplaneten entstanden: Jupiter, Saturn, Uranus und Neptun – Himmelskörper, die zu 99 Prozent aus komprimiertem Gas bestehen. Als die solare Kernfusion schließlich die Sonne aufstrahlen ließ, drückte das Licht alle restlichen Gase aus dem Sonnensystem; die Geburtsphase der Planeten war beendet.

Einige übrig gebliebene Planetenbausteine umkreisten damals bereits als Trabanten die Gasplaneten. Die meisten Monde wurden aber erst später von der gewaltigen Anziehungskraft der vier Giganten eingefangen und auf die rechte Bahn gebracht.

Mit der größten Eskorte umgibt sich jener Planet, der zu Recht nach dem Beherrscher der römischen Götterwelt benannt ist: Jupiter. Seine Masse ist doppelt so groß wie die aller anderen Planeten und Trabanten zusammen. Bislang haben Astronomen 61 Monde identifiziert, die dieser Anziehungskraft erlegen sind. Die vier größten wurden bereits Anfang des 17. Jahrhunderts aufgespürt – und zur Ehre ihres Entdeckers die „Galileischen Monde" getauft.

Mit seinem nach heutigen Maßstäben höchst unpräzisen Fernrohr hatte Galilei vier schwache, in der Nähe des Jupiter wandernde Lichtpunkte aus- ›

Der Eispanzer von EUROPA bedeckt wahrscheinlich einen tiefen Ozean – in dem, erwärmt von der Gezeitenkraft des JUPITER, Urformen des Lebens existieren könnten

gemacht. Um welch wundersame Welten es sich dabei handelt, ist erst in den letzten drei Jahrzehnten von den Kameras und Messgeräten mehrerer Sonden enthüllt worden.

Der Trabant Io etwa ist nur wenig größer als der Erdmond und von der Oberfläche seines Planeten vergleichbar weit entfernt; damit endet jedoch jede Ähnlichkeit. Die enorme Gravitationskraft Jupiters walkt Io buchstäblich durch. Das flüssige Innere des Mondes brodelt unablässig, seine Oberfläche hebt und senkt sich wie eine riesige Flutwelle um bis zu 100 Meter, Lavaströme fließen, zahlreiche Vulkane speien schwefelhaltige Gas- und Rauchfahnen fast 300 Kilometer hoch in die extrem dünne Atmosphäre. Io ist mit Abstand der vulkanisch aktivste Himmelskörper unseres Sonnensystems. Und er ist bunt: gelb, rot, weiß, mitunter auch dunkelgrün. Ursache ist der herabrieselnde Schwefelauswurf, der die gesamte Oberfläche des Mondes bedeckt und dabei, je nach Alter und Entstehungsart, unterschiedliche Farben annimmt. Das Antlitz von Io verjüngt sich durch den Schwefelschnee ständig – weshalb auf den gestochen scharfen Fotos der Sonden auch kein mondtypischer Einschlagkrater zu entdecken ist.

Europa, ebenfalls einer der Galileischen Monde, ist der eisige Bruder von Io. Seine Oberfläche besteht, bei einer Temperatur von minus 160 Grad Celsius, aus einem dicken Panzer gefrorenen Wassers. Verglichen mit anderen Himmelskörpern gilt Europa, nur etwas kleiner als der Erdmond, als geradezu makellos rund geformt. Wollte Gott Billard spielen, so vermerkte ein Wissenschaftsjournalist, würde er Europa als Spielball wählen.

Aufnahmen der beiden „Voyager"-Sonden in den 1970er Jahren zeigten, dass es in dem Eispanzer zusammengefrorene Schollen und lange Bruchlinien gibt. Weil zudem kaum Einschlagkrater zu sehen waren, vermuteten Wissenschaftler, dass innere Kräfte die Oberfläche Europas ständig verändern. Befindet sich unter dem Eis wärmeres, flüssiges Material? Der Verdacht erhärtete sich, als die Sonde

„Galileo“ 1995 in eine Umlaufbahn um den Jupiter einschwenkte und anschließend achtmal nahe an Europa vorbeiflog. Vor allem aus Messdaten eines Magnometers an Bord von „Galileo“ schlossen Wissenschaftler, dass sich unter der Eiskruste vermutlich ein 200 Kilometer tiefer Ozean befindet.

Jupiters Gezeitenkräfte heizen das Innere von Europa auf. Durchaus denkbar also, dass am Grund des Ozeans – wie auf den Böden irdischer Meere – heißes Magma aufsteigt, sich mit dem Wasser mischt und dabei jene Nahrung entsteht, die eine Existenz anaerober Organismen ermöglicht, Urformen biologischer Evolution. Auf der Suche nach außerirdischem Leben richten deshalb die so genannten Exobiologen ihren Blick nicht nur auf den Mars, sondern inzwischen auch auf Europa.

Der Erfolg von „Galileo“ besiegelte allerdings das Ende der Sonde: Niemand konnte mit Sicherheit ausschließen, dass sie nach Verbrauch allen Treibstoffs auf Europa abgestürzt wäre. Und es war möglich, dass die Sonde noch immer irdische Mikroben an Bord hatte – die dann, als Aliens von der Erde, ein primitives Ökosystem auf Europa hätten verseuchen können. Die NASA entschloss sich daher, „Galileo“ auf Selbstmord zu programmieren.

Die nächste Erkundungsmission ist bereits geplant. 2008 will die NASA die Sonde „Europa Orbiter“ starten, 2001 soll diese in eine enge Umlaufbahn um den Mond einschwenken. Die Planetenforscher hoffen, unter anderem mithilfe von Radarmessungen, den endgültigen Beweis für die Existenz eines Ozeans zu erhalten. Als Fernziel gilt die Entsendung eines sterilen Landefahrzeugs. Es soll sich, durch einen Draht mit der Oberfläche verbunden, langsam durch Europas Eis hinabschmelzen und in der Tiefe nach biologischen Spuren suchen.

Jenseits des Jupiter zieht ein Planet seine Bahn, dessen grafische Schönheit schon ein gutes Fernglas enthüllt: Saturn, umgeben von zwei breiten Ringen. Genau genommen handelt es sich um Abertausende nebeneinander liegende Ringe aus mikrofeinen bis hausgroßen Eis- und Felspartikeln. Sie ragen etwa 60 000 Kilometer weit ins All, sind aber nur so dünn wie ein Schleier, maximal 100 Meter. Saturn hält sich zudem einen beachtlichen Begleittrupp: 31 Monde wurden bisher registriert, darunter mehrere mit ungewöhnlichen Eigenheiten.

Titan etwa, der zweitgrößte Mond unseres Sonnensystems. 1944 machte ein Astronom, der Titan intensiv studierte, eine unerwartete Entdeckung: Der Mond besitzt eine dichte Atmosphäre. Bis dahin war angenommen worden, dass alle Trabanten – ähnlich dem Erdmond – entweder von gar keiner oder von einer äußerst dünnen Gas- ›

IO ist der vulkanisch aktivste Mond des Sonnensystems. Lava und Schwefel brechen aus dem Trabanten des **JUPITER**, im Vordergrund brodeln Schwefelseen

Aus **TRITON** schießt Stickstoff weit empor – bis ihn Höhenwinde in der Atmosphäre des **NEPTUN**-Mondes davontragen

hülle umgeben seien. Wie sich später herausstellte, ist die Atmosphäre des Saturn-Mondes Titan am Boden sogar dicker als jene der Erde. Und sie besteht, ähnlich dem Gasmantel in der Frühzeit unseres Planeten, größtenteils aus Stickstoff, Wasserstoff, Methan und Kohlenoxiden. Unter dem Einfluss ultravioletter Sonnenstrahlen produziert dieses Gemisch eine dicke, rötliche „Smog"-Schicht, die den ganzen Mond umhüllt und für den menschlichen Blick unsichtbar macht.

Die Temperatur am Boden beträgt minus 170 Grad Celsius. Wissenschaftler vermuten, dass Kohlenwasserstoffe aus den Smog-Wolken sinken: ein giftiger Regen, der möglicherweise Seen aus flüssigem Methan

entstehen lässt. Zur Jahreswende 2004/2005 soll ein Landeroboter von der NASA-Raumfähre „Cassini" abgekoppelt werden, um in Titans Intimsphäre abzutauchen und mehrere Stunden lang Daten zur Erde zu senden.

Wie die meisten Monde unseres Sonnensystems bestehen auch die Trabanten von Uranus und Neptun, der beiden entferntesten Gasplaneten, überwiegend aus Gestein, Eis oder Metallen. Manche schwirren als große Schneebälle durch das Weltall, andere als lose zusammengesetzte Trümmergerüste. Zu den bemerkenswerten zählt Triton, ein Mond des Neptun. Regelmäßig führt er ein grandioses Schauspiel auf: Plötzlich schießen aus seiner Oberfläche dunkle Fontänen mehr als 100 Kilometer hoch, knicken dann im Höhenwind einer kaum messbaren Atmosphäre rechtwinklig ab und ziehen davon. Die Schwaden bestehen aus Stickstoff, der im Inneren von Triton, dem mit minus 240 Grad Celsius kältesten Mond des Sonnensystems, feste Formen angenommen hat. Die Sonne ist hier nur als kleiner, gelber Punkt im All erkennbar – doch sobald sie über Triton aufgeht und ihn unmerklich erwärmt, verflüssigt sich der Stickstoff und entweicht explosionsartig durch gewaltige Geysire.

Im November 2003 veröffentlichte das britische Wissenschaftsmagazin „Nature" einen Bericht, nach dem das erste irdische Raumschiff den Rand unseres Sonnensystems erreicht hat, nach 26 Jahren Flug. An Bord von „Voyager 1" befindet sich neben den Messinstrumenten ein besonderes Gepäckstück: gefüllt mit Bildern, aufgezeichneten Geräuschen, etwa dem Blöken einer Schafherde und menschlichem Lachen, sowie Musikstücken von Bach und Beethoven. Eine Art Musterkoffer, der die Vielfalt irdischen Lebens belegen soll – als „Gruß an das Universum" mit seiner noch unermesslich größeren Vielfalt an Planeten und Monden. I

Barbara Mack ist langjährige GEO-Autorin. Von Wissenschaftlern beraten, illustriert der Amerikaner **Ron Miller**, 56, im Rahmen einer eigenen Buchreihe seit Jahren außerirdische Welten.

TEXT: OLAF TARMAS

KENNEN SIE MOONSHINER?

Was unter einer »Mondlandschaft« zu verstehen ist, weiß jeder. Wo und warum sich der Erdtrabant sonst noch in unseren Sprachgebrauch gedrängt hat, davon macht sich selten jemand einen Begriff

1 | Blue Moon

„Once in a blue moon" sagen Briten und Amerikaner, wenn sie „alle Jubeljahre" meinen. Extrem seltene Vorkommnisse haben den Mond tatsächlich blau erscheinen lassen, etwa der Ausbruch des Krakatau-Vulkans 1883, bei dem große Mengen Asche die Sicht auf den Mond verdunkelten. Heute wird auch das Phänomen von zwei Vollmonden innerhalb eines Monats als Blue Moon bezeichnet. Es kommt dadurch zustande, dass die Umlaufzeit des Mondes mit 29,5 Tagen kürzer ist als der durchschnittliche kalendarische Monat (30,5 Tage). Dieses Ereignis tritt etwa 41-mal pro Jahrhundert ein. Der nächste Blue Moon ist am 31. 7. 2004. Für alle, die nicht warten wollen, gibt es natürlich noch die aus Balladen bekannte Bedeutungsvariante: den melancholischen Blue Moon, mit dem der unglücklich Verliebte seine einsame Nacht teilt.

2 | Fruchtbarer Halbmond

Vom amerikanischen Orientalisten James Henry Breasted (1865–1935) populär gemachte Bezeichnung für jene Region des Nahen Ostens, in der man die Wiege der modernen Zivilisation vermutet (engl. Fertile Crescent). Das Gebiet erstreckt sich halbmondförmig vom Nil über Israel und Syrien, weiter entlang von Euphrat und Tigris bis zum Persischen Golf – fruchtbare Landstriche, in denen spätestens seit 8000 v. Chr. Ackerbau betrieben wird.

3 | Moonshiner

Schwarz gebrannter Whiskey – oder dessen Hersteller.

4 | Lunatummalazie

Eine äußerst schmerzhafte Durchblutungsstörung im Mondbein, einem halbmondförmigen Handwurzelknochen, *Os lunatum*, hervorgerufen durch starke Belastung. Viele der Patienten sind Männer – zumeist Bauarbeiter, die am Presslufthammer gearbeitet haben.

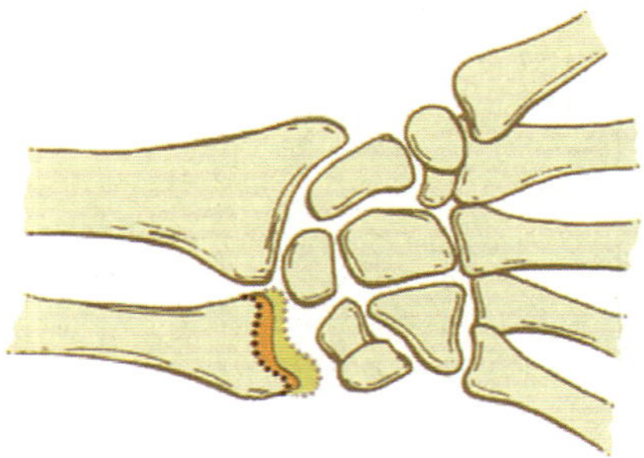

5 | Monat

Die Worte Monat und Mond sind in weiten Teilen der indogermanischen Sprachfamilie eng miteinander verknüpft und auf älteren Sprachstufen wie dem Althochdeutschen zum Teil bedeutungsgleich. Sie leiten sich sehr wahrscheinlich aus dem Verbalstamm „me"- ab, der „messen" bedeutet – diente doch der Mond bei allen Indogermanen als Zeitmesser.

6 | Mondberge

So nannte der alexandrinische Geograph Ptolemaeus die afrikanischen Schneegipfel, in denen er die Quellen des Nil vermutete. Heute identifiziert man damit das bis zu 5119 Meter hohe Ruwenzori-Gebirge zwischen Uganda und Kongo.

7 | Mondblindheit

Periodisch auftretende, schmerzhafte Entzündung der Augen bei Pferden, die bis zur Blindheit führen kann. Früher wurde das Auftreten mit dem Mondwechsel in Zusammenhang gebracht; Ursache ist vermutlich eine durch Mäuse übertragene bakterielle Infektion.

8 | Möndchen des Hippokrates

Mathematisches Phänomen: An die drei Seiten eines rechtwinkligen Dreiecks werden Halbkreise gelegt. Klappt man den größten Halbkreis nach oben, überlappt dieser die beiden anderen Halbkreise. Deren sichelförmige Restflächen sind die Möndchen des Hippokrates. Der Clou: Die Summe ihrer beiden Flächen ist identisch mit der Fläche des Dreiecks. Herausgefunden hat das um 450 v. Chr. der griechische Kaufmann und Mathematiker Hippokrates von Chios.

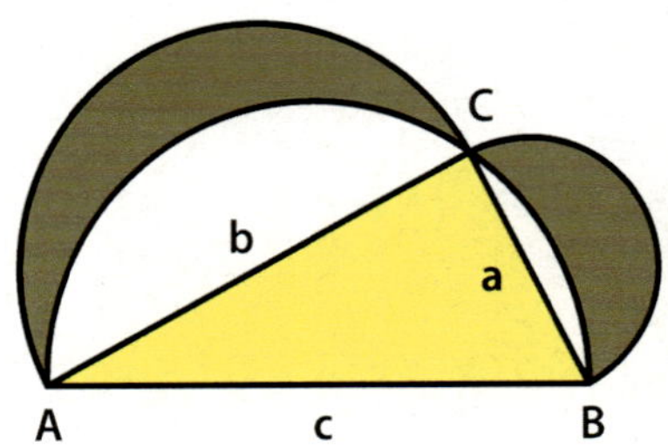

9 | Mondringe

Im harten Kernholz insbesondere von Eichen- und Lärchenstämmen taucht infolge von Frost manchmal ein Ring oder eine Sichel aus hellem, weicherem Holz auf – ein Mondring. Wird dieser von Pilzen befallen, spricht man von Mondfäule.

10 | Mondhof

Atmosphärische Lichterscheinung, bei der sich ein Ring um den Mond abzeichnet. Sie ist auf Eiskristalle zurückzuführen, die in hohen Luftschichten das Mondlicht brechen und einen Wetterwechsel ankündigen. Schon eine alte Spruchweisheit besagt: „Hat einen Hof der Mann im Mond, bleibst Du von Regen nicht verschont".

11 | Mondfisch

Hochseefisch, anzutreffen in allen warmen und gemäßigten Meeren der Erde, auch in der Nordsee. Seinen Namen verdankt er seiner schmalen, runden und scheinbar schwanzflossenlosen Form. Mondfische werden bis zu 3,30 Meter groß und über 1800 Kilogramm schwer und ernähren sich hauptsächlich von Quallen und Mollusken. Mit 300 Millionen abgelegten Eiern

gilt der Mondfisch als der fruchtbarste Fisch der Erde. Um das Rätsel seiner Wanderrouten und Laichgründe zu lösen, wurden einige Mondfische mit Sonden bestückt. Eine davon hieß: Apollo.

12 | Mondknoten

Bezeichnet die beiden Schnittpunkte der Umlaufbahn des Mondes mit der Ebene, auf der die Erde um die Sonne kreist. Nach Ansicht von Astrologen geben Geburtsort und -zeit eines Menschen im Verhältnis zum Mondknoten Aufschluss über dessen Vergangenheit (südlicher, „absteigender" Mondknoten) und Zukunft (nördlicher, „aufsteigender" Mondknoten).

13 | Mondhornkäfer

Copris lunaris, von griechisch *kopros*, „Kot", und lateinisch *luna*, „Mond", gehört zur Familie der Blatthornkäfer, in denen die alten Ägypter das Abbild des jugendlichen Sonnengottes sahen. Die Männchen des Mondhornkäfers tragen auf dem Kopfschild ein sichelförmiges Horn.

14 | Mondkalb

Im 16. Jahrhundert Bezeichnung für Missgeburt bei Kühen, die auf den Einfluss des Mondes zurückgeführt wurde, später Schimpfwort für behindert geborene Menschen; heute Spottbezeichnung für ungeschickte Zeitgenossen.

15 | Mondpreise

Semi-juristischer Begriff für stark überzogene Preise, vor allem verwandt, um eine Praxis des unlauteren Wettbewerbs zu beschreiben: die Gewährung eines Rabatts auf bewusst überhöhte Preisempfehlungen.

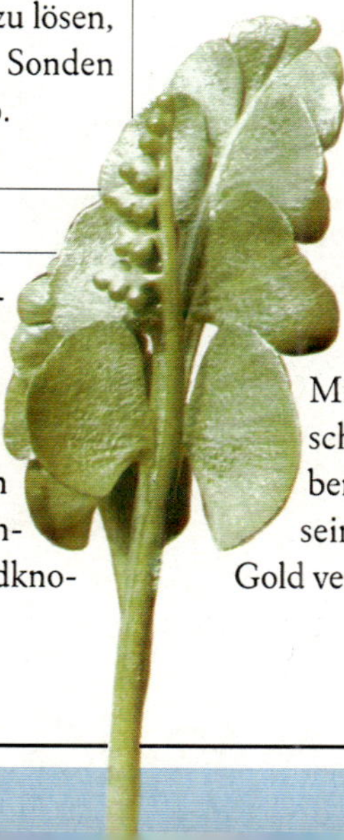

16 | Mondraute

Seltenes Farngewächs mit charakteristischen, halbmondförmigen Blättern. Im Mittelalter wurden ihm magische Eigenschaften zugeschrieben; Alchimisten glaubten, mit seiner Hilfe Quecksilber in Gold verwandeln zu können.

17 | Mondvogel

Kein Vogel, sondern ein Schmetterling mit einem halbmondförmigen Fleck auf den Vorderflügeln. Zusammengefaltet perfekt als trockener Zweig getarnt (der helle Fleck sieht aus wie eine Bruchstelle). Wird auch Mondfleck genannt.

18 | Mondsee-Kultur

Nach Funden am Mondsee in Oberösterreich benannte Steinzeit-Kultur.

19 | Moon Boots

Voluminöser Winterstiefel aus Thermowatte, inspiriert von den Stiefeln der Apollo-Astronauten. Die wärmende, aber ästhetisch fragwürdige Fußbekleidung kam 1970 auf den Markt und zeichnete sich durch ein buntes Farbenspektrum (von silber bis rosa), futuristischen Schriftzug, identische linke und rechte Schuhe und „Sammelgrößen" (z. B. 39–41) aus. Erfunden hat die Stiefelmonstren ein italienischer Schuhhersteller, der bis 1980 das Patent innehatte – und exorbitante Umsätze machte. Die Originale gibt es nach wie vor, zu bestellen unter: www.moonboots.it.

20 | Moonlighter

In England entstandene Bezeichnung für Schwarzarbeiter.

21 | Roter Halbmond

Name und Emblem der Organisation des Roten Kreuzes in islamischen Ländern. Eingeführt 1906 vom Osmanischen Reich, um Ähnlichkeiten mit dem Kreuz als Symbol des Christentums zu vermeiden.

Pauschal ins All

TEXT: GERHARD WALDHERR

Die ersten zwei Touristen im Orbit zahlten noch 20 Millionen Dollar. Inzwischen arbeiten weltweit Unternehmen fieberhaft daran, solche Reisen erschwinglicher zu machen, mit dem Mond als Fernziel. Die Branche verspricht sich Milliardengewinne

Kosmonautentraining für Zivilisten an Bord eines russischen Flugzeugs: bei Sturzflug 30 Sekunden Schwerelosigkeit

Seinen ersten Mondspaziergang hatte sich Carl Cunnane aufregender vorgestellt. Immerhin: Ein wenig beschwingt fühlte er sich schon, fast erhaben genoss er die Leichtigkeit zwischen raumgreifenden Sprüngen. Links, rechts, vor, zurück – alles in Zeitlupentempo und mit bloß einem Sechstel der Erdanziehungskraft. Ein sachter Stoß, und schon schien er zu fliegen. „Aber letztlich schränkt einen der Stuhl doch ziemlich ein", meinte der 16-Jährige, als er wieder auf dem Erdboden landete, „mehr als eine Ahnung von der Wirklichkeit bekommt man nicht."

Natürlich – der Stuhl. Carl Cunnane aus Odessa, Florida, ist nie auf dem Mond gewesen. Er hing vielmehr, festgeschnallt und mit einem Sturzhelm gesichert, im so genannten „1/6 Chair": einem Sattel, der mit einer wuchtigen Feder an einer Hallendecke des „US Space & Rocket Center" in Huntsville, Alabama, befestigt ist – und der einem dadurch das Gefühl vermittelt, der Erdanziehungskraft kurzzeitig entrückt zu sein. „Ich weiß, dass das hier alles nur ein Spiel ist", sagt Carl, „aber eines Tages will ich Astronaut werden, in den Weltraum fliegen und tatsächlich auf dem Mond herumspringen."

Viele, die nach Huntsville kommen, wollen das. Dort, wo in den 1960er Jahren Wernher von Braun die Saturn-V-Rakete entwarf, reisen heute pro Jahr 400 000 Besucher zum „US Space & Rocket Center" der NASA, um ihrem Traum vom eigenen Flug ins All ein kleines Stück näher zu sein.

In „Space Camps" spielen sie, vom Grundschüler bis zum hoch bezahlten Manager, ein paar Tage lang bemannte Raumfahrt: Sie üben Flugmanöver in Attrappen des Spaceshuttles, richten sich in Nachbauten der ISS ein, steigen in Raumanzüge und wechseln Parabolantennen an Satellitendummys aus. Den Start zu einer Mondreise erleben sie im „Space Shot" – einem Turm, in dem sie, auf Sitzen festgeschnallt, 40 Meter in die Höhe katapultiert werden. In einem Unterwassertank proben die Space-Touristen den schwerelosen Weltraumspaziergang. Und beim Museumsrundgang reisen sie zurück in die glorreiche Zeit der amerikanischen Mondfahrt, erspüren am eigenen Leib die bedrückende Enge im Cockpit einer Apollo-Kapsel, bestaunen Originalraketen und den Lunar Rover.

„Nirgendwo auf Erden", so die Eigenwerbung des NASA Rocket Centers, „kommt man dem Mond näher als bei uns." Zu spüren ist hier aber auch: Das Ziel, als Tourist zum Mond zu reisen, liegt noch in weiter Ferne.

An mangelndem Interesse kann es nicht liegen: Schon 1928, als Fritz Stamer und Fritz von Opel als Erste Flugzeuge mit Raketenantrieb starteten, meldeten sich – obwohl beide Pioniere fulminante Bruchlandungen hinlegten – alsbald 3000 Freiwillige für eine etwaige Mondfahrt. 1954 richtete die Agentur Thomas Cook, damals führender Anbieter von Pauschalreisen, das „Moon Register" ein, eine Reservierungsliste für eine derartige Exkursion. Seither haben 10 000 Interessierte sich selbst oder ihre Nachkommen dort eintragen lassen. Ab 1959 nahm der US-Reiseveranstalter Jack Garvoy ebenfalls entsprechende Buchungen an; und als die Fluggesellschaft Pan Am wenig später ihren „First Moon Club" gründete, hatte der rasch 40 000 Mitglieder.

„Reisen zum Mond wird es geben!", sagt Eric Anderson. „Die Nachfrage ist da, das Angebot wird sich einstellen." Anderson ist General Manager von Space Adventures, einem Reiseveranstalter in Arlington, Virginia. Space Adventures offeriert zwar noch keine Mondflüge, gehört aber zu jenen Unternehmen, die am ersten Schritt dahin bereits verdienen.

Andersons Agentur vermittelt Ausflüge in den „Suborbit", den erdnahen Weltraum in rund 100 Kilometer Höhe, mit grandiosem Blick in die Tiefen des Weltalls. Die Details der Reise, etwa mit welchem Gefährt und wann genau sie stattfinden wird, kann Space Adventures zwar noch nicht mitteilen, doch für 98 000 Dollar sichert die Agentur jedem Mitflieger einen Platz; 10 000 Dollar Anzahlung, der Rest zu begleichen in jährlichen Raten, spätestens jedoch bis zum Starttermin 2005, vielleicht auch 2006. Bislang liegen 130 Meldungen vor.

Hinter Andersons Schreibtisch hängt ein Foto von Edwin „Buzz" Aldrin, nach Neil Armstrong zweiter Mann auf dem Mond und heute der wohl prominenteste Fürsprecher des Weltalltourismus. Er hat Space Adventures eine Widmung unter das Bild geschrieben: „Sie führen eine neue Generation von Weltraumforschern an." Ein ziemlich vollmundiges Lob; an einem historischen Ereignis war Space Adventures aber immerhin schon beteiligt. Im April 2001 reiste der 60-jährige kalifornische Fondsmanager Dennis Tito, von Anderson und der holländisch-russischen Firma MirCorp vermittelt, als erster Zivilist ins All. Die Kosten für seinen sechstägigen Kurzurlaub in der internationalen Raumstation ISS: 20 Millionen Dollar. Tito hörte Musik, machte Videoaufnahmen und verkündete nach seiner Rückkehr: „Ich war im Paradies."

Ein Jahr später folgte ihm der Südafrikaner Mark Shuttleworth, 28, der mit dem Verkauf seiner Internetfirma eine halbe Milliarde Dollar verdient hatte. ›

Erlebnispark: In Huntsville, USA, nähren alte Apollo- und Mercury-Raketen den Traum vom privaten Mondflug

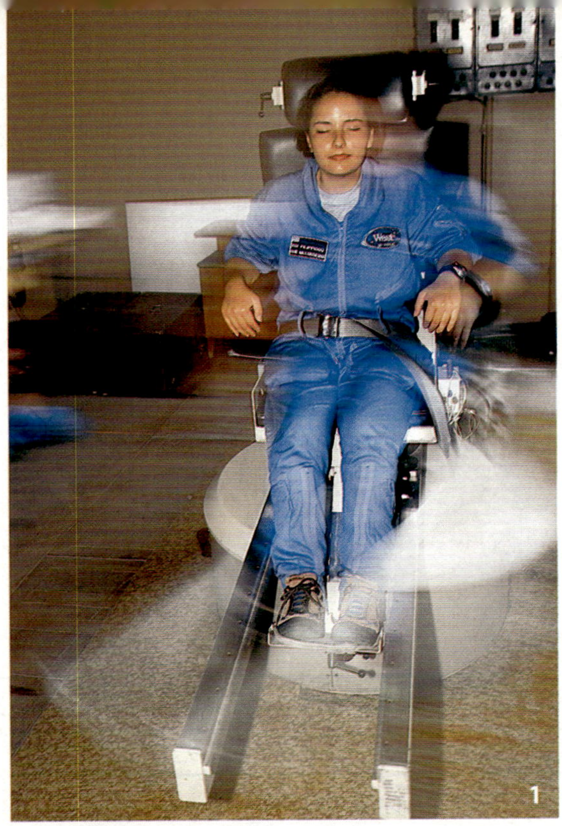

Privatleute üben Raumfahrt in Swjosdnij Gorodok, dem Trainingszentrum für Kosmonauten: **1** Ein Drehschlitten testet den Gleichgewichtssinn. **2** Eine kreisförmig rotierende Röhre kann Probanden mit bis zu zehnfacher Schwerkraft in den Sitz pressen. **3** Vergnügen beim Sturzflug

Shuttleworth kaufte nach der Landung in Kasachstan kurzerhand als „Souvenir" die Sojus-Kapsel, mit der er geflogen war, und hält seither Vorträge in südafrikanischen Schulen. „Afrika braucht Vorbilder und Inspiration", sagt er dann gerne, „die Kids haben gesehen, dass man nicht Amerikaner sein muss, um etwas zu erreichen."

Anderson, auf dessen Warteliste für den nächsten Trip zur ISS nun schon ein Dutzend Namen stehen, erkannte eine andere Symbolkraft des Ausflugs: „Nur der Tourismus kann die Erschließung des Alls weiter vorantreiben."

Anderson ist nicht der Einzige, der jenseits der Stratosphäre das Naherholungsgebiet der Zukunft, einen lukrativen Markt und astronomische Profite sieht. Bereits 1993 prognostizierte die „Japanese Rocket Society", dass sich allein für Reisen in den Suborbit bei einem Preis von 14 000 Dollar pro Flug eine Million Japaner interessieren würden. 1995 sagte die Daimler-Benz Aerospace in einer Studie der Branche ein Potenzial von 450 000 Weltraum-Touristen aus Europa und einen Jahresumsatz von rund 20 Milliarden Dollar voraus. Und 1997 ermittelte auch die NASA voraussichtliche Umsätze in dieser Größenordnung. Inzwischen hat die US-Weltraumbehörde eine Agentur namens „Futron" damit beauftragt, die kommerziellen Möglichkeiten im Weltraum zu erforschen. Futron kam zu dem Ergebnis, dass in den nächsten zwei Jahrzehnten der Tourismus neben der Satellitentechnik die Weltraum-Branche mit den größten Wachstumsmöglichkeiten sei. Im Jahr 2021 würden voraussichtlich etwa 15 000 Touristen jährlich in den suborbitalen Raum reisen, 50 Passagiere sogar zur ISS: „Solange die Russen Leute in den Orbit bringen können, wird es Interessenten geben, die dafür 20 Millionen Dollar bezahlen."

Wer aber so viel Geld nicht in der Reisekasse hat, dem bleiben nur Visionen, Gerüchte, Absichtserklärungen: Die Firma MirCorp hat den Bau einer eigenen Weltraumresidenz namens „Mini Station 1" für 2004 angekündigt; drei Reisende sollen dort bis zu 20 Tage lang untergebracht werden. Der Raumfahrtkonzern EADS Space Transportation in Bremen will russische Militärjets bis 2007 mit einer verglasten Kabine für zwölf Passagiere ausrüsten – und Mallorca-Flüge mit Weltraumberührung anbieten. Und Gene Meyers, kapitalschwerer Präsident der kalifornischen „Space Island Group", träumt von einem Hotel im All mit Luxussuiten samt Panoramafenstern, Unterhaltungsprogramm und einer Sportarena, bezugsfertig ›

»Ich war im Paradies«, jubelte Dennis Tito, der erste Urlauber im Weltraum, nach seiner Rückkehr

Im Tauchbecken des russischen Zentrums für Kosmonauten wird unter weltallähnlichen Bedingungen der Einstieg in eine Raumstation simuliert

NIRGENDWO LASSEN SICH REISEN INS ALL AUTHENTISCHER ERPROBEN ALS IM RUSSISCHEN »STERNENSTÄDTCHEN«

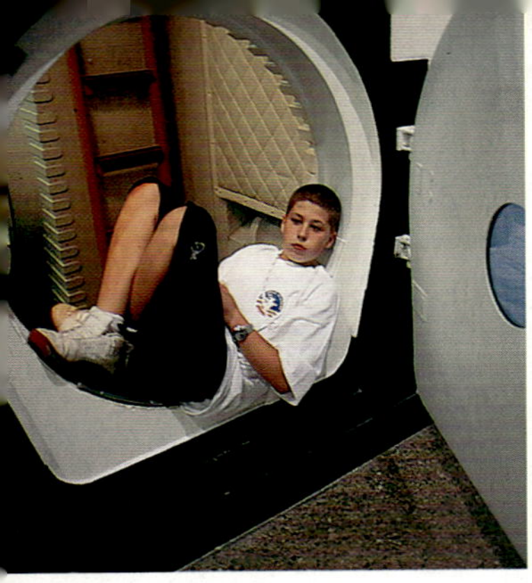

In der Luke einer Spaceshuttle-Attrappe findet ein Absolvent des US Space Camps sein eigenes *Mare Tranquillitatis*

im Jahr 2012. Dazu integrierte Gewächshäuser, ein Hospital und, worauf Meyers besonderen Wert legt, öffentliche Fernsprecher. „Stellen Sie sich ein Kreuzschiff im All vor", sagt Meyers, „ein autonomes Gebilde mit allem Komfort. Wir könnten es ‚Orbital Hilton' nennen."

Meyers' Unternehmen vermittelt zwischen Raketenbauern, Technologiefirmen und Forschungszentren, die das „Orbital Hilton" für wissenschaftliche Tests nutzen könnten. Und natürlich sei das Projekt geeignet „als Trittbrett für die touristische Eroberung des Mondes".

Nüchterner fiel 1998 das Resümee einer Studie aus, die das Deutsche Zentrum für Luft- und Raumfahrt (DLR) für die Europäische Raumfahrtagentur ESA erstellte: Ein schwebendes Weltraumhotel, in dem jede Übernachtung etwa 50 000 Euro kosten würde, sei nicht vor dem Jahr 2020 zu realisieren. Und die Vision von Touristen auf dem Mond bleibe mindestens bis 2050 eben genau das: eine Vision.

Nicht unzureichende Technik oder mangelnde Ideen hemmen also den Touristenstrom ins All, sondern vor allem der finanzielle Aufwand. Laut NASA kostet es rund 20 000 Dollar, nur ein einziges Kilogramm Material ins All zu transportieren. Eine Mission mit dem Spaceshuttle, der, ausgerüstet mit einem Passagier-Modul, etwa 50 Menschen transportieren könnte, schlüge mit rund 500 Millionen Dollar zu Buche, also zehn Millionen pro Ticket – Forschung und Entwicklung nicht einmal mitgerechnet.

Die zweite Hürde ist das Unfallrisiko. Wie gefährlich solche Flüge immer noch sind, zeigte sich im Februar 2003, als der Spaceshuttle „Columbia" vor seiner Landung über Texas zerbarst. Die Wahrscheinlichkeit eines tödlichen Unfalls in der bemannten Raumfahrt liegt heute bei mehr als 1 zu 100, etwa 10 000-mal höher als bei einem Linienflug.

Das Ende der „Columbia" hat jedoch nichts an der Meinung der meisten Experten geändert, dass sich auf lange Sicht nur wieder verwendbare Raumgleiter wie der Spaceshuttle für den Weltalltourismus rechnen werden. Die US-Fähre gilt jedoch als veraltet. Und seit dem Absturz Anfang 2003 sind alle Shuttle-Flüge zunächst bis Mitte 2004 storniert worden. Ein Nachfolgemodell namens „Orbital Space Plane" wollen NASA-Ingenieure bis zum Jahr 2010 fertig stellen und 2012 erstmals zur ISS schicken: Rund fünf Milliarden Dollar Entwicklungskosten hat die Raumfahrt-

In mehrtägigen Kursen trainieren Besucher des »US Space & Rocket Center« in Huntsville die Handgriffe von Astronauten: **1** An Gurten gesichert, schweben sie durch eine Halle und reparieren Satelliten. **2** Wie zum Start bereit liegen sie im Cockpit einer Apollo-Kapsel **3** Anprobe von Raumanzügen

An einer Kletterwand bereiten sich Space Camper auf die Erkundung fremder Welten vor

behörde dafür in ihrem Haushalt bis zum Jahr 2006 vorgesehen. Viele Branchenkenner vermuten allerdings, dass die NASA ihr Orbital Space Plane nicht vor 2020 gebaut haben wird. Und die Visionäre des Weltraumtourismus sind ohnehin nicht gut auf die US-Behörde zu sprechen, weil diese sich bislang geweigert hat, private Unternehmen zu unterstützen, und auch auf der ISS zunächst keine Zivilisten wie Dennis Tito sehen wollte. Andererseits hat gerade das „Columbia"-Unglück dazu geführt, dass private Firmen nun umso engagierter versuchen, selber ins Weltall vorzustoßen.

Ihre vielleicht größte Hoffnung ruht dabei auf dem „X-Prize", der 1996 von einem Konsortium unter der Leitung des Weltraummediziners Peter Diamandis ausgeschrieben wurde: eine Prämie von zehn Millionen Dollar für jenes Privatunternehmen, das drei Personen auf eine Höhe von mindestens 100 Kilometer befördert, sie sicher wieder zurückbringt und das Ganze innerhalb von zwei Wochen wiederholt. Ähnlich wie einst Charles Lindbergh, der 1927 mit seinem Pionierflug über den Atlantik ebenfalls einem Preisgeld nachjagte, streben nun mehr als 20 Bewerber ins All. Sechs bauen bereits an einem Fluggerät. Bisher sind es nur abenteuerliche Prototypen: So wollen die Ingenieure des „Da Vinci"-Projekts eine Rakete mit einem Heißluftballon auf 24 Kilometer Höhe schweben lassen – und sie erst dort starten. Auf dem Rückweg durch die Atmosphäre soll ein Fallschirm das Gefährt wie einen überdimensionalen Federball abbremsen. Andere Entwürfe ähneln Raketenvögeln mit geknickten Flügeln, Insekten oder futuristischen U-Booten. Dem anvisierten Ziel auch nur annähernd nahe gekommen sind sie nicht.

Am 1. Januar 2005 läuft die Frist für den X-Prize aus. Ein Bewerber, so meinen Experten, könnte es noch schaffen: Burt Rutan, Chef der Firma Scaled Composites in der kalifornischen Mojave-Wüste und eine Legende unter Konstrukteuren. Seit 1974 entwickelte er 38 Prototypen, darunter das „Voyager"-Gefährt, das 1986 als erstes Flugzeug mit einer einzigen Tankfüllung die Erde umrundete. Rutan gilt als Autodidakt, der meist ohne wissenschaftliche Studien oder Tests im Windkanal arbeitet. Kürzlich präsentierte er seine neueste Errungenschaft: ein tropfenförmiges Vehikel mit schmalen Flügeln namens „White Knight", das die Passagierkapsel „Space Ship One" (SS1) auf 16 Kilometer Höhe transportieren soll, von wo aus diese mit eigenem Antrieb in 100 Kilometer Höhe aufsteigen werde.

Für alle, die so lange nicht warten mögen, gibt es derzeit nur einen Ort, um sich ihren Traum annähernd zu erfüllen: Swjosdnij Gorodok, „Sternenstädtchen", das traditionelle Trainingszentrum für Kosmonauten außerhalb von Moskau. Für 20 000 Dollar können Privatpersonen hier seit einigen Jahren nicht nur Teile des Trainings absolvieren, sondern auch weltweit einmalige Höhenflüge. Joachim von Meister aus Bad Homburg, der mit 15 Jahren seine ersten Segelflugzeuge steuerte und später Turbopropmaschinen und Hubschrauber flog, buchte in Swjosdnij Gorodok einige Trips in MIG-25-Kampfflugzeugen, die ihn in den Himmel über Russland auf 26 000 Meter führten: „Da kann man schon die Krümmung der Erde erkennen und das Weltall erahnen!"

Welches privat finanzierte Fluggerät bringt als Erstes Touristen ins All? Der »White Knight« des Kaliforniers Burt Rutan gilt als Favorit

Noch mehr begeisterte ihn der so genannte Parabelflug. Eine Transportmaschine vom Typ Iljuschin 76, im Innenraum rundum gepolstert, steigt dabei auf 9000 Meter, anschließend schwingt sie im Sturzflug auf 7600 Meter hinab. Für eine halbe Minute erlebt es dann jeder Passagier: das Gefühl der Schwerelosigkeit. Zehn Parabeln fliegen die Maschinen für Zivilisten, echte Astronauten müssen Hunderte durchstehen. Dass diese Übungen auch „Kotzflüge" genannt werden, schreckte von Meister nicht ab: Als „einfach grandios" beschreibt er den Moment, als er im großen, leeren Flugzeugrumpf plötzlich abhob. Er schwebte, schlug Saltos, stieß sich mit den Füßen von der Decke ab.

Ob er auch zum Mond reisen würde? „Sofort", sagt er, „aber erst, wenn ich sicher sein kann, dass solche Touristenflüge ungefährlich sind." Da wird er sich wohl noch gedulden müssen. **I**

Gerhard Waldherr, 43, lebt als freier Autor in New York. Über die internationalen Pläne zur Entwicklung des Weltraumtourismus hat er in den vergangenen Jahren mehrfach in deutschen Medien berichtet.

TEXT: JOHANNA ROMBERG

ILLUSTRATIONEN: KATHARINA GSCHWENDTNER

Was wäre die Erde ohne den Mond?

Ach! Was für ein trauriger Planet ist diese Erde. Sie torkelt durchs All, Orkane peitschen über ihre kahlen Kontinente, merkwürdige Wesen krallen sich am Boden fest. Und alles nur, weil der treue Begleiter am Himmel fehlt

Es ist Nacht, finsterste Nacht. Und es herrscht Sturm, ein brüllender Weststurm, der mit über 300 Kilometern pro Stunde über Meere und Kontinente fegt. Die Kontinente sind kahl, flach, glatt geschmirgelt von Regen und Wind, und sie tragen keine Namen, denn es ist niemand da, der sie benennen könnte. Das Leben auf diesem Planeten ist in Jahrmilliarden nicht über das Stadium von Mikroben und Einzellern hinausgekommen – und das, obwohl der Planet über alle Voraussetzungen verfügt, höhere Lebensformen hervorzubringen: Er ist so groß wie die Erde und genauso alt, und er befindet sich an derselben Position wie sie in einem Sonnensystem, das unserem genau gleicht.

Nur eines fehlt „Terra sola", wie wir den Planeten nennen wollen: ein Begleiter, der ihn umkreist. Ein Mond.

Natürlich ist Terra sola ein imaginärer Himmelskörper, und das ist gut so. Denn dadurch kann er nicht nur in einer, sondern in mehreren denkbaren Variationen existieren. Er kann eine lebensfeindliche Sturmwüste sein – oder auch eine ganz normale Erde, die sich von unserer nur darin unterscheidet, dass die Nächte dort dunkler und die Gezeiten schwächer sind. Er könnte aber auch Lebensformen hervorgebracht haben, die uns abenteuerlich fremd vorkämen. „Denkbar" ist auf Terra sola grundsätzlich alles, was auf jenen Erkenntnissen aufbaut, die Astronomen, Geowissenschaftler und Biologen im Laufe der Zeit über die Entstehung der realen Terra, unserer Erde, und des Mondes gewonnen haben – und über das Zusammenspiel beider.

Diese Erkenntnisse sind nicht immer eindeutig, manchmal sogar widersprüchlich. Denn sie beziehen sich meist auf eine Epoche der Erdgeschichte, die so weit zurückliegt, dass selbst Forscher darüber nur – mehr oder weniger – spekulieren können.

Die Entwicklungswege von Terra und Terra sola trennten sich vermutlich vor etwa 4,4 Milliarden Jahren, kurz nach der Entstehung des Sonnensystems. Damals rammte offenbar ein marsgroßer Asteroid die Erde und sprengte dabei einige Trillionen Tonnen ihrer Masse ab, aus denen sich im Laufe der Zeit der Mond zu-

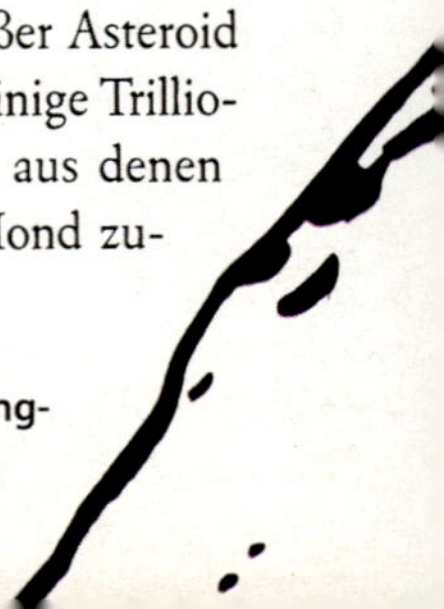

Arten auf mondloser Erde: grünspaniger Kraftmeier, langohriger Krallenprimat, Korkenzieher-Glühwurm

sammenballte. Soweit jedenfalls die Hypothese, die derzeit von den meisten Wissenschaftlern unterstützt wird.

Die Details dieses Zusammenpralls sind schwierig zu rekonstruieren. Und wie es vor der Kollision auf der Erde ausgesehen haben mag, können sich die Forscher ebenfalls nur vage vorstellen: Hatte sich schon eine Atmosphäre gebildet, und wenn ja, wie war sie zusammengesetzt? Wie schnell drehte sich die Erde, wie stabil war ihre Achse? All das müsste man genauer wissen, um daraus schließen zu können, wie sich der neue Trabant auf die Erde ausgewirkt hat und noch auswirkt – und wie folglich die Lebensbedingungen auf einer mondlosen Erde aussähen.

Eines zumindest lässt sich über die imaginäre Terra sola in all ihren Variationen mit Sicherheit sagen: Sie dreht sich schneller als Terra. Denn sie hat keinen Begleiter, der sie beständig bremst.

Bei Terra tut das der Mond, dessen Gravitationskraft die Gezeiten steuert: zwei Flutberge, die im Rhythmus der Erdumdrehung um den Globus wandern. Auf der mondnahen Erdseite zieht die Masse des Trabanten das Wasser an, auf der abgewandten drückt die dort besonders starke Fliehkraft im Erde-Mond-System das Meer nach außen (siehe Illustration S. 10/11). Im übrigen bewegt der Mond nicht nur die Ozeane, sondern auch die Erdkruste: Jeden Tag hebt und senkt sich der Boden unter unseren Füßen – von uns unbemerkt – für einige Stunden um rund 30 Zentimeter. Die Gezeiten wirken wie Bremsbacken, deren Reibung die Bewegungsenergie der Erde mindert. Jüngere geologische Studien legen nahe, dass sich dadurch seit der Entstehung des Mondes die Dauer eines Tages von ungefähr fünf Stunden auf das heutige Maß ausgedehnt hat.

Schwer zu sagen ist jedoch, wie schnell sich heute die nicht vom Mond gebremste Terra sola drehen würde. Denn auch die Rotationsgeschwindigkeit einer unbegleiteten Erde hätte sich im Laufe der Zeit leicht verringert – durch die Sonne, die ebenfalls Gezeiten bewirkt, etwa ein Drittel so starke wie der Erdmond. Unter diesen Voraussetzungen würde sich Terra sola immerhin noch dreimal so schnell wie die heutige Erde drehen, jeden Tag also in acht Stunden bewältigen.

Wenn das so wäre, dann allerdings sähe das Leben auf diesem Planeten gänzlich anders aus. Wie anders, das hat der amerikanische Astronomie- und Physikprofessor Neil F. Comins an der Universität von Maine erforscht – und in einem bizarren, höchst anschaulichen Szenario zu beschreiben versucht.

Das Erste, was jedem Besucher seiner Terra-sola-Variante auf Anhieb auffiele, wäre der Sturm: Er tost – mit Windstärken, gegen die sich irdische Orkane wie milde Brisen ausnehmen. Ursache dafür ist die höhere Rotationsgeschwindigkeit: Sie versetzt die Atmosphäre in entsprechend heftigere Bewegung.

Was unter diesen Bedingungen wachsen oder sich gar fortbewegen will, muss eine erhebliche Standfestigkeit entwickeln. Hoch aufragende Bäume und zarte, großflächige Blätter gibt es auf diesem Planeten kaum, ebenso wenig wie gra- ›

Festhalten! Wissenschaftler schätzen, dass sich die Erde ohne Trabanten dreimal schneller drehte

zile, hochbeinige oder gar geflügelte Tiere. Pflanzen haben metertiefe Pfahlwurzeln und breiten sich im Kriechwuchs aus – wie irdische Gewächse der Tundra- und Hochgebirgsregionen. Die am Boden lebenden Tiere sind gedrungene, windschnittige Kraftpakete; sie haben häufig mehr als vier Beine mit starken Krallen, die sich im Boden verankern lassen. Eine dicke, oft gepanzerte Außenhaut schützt sie vor Sandsturm, Staub und Steinhagel. Ihre Atemmuskulatur ist so kräftig, dass ihnen auch die wütendsten Orkane nicht die Luft nehmen, und ihr Gehör ist so beschaffen, dass es bestimmte Frequenzen gezielt aus dem allgegenwärtigen Fauchen und Heulen des Windes filtern kann. Wo das nicht gelingt, verständigen die Tiere sich visuell, zum Beispiel mit Leuchtsubstanzen, die sie, ähnlich wie irdische Tiefseefische oder Glühwürmchen, selbst erzeugen.

Ob es die Evolution schon bis zum Menschen geschafft hätte, ist fraglich

Ihren hochspezialisierten Wahrnehmungsapparat nutzen die Terra-sola-Kreaturen für durchaus irdische Verhaltensweisen: jagen, Reviere erobern, balzen, sich paaren. Viel Zeit pro Tag haben sie dafür allerdings nicht: In vier bis fünf Stunden rast die Sonne über den Himmel.

Könnte es menschenähnliche Wesen auf Terra sola geben? Durchaus möglich, sagt Neil Comins. Allerdings würden sich diese nicht, wie auf der Erde, aus baumbewohnenden Primaten entwickeln – wegen des offensichtlichen Mangels an Bäumen. Und sie würden, wie auch jede andere Form intelligenten Lebens, wesentlich später als wir auf der Erdoberfläche erscheinen. Denn auf Terra sola hat die Evolution erst mit erheblicher Verspätung eingesetzt – was dem Astronomen zufolge vor allem von zwei Faktoren bewirkt worden ist: der größeren Dichte der Atmosphäre und den schwächeren Gezeiten.

Um dieser Argumentation zu folgen, hilft ein Sprung zurück in die Frühzeit unseres Planeten: Damals umgab sich die Erde mit einer Gashülle, die heiß, nass, giftig und etwa 100-mal dichter war als heute. Sie bestand aus Methan, Stickstoff, Wasserdampf und Kohlendioxid – Gasen, die Vulkane und flüssiges Erdgestein im Laufe weniger Millionen Jahre „ausgeschwitzt" hatten. Als die Erde abkühlte, verringerte sich die Dichte der Atmosphäre, weil die Ozeane den größten Teil des Kohlendioxids (CO_2) in Form von Karbonaten speicherten.

Vor mindestens 3,5 Milliarden Jahren begannen erste marine Mikroorganismen dann, CO_2 und Wasser durch Photosynthese in Kohlenhydratbausteine und Sauerstoff umzuwandeln. Der Sauerstoffgehalt der Atmosphäre erhöhte sich dadurch allmählich, bis er vor etwa 500 Millionen Jahren sein heutiges, für höhere Lebensformen verträgliches Niveau erreichte.

Dass dieser Prozess so „schnell" ging, ist nach Ansicht von Comins auch dem Mond zu verdanken, genauer: der vorausgegangenen Kollision der Erde mit dem ominösen Asteroiden. Denn dabei, so Comins, wurden etwa 20 Milliarden Kubikkilometer des Erdmantels samt den darüber schwebenden Gasen, vor allem dem Kohlendioxid, ins All gerissen. Die übrig gebliebene Atmosphäre müsste also weniger lebensfeindliche Gase enthalten haben als vor der Kollision.

Auf Comins' Terra sola hingegen, auf die kein Asteroid prallte, verharrte der Gehalt des Treibhausgases auf dem höheren Niveau. Entsprechend länger brauchte Terra sola, um diesen Überschuss an Kohlendioxid zu verarbeiten – zumal außerdem die starken Winde die Pflanzen daran hinderten, ausladend zu wachsen und großflächige, also zur Photosynthese besser geeignete Blätter zu entwickeln. Das tierische Leben konnte sich auf den Kontinenten des mondlosen Planeten daher nur mit Verspätung entwickeln: Die Atmosphäre war über viele Millionen Jahre hinweg zu heiß, zu dicht und chemisch unverträglich.

Auch in den Ozeanen von Terra sola ging die Evolution des Lebens langsamer voran. Zwar entstanden die frühesten organischen Zellkomplexe dort vermutlich zur selben Zeit wie auf Terra, rund eine Milliarde Jahre nach der Geburt des Planeten. Aber bei ihrer Verbreitung und Weiterentwicklung fehlte ein wichtiger Antriebsmotor: die durch die Mondgravitation bewirkten Stofftransporte an den Küsten.

Auf unserer Erde spülten die vom Mond ausgelösten Gezeiten regelmäßig große Mengen mineralischer Sedimente ins Meer – Rohmaterial für die organischen Verbindungen, aus denen die ersten Lebewesen erwuchsen. Und die wiederum wurden mit den nächsten Flutwellen an die Küsten geschwemmt, wo sie sich über Stunden ungestört reproduzieren konnten.

Auf Terra sola dagegen war nach Comins' Berechnungen der Austausch zwi-

Schneller leben! Denn auf diesem Planeten scheint die Sonne maximal fünf Stunden pro Tag

schen Land und Meer um etwa zwei Drittel geringer, trotz der heftigeren Winde und der entsprechend höheren Wellen. Wenn man alle Faktoren berücksichtigt – die schwächeren Gezeiten, die dichtere Atmosphäre, die höheren Windgeschwindigkeiten –, dann muss man davon ausgehen, dass sich die Evolution auf Terra sola gegenüber der ihres realen Schwesterplaneten um mehrere Hundert Millionen Jahre verzögert hat. Höhere Säugetiere oder gar Menschen würde man daher auf einer mondlosen Erde noch heute nicht antreffen. Das vermutet zumindest Neil F. Comins.

Andere Experten reagieren sehr zurückhaltend, wenn man sie nach möglichen Terra-sola-Szenarien fragt, und verweisen darauf, dass schon die Grundannahmen dafür ungesichert sind. „Es ist möglich, dass die Erdatmosphäre zum Zeitpunkt der Kollision nur aus flüchtigen Gasen wie Wasserstoff und Helium bestand, während die schwereren Elemente wie etwa CO_2 noch im Erdmantel gebunden waren", sagt Mario Trieloff, Experte für Geo- und Kosmochemie an der Universität Heidelberg. „In diesem Fall hätte der Einschlag kaum Auswirkungen auf die Zusammensetzung der späteren Atmosphäre gehabt." Auch die Rolle der Gezeiten bei der Verbreitung früher Lebensformen sei so genau nicht zu definieren: „Dazu weiß man noch zu wenig darüber, in welcher Umgebung das Leben auf der Erde überhaupt entstanden ist."

Vielleicht sind alle Spekulationen über das Leben auf einer mondlosen Erde ohnehin müßig, wenn man dem französischen Astronomen Jacques Laskar glaubt. Nach seinen Berechnungen wäre Terra sola schon in frühen Jahren stark ins Torkeln geraten – mit der Folge, dass extreme Klimaschwankungen selbst primitiven Organismen kaum eine Chance gelassen hätten.

Laskar erforscht am Bureau des Longitudes in Paris das Langzeitverhalten der Planeten unseres Sonnensystems. Planeten, das hat er mithilfe komplexer Computer-Kalkulationen festgestellt, neigen zu chaotischem Verhalten. Nicht nur, dass ihre Bahnen leichte Dellen und Kurven aufweisen, ihre Rotationsachsen können im Laufe der Jahrmillionen schwanken wie die von schräg aufgesetzten Kreiseln. Das liegt daran, dass sie seit jeher nicht nur der Gravitationskraft der Sonne ausgesetzt sind, sondern sich auch untereinander anziehen – und zwar, je nach Entfernung, mit stark wechselnder Intensität. Wenn diese Kräfte bei bestimmten Konstellationen synchron wirken, dann kann ein Planet buchstäblich umkippen, wie es beispielsweise die Venus irgendwann getan haben muss: Sie dreht sich gegenläufig zu ihren Nachbarplaneten, ihre Achse steht sozusagen auf dem Kopf.

Der Mond bewahrt die Erde vor diesem Schicksal. Das liegt an seiner Nähe, aber auch an seiner Größe: Außer Pluto hat kein anderer Planet unseres Sonnensystems einen – im Verhältnis zu seiner eigenen Masse – so großen Trabanten. Dessen Gravitation stabilisiert die Erdachse derart, dass ihre Neigung, über einen Zeitraum von 40 000 Jahren, nur zwischen knapp 23 und etwas über 24 Grad schwankt. Selbst diese geringen Abweichungen haben vermutlich noch ausgereicht, die Eiszeiten auf der nördlichen Halbkugel mit auszulösen. Würde der Mond als Stabilisator fehlen, dann fielen die Klimaschwankungen noch heftiger aus; der Äquator könnte binnen weniger Millionen Jahre zum Südpol wandern und wieder zurück. Unter diesen Bedingungen, so glaubt der Astronom Laskar, hätten sich nirgends auf der Erde entwicklungsfähige Ökosysteme etablieren können.

Andere Wissenschaftler halten die „Torkel-These" für arg übertrieben und gehen davon aus, dass der Erde ohne den Mond ›

nicht viel mehr fehlen würde als eine Lichtquelle am Nachthimmel. Das wäre zwar dramatisch genug für jene Tierarten, deren Jagd- und Paarungszyklen auf die Mondphasen abgestimmt sind, ganz zu schweigen von den Folgen für das menschliche Kultur- und Geistesleben. Aber aus kosmologischer Sicht sind das natürlich Nebensächlichkeiten. Die Evolution hätte vermutlich andere Wege gefunden, dem Leben seinen Rhythmus zu geben.

Es bleibt nur eine Möglichkeit, herauszufinden, welche Bedeutung der Mond für das Leben auf der Erde wirklich hat. Man müsste eine Reihe exakt dosierter Atomsprengsätze auf der Mondoberfläche zünden – so viele und so gezielt, dass sämtliche Bruchstücke des Erdtrabanten nach ihrem Fall vom Himmel im Südpazifik aufträfen.

Dieser (durchaus ernst gemeinte) Vorschlag stammt von dem amerikanischen Mathematik-Professor Alexander Abian. Anfang der 1990er Jahre machte er mit der Behauptung Furore, der ganze Kosmos sei eine Fehlkonstruktion, und die Menschheit sollte endlich die Kontrolle über die Erdumlaufbahn übernehmen. Erster Schritt dazu: die „kontrollierte Elimination“ des Mondes. Das hätte, so Abian, für die meisten Erdbewohner segensreiche Auswirkungen: ganzjährig mildes Frühlingsklima auf allen Breitengraden durch die Aufrichtung der Erdachse, weniger Stürme, Begrünung der Wüsten, eine gefestigtere Atmosphäre. Dass New York, Venedig und andere Küstenregionen im ansteigenden Ozean versinken würden – nun, das müsse man halt verschmerzen.

Der Professor starb 1998; verbliebene Anhänger des Projekts „Terra sola“ können allenfalls noch auf eine kosmische Katastrophe hoffen. Etwa darauf, dass ein Asteroid nahe genug an der Erde vorbeirast, um den Mond aus seiner Umlaufbahn zu reißen. Die Chancen dafür sind zwar minimal, sagt Tilman Spohn vom Institut für Planetologie in Münster. Aber sie könnten sich geringfügig erhöhen – in dem Maße, in dem sich der Mond von der Erde entfernt. Nach heutigen Berechnungen wird er uns in zwei Milliarden Jahren im Abstand von 50 000 Kilometern umkreisen, 1,3-mal so weit weg wie jetzt.

Die Szenarien zeugen von der unterschätzten Wirkungskraft des Mondes

Zu diesem Zeitpunkt wird das Leben auf der Erde – falls es dann noch Leben gibt – völlig anders aussehen als heute. Denn bis dahin werden sich Mond und Erde so weit abgebremst haben, dass unser Planet nur ein einzige Drehung schafft, während sein Begleiter ihn einmal umkreist. Von der Erde aus betrachtet wird der Mond dann scheinbar auf der Stelle stehen, und ein Mond-Monat dauert genauso lange wie ein Erdentag: 40 heutige Tage. Das heißt, dass zwischen Sonnenauf- und Sonnenuntergang knapp drei Wochen vergehen.

Wie wird es zugehen auf Terra futura? Vielleicht werden durch die extremen Temperaturunterschiede zwischen Tag und Nacht sämtliche Gebirge zu Geröllhalden zerborsten sein. Pflanzen werden photovoltaische Oberflächen haben, die Tageshitze für die arktische Nachtkälte speichern. Tiere werden in Erdhöhlen leben und riesige Ohren haben, die tagsüber zu Sonnensegeln entfaltet, nachts zu wärmenden Hüllen um den Körper gewickelt werden können. Und die Menschen werden als Nomaden in klimatisierten Rollcontainern durch die Morgen- und Abendzonen streifen, durch zentimeterdicke Scheiben auf den regungslosen Mond starren – und sich fragen, wie es ihre Vorfahren wohl früher auf der Erde ausgehalten haben, als diese sich noch mit dem atemraubenden Tempo von 24 Stunden um sich selbst drehte. ❙

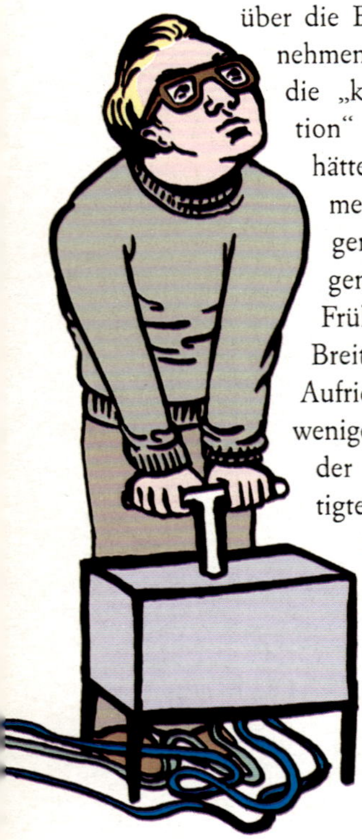

Immer Frühling! Das, so ein Forscher, wäre die Folge, würde der Mond gesprengt

GEO-Redakteurin **Johanna Romberg**, 45, freut sich jeden Monat aufs neue, dass es den Mond gibt. Besonders seit die Gemeindeverwaltung ihres Wohnortes allnächtlich aus Spargründen die Straßenbeleuchtung ausschalten lässt. **Katharina Gschwendtner**, 33, lebt als freischaffende Illustratorin in einer nachts weiterhin strahlenden Stadt: Hamburg.

Zum indischen Holi-Fest bewerfen sich Hindus mit Beuteln voll gefärbten Wassers. Das ausgelassene Frühlingsfest am Tag nach dem März-Vollmond war einst der Mondgottheit Raka geweiht

Zum November-Vollmond pilgern Buddhisten in Laos zu ihren Heiligtümern (li.), verwandeln in Thailand, beim Loy-Krathong-Fest in derselben Nacht, Flüsse und Seen in Lichtgärten (u. li.). Mit Lotosnusskuchen und Mond-Laternen feiern Chinesen den »Erntemond« im September (re.); auf Sri Lanka trägt ein Elefant einen Zahn des Buddha durch die Vollmondnacht der »Perahera«-Prozession

In Asien feiert man den Trabanten noch in alter Pracht

Ein feuriger Tanz zur Jahreswende

Unter Lampions in Drachenform tanzen Fackelträger beim chinesischen Neujahr. 15 Tage umfasst offiziell der Jahreswechsel – von Neumond bis Vollmond des ersten Monats im chinesischen Kalender

Geborgen in der Ordnung des Himmels

Buschmänner in der Kalahari begrüßen singend und stampfend den Aufgang des Mondes. In dessen verlässlicher Wiederkehr sehen sie ein Symbol für den Kreislauf des Lebens

Ein Taktgeber für Feste verschiedenster Religionen

TEXT: NINA FREYDAG

In Zeiten, da die Städte noch keine Nachthauben aus Licht trugen, da der Erdball in Finsternis fiel, wenn die Sonne sank; in Zeiten, da die Elektrizität noch nicht durch Leitungen lief und die Feuer unstet flackerten; in jenen Zeiten regierte der Mond. Er nahm zu und er nahm ab, er gab viel oder wenig Silberlicht, und die Menschen beteten ihn an und opferten ihm, sie richteten Lebensrhythmus und Kalender nach ihm aus, dem Alleinherrscher der Nacht.

Am ersten Vollmond nach der Dattelernte verlassen die Bewohner der ägyptischen Oase Siwa ihre Häuser und kampieren im Freien, als Dank für die Geschenke der Natur

Heute fällt es schwer, nachzufühlen, was der Mond damals bedeutet hat. Wer sieht auf der Suche nach Orientierung noch zu ihm? Wer verfolgt, wann er neu ist und wann voll? Der Mond der Moderne muss sich schon vollständig verfinstern oder gar zum zweiten Mal im selben Kalendermonat dick und rund am Himmel hängen, um die Aufmerksamkeit der Massen zu erheischen.

Früher, da wurden ihm die schönsten Mythen des Universums angedichtet, sein fleckiges Antlitz inspirierte ungezählte Sagen. Im indischen Assam etwa hieß es, Mond und Sonne seien einst ein Ehepaar gewesen. Die Sonne aber habe ihrem Mann keine Hitze abgeben wollen, diese sei für ihre Kinder, die Menschen, bestimmt. Sie habe den Mond in einen Teich geworfen; seither zeige der gedemütigte Trabant sein mit Schlamm besudeltes Gesicht nur noch des Nachts. Eine ähnliche Geschichte erzählen die Maasai in Kenya: Sonne und Mond hätten sich so sehr geprügelt, dass die Sonne sich nachher ihrer Blessuren schämte. Sie strahle so hell, damit niemand ihr direkt ins Gesicht sehen könne. Der Mond aber zeige ohne Scham seinen zerschlagenen Mund, über dem ein Auge fehle.

Wie der muslimische richtet sich auch der jüdische Feiertags-Kalender nach dem Lauf des Mondes. Zum Laubhüttenfest, dem jüdischen Erntedank, schwenken Betende gebundene Zweige und Früchte

Die Poesie der sagenhaften Überlieferungen hatte praktische Gründe: Sie versuchte, Ordnung in den Kosmos und den Lauf der Zeit zu bringen, das Unerklärliche zu klären, das Unfassbare zu fassen. Warum verändert der Mond seine Gestalt? Beißt ein wildes Himmelstier große Stücke aus seinem Fleisch? Warum treffen sich Sonne und Mond nie? Verfolgt sie ihn wutentbrannt über den Himmel? Oder versucht ganz im Gegenteil er, sie zu erhaschen? Und was hat der Mond angestellt, dass er so fleckig ist?

Fast überall ging man davon aus, er sei misshandelt worden: in Peru von einem Fuchs übel zugerichtet, in Argentinien von einem Jaguar gekrallt, in Mexiko von einem Hasen zerkratzt. In Rumänien glaubte man, er sei mit Kuhfladen beworfen worden, den Inuit galt er als mit Asche geschwärzt, in Bolivien von Kohle verunstaltet. Ein brasilianisches Indianervolk vermutete gar, sein Gesicht sei mit kochendem Wasser verbrannt worden.

Ganz unschuldig ist der Mond nicht an solchen Bestrafungen, galt er doch in Mittel- und Südamerika häufig als zwielichtiger Geselle, dem manch Schlechtes zugetraut wurde: Mal schleiche er sich nachts als junger Mann mit triebhaftem Gelüst zu seinem Bruder, mal schwängere er ein Mädchen im Schlaf, das noch ein halbes Kind ist.

Zu seiner Ehrenrettung sei jedoch auch festgehalten: Bei den Kabylen in Nordalgerien stieg er vom Himmel, um ein weinendes Waisenkind zu trösten, dessen Tränen auf seinem Gesicht Flecken hinterließen. In Vietnam stiftete er Ehen. Bei den alten Ägyptern zierte er als linkes Auge das Antlitz des Himmelsgottes Horus. Und viele Hindus sehen bis heute im Mond sogar ihren Beschützer. Während tagsüber die Sonne die Menschen bewache, sei bei Nacht der Mond an der Reihe. Wenn er jedoch auch dann unsichtbar bleibe, kämen Dämonen. Daher gelte es in Neumondnächten, Opfer zu bringen: Ein Reiskuchen, in zwölf Stücke geteilt, reiche zum Schutz des Spenders.

Im östlichen Kaukasus waren die Opfer einst brutaler: Ein Jahr lang wurde dort ein Sklave gemästet, um dann zur Ehre des Mondgottes getreten und erstochen zu werden. Die Zeremonie hat in Georgien, in harmloserer Form, bis in die heutige Zeit überdauert: Am Fest des heiligen Georg wirft sich ein Pilger vor die Kirchentür, damit, wer hineingeht, auf ihn trampele.

Die meisten Mondriten hingegen sind verblasst und verschwunden. Mancherorts wurden sie vom Christentum verdrängt, wie etwa bei den Yupik in Alaska. Diese spielten früher mit Masken den Mythos von Bruder und Schwester nach, die miteinander schliefen, woraufhin die Schwester mit einer Lampe bis zum Ende der Welt floh und zur Sonne wurde. Der Bruder indes, der ihr hinterhergelaufen war, wurde zum Mond.

Wenn die Jagd der Yupik einmal erfolglos war, tanzte sich ihr Schamane in Trance und ging zum Mond, um mit ihm über die Beute zu verhandeln. „Der Schamane lag scheinbar bewusstlos auf dem Boden und sprach mit einer Stimme wie aus einer anderen Welt", sagt Jean-Loup Rousselot vom Völkerkundemuseum München. Der Mondgott habe dann die Wale und Seehunde freigegeben, auf dass sie sich den Menschen als Beute zur Verfügung stellten.

Mit der Christianisierung der Yupik Ende des 19. Jahrhunderts erlosch dieser Kult. Und auch die Wissenschaft drehte dem Mond ›

Globale Leuchtkraft für Büßer und Beach-Boys

Am Freitag nach dem ersten Frühlingsvollmond ziehen in Sevilla Menschen in Büßergewändern durch die Stadt. Sie bereiten sich vor auf das höchste Christenfest: Ostern

langsam das Licht aus. Erst wurde aus der Mondscheibe eine Kugel, dann liefen auch noch Menschen auf ihr herum. Spätestens seit Nahaufnahmen offenbart hatten, wie sehr sein Gesicht von Kratern zersprengt ist, war es mit der mythologischen Macht des Mondes vorbei. Die pockennarbigen Fotografien haben die Mondpoesie von Jahrtausenden zu haltlosen Märchen degradiert. In Südchina etwa hatte man erzählt, auf der kalten Kugel wüchsen Zimtbäume – wie enttäuschend mutet im Vergleich dazu die staubige, tote Mondoberfläche an.

Das heißt jedoch nicht, dass der Mond nun gar nicht mehr gefeiert würde. In China beispielsweise dreht sich im Herbst – am 15. Tage des achten Monats im chinesischen Mondkalender – alles um den Vollmond. An diesem Tag treffen sich Familien und Freunde, um gemeinsam zu beobachten, wie schön der „Erntemond" glänzt.

Besonders gern schauen sich die Chinesen dabei seine Spiegelung im Wasser an. Traditionell sollen dabei Mondlieder komponiert und Gedichte über Glanz und Gloria des Mondes rezitiert werden, während die Zuhörer auf den runden Mondkuchen kauen, Minimonden mit Überraschungsfüllungen aus Nüssen, Datteln, Schinken oder Schweinefleisch. Inzwischen wird das Mondfest eher als Anlass für gemeinsame Trinkorgien geschätzt und in Wohnzimmern gefeiert statt auf Terrassen. Die Bedeutung des Mondes für diesen Anlass aber zweifelt man dabei so selten an wie bei uns die von Jesu Geburt für den 24. Dezember.

Der Mond ist bei den Chinesen weiblicher Natur – er gilt als die Essenz des Yin, des Passiv-Femininen, das im Gegensatz zum heißen, männlichen, von der Sonne repräsentierten Yang steht. Keine ungewöhnliche Sichtweise: Unter den Weltvölkern ist weitaus häufiger vom weiblichen als vom männlichen Mond die Rede. Europa spaltet sich in dieser Frage auf; während sich in den nordischen Sprachen der männliche Mond des germanischen Götterhimmels erhalten hat, bescherte die altrömische Mondgöttin Luna den romanischen Völkern eine Mondin.

Nach südchinesischen Legenden ist auch der „Mann im Mond" in Wahrheit eine Frau – eine Dame namens Chang E, die das Lebenselixier ihres Gatten ausgetrunken hat und danach vor dessen Rache auf den Erdtrabanten geflohen ist.

Die Inder, Japaner, manche afrikanische und indianische Völker sehen einen Frosch im Mond; Mongolen und Nigerianer hingegen einen Hasen. Die vielleicht schönste Variante haben die Malaien erfunden: einen Mondmann, dessen Kinder die Sterne sind. Einst, so vermuteten sie, hätten auch Tagsterne geleuchtet, die Kinder der Sonne, doch die Mutter habe sie verschlungen wie Katzen manchmal ihre Jungen.

Heute ist der Mond auch in Malaysia nur noch ein Datumsgeber. Für den Islam, die Staatsreligion des Landes, sind Sonne und Mond lediglich Zeichen des alleinigen Allah. Doch bis heute folgen die Muslime einem Mondkalender, bei dem jeder Monat mit einem Neumond beginnt. Auch andere Weltreligionen berechnen viele ihrer Feiertage weiterhin nach dem Lauf des Mondes. Selbst unser Osterfest fällt – dem Datum des Passah-Festes im jüdischen Kalender angepasst – stets auf jenen Sonntag, der dem ersten Vollmond nach Frühlingsanfang folgt.

Viel Zuwendung erfährt der Mond beim Vollmondfest im indischen Pushkar, wenn Abertausende von Hindus aus den Steppen und Wüsten Rajasthans in den kleinen Wallfahrtsort ziehen, wo Gott Brahma einst eine Lotusblüte verloren habe. Zwar werden nebenbei auch Zehntausende Kamele verkauft und Hunderte Mädchen verlobt, doch das wahre Anliegen der Pilger ist das rituelle Bad im Weiß des Mondes, der sich im heiligen See von Pushkar spiegelt.

Ähnlich mondorientiert sind die thailändischen Buddhisten. In der ersten Vollmondnacht des Novembers feiern sie Loy Krathong, ein Wasserdankfest, bei dem sie auf Flüssen, Teichen und in Swimmingpools Boote aus Bananenblättern aussetzen, die Kerzen, Räucherstäbchen und Münzen tragen: Dankgeschenke an die Wasser-Göttin.

Sie feiern schon, bevor er strahlt: Tausende Jugendliche aus aller Welt treffen sich zu jedem Vollmond auf der thailändischen Insel Phangan zum »Moon Rave«

Am Strand der thailändischen Insel Phangan steigt derweil eine mehr diesseitige Mondanbetung: ein „Moon Rave", der zu jedem Vollmond Zehntausende anzieht. Dort tanzen, kiffen, koksen und saufen die braven westlichen Jugendlichen dann, bis jede Vernunft sie verlässt.

Der Anblick lässt glauben, was der Volksmund immer behauptet, die Wissenschaft aber nie bewiesen hat: dass der Vollmond – ungeachtet all der ihn umrankenden, Sinn stiftenden Mythen – unsere Sinne verwirrt. Wohl nicht ohne Grund nennen die Engländer ihre Verrückten: *lunatics*. ∎

Für die freie Autorin **Nina Freydag**, 33, war die Recherche über die globale Fest-Vielfalt eine willkommene Vorbereitung: Nach Abgabe ihres Textes ist die Hamburgerin zu einer mehrmonatigen Weltreise aufgebrochen.

Atemberaubende Bilder – jeden Monat neu!

GEO Special-Kalender: Südafrika

Das Land an der Südspitze des afrikanischen Kontinents zählt zu den touristischen Top-Zielen – wen wundert´s. Die Nachbarschaft von urwüchsigen Küsten und wildreichen Nationalparks, von malerischen Wüsten und spektakulären Gebirgen ist eine überzeugende Einladung – und außerdem wird hier das schönste europäische Erbe gepflegt, eine gediegene Wein- und Esskultur!

Format: 50 x 45 cm
Preis: € 24,90 /
€ [A] 25,70 / sFr 44.10
Best.-Nr.: G 244900

GEO SERVICE-TEIL

DER MOND

100 TIPPS UND WEGE, DEN TRABANTEN ZU ERLEBEN

INHALT

ÜBER STAUB UND STEIN

Es wird noch einige Jahre dauern, bis Sie die Welt da oben auf eigene Faust durchstreifen können. Planen aber dürfen Sie schon jetzt. Basierend auf NASA-Daten stellt GEO die fünf abwechslungsreichsten Routen auf dem Erdtrabanten vor

Die ersten Schritte auf dem Mond sind ungewohnt. Der Fuß versinkt lautlos im Staub, der hier überall zentimeterdick herumliegt. Und die Fontänen, die Sie aufwirbeln, fliegen weiter als auf der Erde.

Der Mond bietet Ihnen Landschaften, die Sie nirgends auf der Erde finden: Zahllose Meteoritentreffer haben den Regolith, die allgegenwärtige Trümmerschicht, über Jahrmilliarden gemahlen und Tausende von Einschlaglöchern hinterlassen. Selbst die runden **Mondmeere** sind nichts anderes als mit Lava voll gelaufene Riesenkrater. Im Zusammenspiel mit Vulkanausbrüchen türmte das Bombardement auch rekordverdächtige Berge auf, zudem entstanden sanfte Täler sowie tiefe Rillen. In den **lunaren Steingärten** stoßen Sie auf Astronautenspuren, die, sofern sie kein Meteorit verschüttet, eine halbe Ewigkeit erhalten bleiben. Und Sie wandern zugleich durch Jahrhunderte menschlicher Geistesgeschichte: Im imaginären Museum der Kraternamen sind Denker, Dichter und Forschungsbemühungen seit der Antike verewigt.

All das ist mit einer **Anreise** von vier Tagen nicht weiter entfernt als manches abgelegene Ziel auf der Erde. Wenn Sie die Narbenlandschaft erkunden, müssen Sie jedoch von irdischen Gewohnheiten Abschied nehmen. Hell und dunkel wechseln nicht im Zwölf-Stunden-Rhythmus. Der **Mondtag** dauert zwei Wochen, die Mondnacht ebenso lange. Am Äquator schwanken die Temperaturen zwischen etwa 130 Grad Celsius am Mondmittag und minus 160 Grad Celsius zur Mondmitternacht.

Natürlich brauchen Sie einen **Raumanzug**. Schon für die Apollo-Astronauten war die Kleidung ein zweites Zuhause: Sie konnten darin nicht nur ihre Notdurft verrichten, sondern auch trinken und an einem in Halshöhe befestigten Powerriegel knabbern. Ebenso wichtig sind ausreichende Sauerstoffvorräte in Ihrem Lebenserhaltungsrucksack.

Die verschwindend geringe Atmosphäre macht Mondreisen nicht nur umständlich, sondern auch gefährlich. Sie sind **kosmischer Strahlung** ausgesetzt – schon heftigere Sonnenwinde können Sie Jahre Ihres Lebens kosten. Einige der bislang erdachten Notmaßnahmen erinnern an die in den 1950er

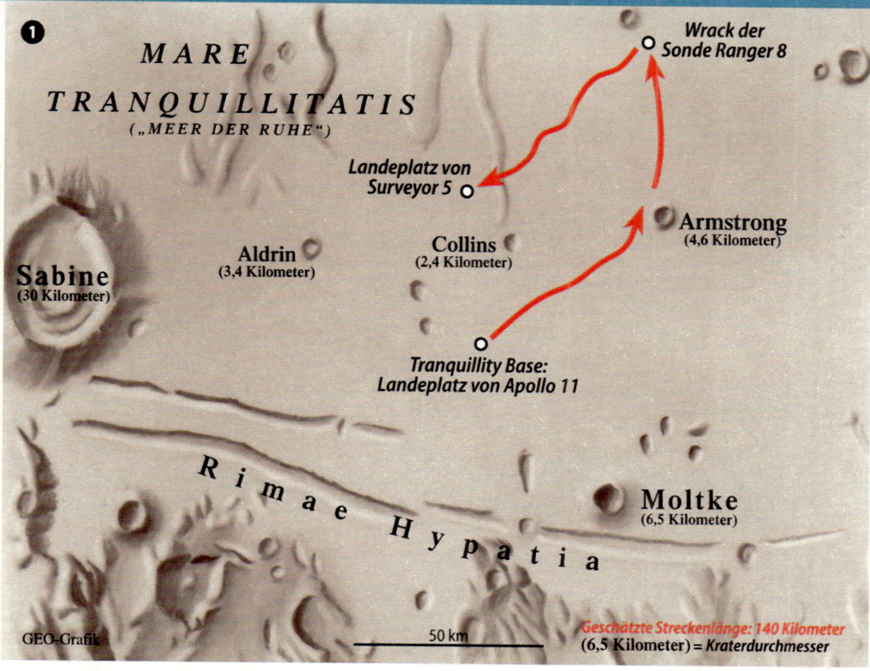

Route 1: Historischer Parcours auf den Spuren der Pioniere

Jahren verbreitete Duck-dich-Strategie bei Atomangriffen: Heben Sie einen Graben aus, parken Sie Ihren mit Wasser gefüllten Rover darüber und legen Sie sich in die Kuhle.

Auch die **Fortbewegung** funktioniert nicht wie auf der Erde. Wegen der geringen Gravitation wiegt Ihr Körper nur ein Sechstel. Die Apollo-Besatzungen hatten anfangs mit der Umstellung zu kämpfen, lernten aber schnell neue Lauftechniken: Einen Abhang kommen Sie zum Beispiel am besten mit Känguru-Hopsern herunter. Für lange Strecken ist hingegen ein modernes Mondauto unentbehrlich.

Alle Widrigkeiten sollten Sie aber auf keinen Fall von einer Reise abhalten. Und falls Sie zweifeln, ob Sie die bis zu 200 Kilometer langen Strecken bewältigen können, denken Sie an Ihre Vorgänger: Während die ersten Apollo-Astronauten auf dem Mond bei ihrer Stippvisite nur ein paar Hundert Meter zurücklegten, schafften die letzten drei Crews dank ihrer Mondrover insgesamt 90 Kilometer.

❶ Für den Bildungsbürger: Sonden-Suche rund um den Apollo-11-Landeplatz

(Streckenlänge: 140 Kilometer)

Wenn Sie sich ein wenig für die Entdeckungsgeschichte des Mondes interessieren, kommen Sie um einen Besuch der **Tranquillity Base** nicht herum – jenes Platzes, an dem erstmals ein Mensch seinen Fuß auf den Erdtrabanten setzte. Hier, im **südlichen Meer der Ruhe**, landete am 20. Juli 1969 die Mondfähre **„Eagle“** mit den Astronauten Neil Armstrong und Edwin Aldrin.

Ehrfurcht flößt der historische Ort nicht ein. Das mühsam in den Regolith gerammte US-Banner fiel schon beim Abflug um – für die nachgestellte Flaggenparade müssen Sie es wieder aufrichten. Unter dem Landegestell liegen Stiefel, Urinbeutel und Essensverpackungen. Und die berühmten Fußspuren, die eigentlich mangels Erosion Jahrtausende halten sollten, haben Sie gerade zertrampelt.

Auch landschaftlich ist Tranquillity Base eher öde. Bei der Auswahl der Landezone hatte Sicherheit Priorität: keine Berge, keine Schluchten, kaum Krater. Ringsum erstreckt sich, was Aldrin „prachtvolle Trostlosigkeit“ nannte – die vor 3,7 Milliarden Jahren erkalteten Lavafluten des **Mare Tranquillitatis**.

Gegen den aufkommenden Mondkoller hilft ein Ausflug in die an Raumfahrt-Memorabilien reiche Umgebung. Die zwei US-Sonden, die in der Nähe niedergingen, waren zwar für die ersten Astronauten unerreichbar. Mit dem Mondmobil sollten Sie es jedoch schaffen.

Fahren Sie nach Nordosten aufs offene Mondmeer. Auch wenn die Ebene zum Rasen einlädt, ist Vorsicht geboten – kleine Kraterkuhlen, die sich unvermittelt vor Ihnen öffnen, sind immer für einen Achsenbruch gut. Auf halbem Weg kommen Sie endlich an einer auffälligen Landmarke vorbei, dem über vier Kilometer weiten **Armstrong**. Er ist der größte von drei nach den Apollo-11-Astronauten benannten Kratern.

Mit etwas Glück finden Sie bei Kilometer 80 Ihrer Tour einen frischen Einschlag. Er stammt vom Kamikazeflieger **„Ranger 8“**, der sich hier 1965 ungebremst und bei laufender Kamera in den Boden bohrte. Vom Sonden-Schrottplatz geht es 60 Kilometer nach Südwesten, wo zweieinhalb Jahre später **„Surveyor 5“** Mondkontakt hatte, diesmal schon mit sanfter Landung. Das mehr als mannshohe Raumvehikel, das die Zusammensetzung und Beschaffenheit der Mondoberfläche erkundete, steht versteckt an einem Kraterhang. Vorsicht, die Sonde ist radioaktiv!

Half schon den Apollo-Astronauten: Erste-Hilfe-Set mit Tropfen und Tabletten

❷ Für den Kletterfreund: Kraxeln im berühmten Tycho-Krater

(Streckenlänge: 75 Kilometer)

Beim Blick auf den Rest des Mondes wird klar, was der Gegend um Tranquillity Base fehlt:

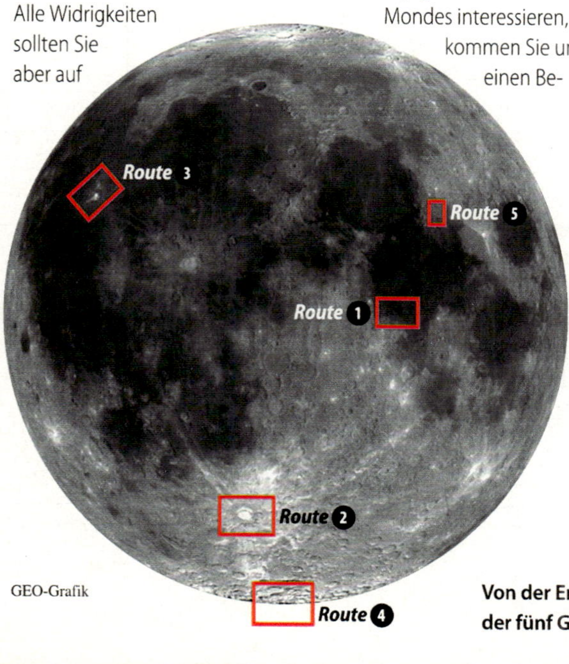

Von der Erde aus zu sehen: Regionen der fünf GEO-Wanderrouten

Gefriergetrockneter NASA-Ananaskuchen: liegt hier nicht schwer im Magen

stattliche Krater. Einer der berühmtesten, **Tycho**, liegt im südlichen Hochland. Dort prallte vor 108 Millionen Jahren ein Himmelskörper von den Ausmaßen einer Kleinstadt auf den Mond und hinterließ ein 85 Kilometer großes Loch.

Trümmer spritzten Hunderte Kilometer zur Seite, die leuchtenden Spuren machen den Krater bei Vollmond unverkennbar. Tycho ist für Mondverhältnisse sehr frisch – kaum ein Treffer eignet sich so gut für einen Kraterlehrpfad. Verschaffen Sie sich zunächst auf dem 2400 Meter hohen **Zentralberg** einen Überblick. Ringsum thronen fast 5000 Meter hohe Kraterwände, die scharfen Konturen werden dank der dünnen Mondatmosphäre nicht weichgezeichnet. Genießen Sie das Gefühl, im Mittelpunkt eines gewaltigen Strahlenkranzes zu stehen.

Nach kurzer Kontemplation steigen Sie nach Norden ab und durchqueren die Kraterebene. Das flüssige Gestein, das sich nach dem Einschlag am Kesselgrund sammelte, ist zu einer durchzackten Landschaft gefroren. Bizarre Felsformationen zur Rechten haben Verschwörungstheoretiker als **Mondsiedlung** gedeutet. Wenn Sie Cineast sind, sparen Sie sich den Umweg und stochern lieber im Boden: Vielleicht ist hier ja doch, wie im Film „2001 – Odyssee im Weltraum", ein perfekt rechteckiger, schwarzer Monolith vergraben.

Am Rand der Ebene angekommen, türmt sich vor Ihnen, hoch wie der Mont Blanc, die **Kraterwand** auf. In der lunaren Stille wirken die Klippen noch imposanter. Nur Mut: Die geringe Mondgravitation erleichtert den Anstieg. Rein theoretisch müssen Sie nicht mehr Hubarbeit leisten als für einen 800-Meter-Hügel auf der Erde. Allerdings gilt es, die Balance zu halten. Der Rucksack mit dem Lebenserhaltungssystem verlagert Ihren Körperschwerpunkt nach oben, die Bodenhaftung lässt zu wünschen übrig.

An einer weniger steilen Stelle nördlich des Zentralberges können Sie den Kraterrand erklimmen. Arbeiten Sie sich noch 30 Kilometer weiter nordwärts, dann sind Sie am Ziel: Im gewaltsam aufgeschütteten Felslabyrinth stoßen Sie auf **steinerne Seen** – sie bestehen aus Impaktschmelze, die in die Gruben zwischen den Trümmerbergen lief. Am Rand eines der Mondtümpel steht **„Surveyor 7"**, die letzte Sonde des Surveyor-Programms. Ihre Präzisionslandung in rauem Gelände gab der NASA die nötige Zuversicht für die bemannten Mondmissionen.

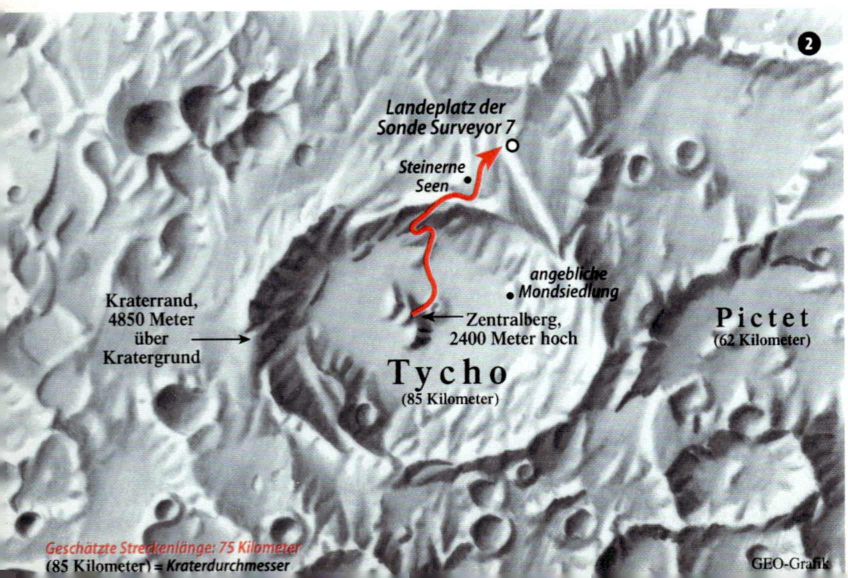

Route 2: Anspruchsvolles Bergsteigen im Tycho-Krater

❸ Für den Mystiker: Lichterjagd auf dem Aristarchus-Plateau

(Streckenlänge: 60 Kilometer)

Der verwunschenste Platz auf dem Mond, das Aristarchus-Plateau, erhebt sich nahezu rechteckig aus dem **Ozean der Stürme**. Seit Jahrhunderten registrieren irdische Beobachter hier merkwürdige Leuchterscheinungen, die **Lunar Transient Phenomena**. Orbiter haben über dem Plateau eine auffällig hohe Konzentration von radioaktivem Radon-Gas nachgewiesen.

Beginnen Sie die Suche nach den seltsamen Irrlichtern auf dem westlichen Grat des Kraters Aristarchus. Hinter Ihnen fällt der Steilhang drei Kilometer tief zum Kraterboden ab. Links beherrscht der riesige Ozean der Stürme den Horizont, eine erkaltete Lava-See von der Größe des Mittelmeers. Die grellen Trümmer ringsum, die sich von der dunklen Ebene abheben, machen Aristarchus zu einem der hellsten Mondkrater. Nachdem Sie den von Lava überschwemmten Nachbarkrater **Herodotus** passiert haben, klafft vor Ihnen der vulkanische Schlot **Cobrahead**.

In der Nähe der Öffnung bemerkten Amateurastronomen am 23. April 1994 eine „mögliche Verdunklung". Ähnliche Erscheinungen wurden früher oft als Sehstörungen abgetan, doch diesmal war mit **„Clementine"** ein objektiver Beobachter zur Stelle. Fotos der Sonde zeigten eine messbare Farbveränderung. Möglicherweise, so vermuten Forscher, wirbeln hier ausströmende Gase den Mond-

Eine typische Hügellandschaft – erwiesenermaßen auch für Spritztouren gut geeignet

staub auf. Halten Sie sich von verdächtigen Spalten fern: Wenn der totgeglaubte Mond noch irgendwo aktiv ist, dann hier.
Auch ohne Ausbrüche bietet die Anhöhe über Cobrahead eine spektakuläre Aussicht auf das zerfurchte Plateau. Neben Kraterketten durchschneiden viele der für den Mond typischen sinusförmigen Rillen, die an trockene Flussläufe erinnern, die Landschaft. Die größte beginnt gleich unter Ihren Füßen: Von Cobrahead aus windet sich das **Schroeter-Tal** 160 Kilometer über die Ebene. Der riesige Lavakanal wurde nach dem deutschen Astronomen Johann Hieronymus Schroeter benannt, der hier schon Ende des 18. Jahrhunderts Lichterspiele ausmachte.
Umwandern Sie Cobrahead, um in den Kanal absteigen zu können. Die **Rutschpartie** wird am Rillengrund belohnt: Im bis zu einen Kilometer tiefen Schroeter-Tal schlängelt sich ein zweiter, kleinerer Kanal – sozusagen eine Sub-Rille. Die Region ist nicht nur für Gruselfreunde interessant: Aus vulkanischen Schichten könnten Kolonisten flüssigen Sauerstoff für Raketentreibstoff gewinnen.

❹ Für den Extremsportler: Expedition durch die Kessel des Südpols

(Streckenlänge: 200 Kilometer)
Falls Ihnen das Aristarchus-Plateau zu esoterisch ist: Echte Abenteuer erleben Sie am **lunaren Südpol**, wo die Mondkarten noch immer weiße Flecken haben. Achtung, die riskante Route ist nur versierten Bergsteigern zu empfehlen!
Schon Schroeter, der Patron des umspukten Schroeter-Tals, sah hinter dem südlichen Mondrand imposante Gipfel hervorlugen – er taufte sie auf den Namen **Leibnitz-Gebirge**. Im Sondenzeitalter ist die Bezeichnung etwas aus der Mode gekommen. Orbiter entlarvten das vermeintliche Mondmassiv als Ansammlung aberwitzig aufgeworfener Kraterwülste.
Die Polarexpedition beginnt auf dem vom Fuß bis zur Spitze 8000 Meter hohen **Malapert Mountain** auf dem 86. Breitengrad. Machen Sie sich zunächst mit den Lichtverhältnissen vertraut. Weil die Rotationsachse des Mondes kaum geneigt ist, kriecht die Sonne hier genau am Horizont entlang. Aus dem sich ständig wandelnden Schattenmeer tauchen nur vereinzelt helle Inseln auf. In viele Krater dringt nie ein Sonnenstrahl.
Die Navigation fällt schwer: Kämen Sie nach einer Woche wieder, würden Sie nichts wiedererkennen. Folgen Sie deshalb, nachdem Sie den dunklen Krater südlich des Berges passiert haben, dem Nullmeridian stur nach Süden. Das orientierungslose Magnetfeld auf dem Mond macht jeden Kompass nutzlos, richten Sie sich lieber nach Erde, Sonne und Sternen.
Nach 50 Kilometern gerader Strecke – womöglich müssen Sie unterwegs biwakieren – liegt der Südpol vor Ihnen. Ersteigen Sie vorher unbedingt den Höhenzug zur Rechten. Dessen Gipfel, die **Peaks of Eternal Light**, sind hoch genug, um fast kontinuierlich im Licht zu baden. Sie gelten als idealer Standort für eine mit Solarenergie betriebene Mondstation.
Dann geht es hinab zur Westwand des **Shackleton-Kraters**. Hier stehen Sie nicht nur am Südpol, sondern auch am Rand des größten bekannten Einschlagbeckens im Sonnensystem. Das 2600 Kilometer weite und mindestens acht Kilometer tiefe **Südpol-Aitken-Becken** prägt das Antlitz der gesamten, noch immer kaum erforschten Mondrückseite.
Drehen Sie die Heizung Ihres Raumanzugs voll auf und steigen Sie tiefer in den Shackleton-Krater. In der ewigen Finsternis, nie von einem Lichtstrahl erreicht und stets kälter als minus 170 Grad Celsius, könnten Sie auf ein Überbleibsel vergangener Kometeneinschläge stoßen: Wassereis. Das lunare Nass ist kostbar – ein mitgebrachter Liter Erdwasser kostet mehrere Tausend Euro.

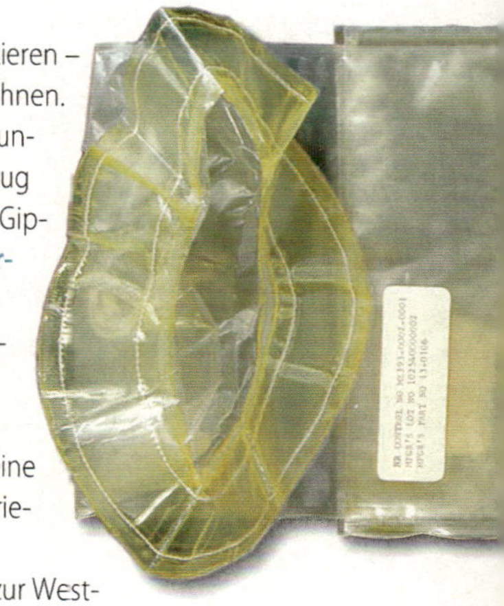

Lunarer Lokus: Fäkalienbeutel der Apollo-Raumfahrer

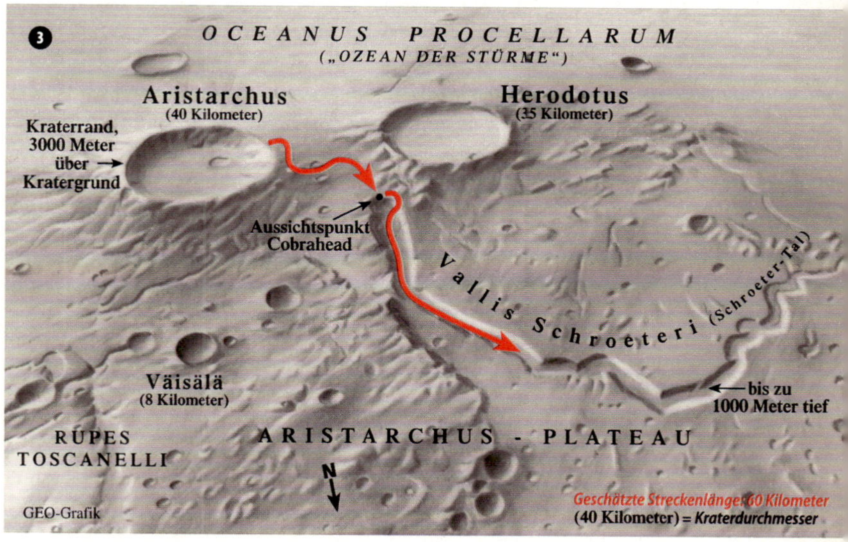

Route 3: Über ein zerfurchtes Plateau im »Ozean der Stürme«

Für die Pazifik-Landung beim Rückflug: Survival Kit mit Signalspiegel, Taschenlampe – und Angelschnur

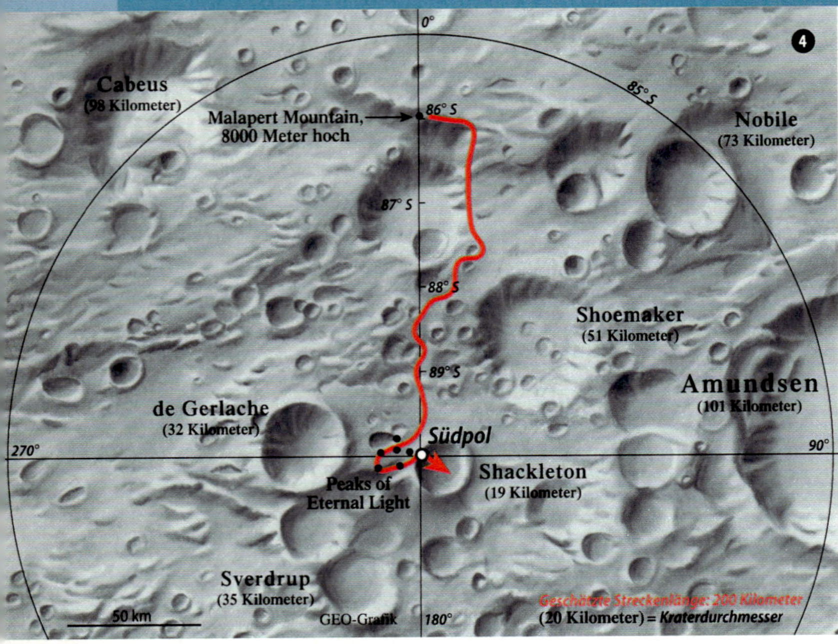

Route 4: Hinab in die ewige Finsternis der Südpol-Krater

5 Für den Nostalgiker: Auf der Suche nach dem Geologenhammer

(Streckenlänge: 35 Kilometer)

Für den bittersüßen Ausklang Ihrer Mondreise sorgt ein Besuch des Taurus-Littrow-Tals, in dem die letzten Apollo-Astronauten landeten. Geologen schwärmen einmütig von der Schönheit dieser Bergregion am Ostrand des **Mare Serenitatis**. In die Heiterkeit des Meeres mischt sich, wenn man den Schauplatz des finalen Apollo-Aktes betritt, aber auch eine Spur Wehmut.

Der Ort, an dem am 11. Dezember 1972 das Mondlandemodul **„Challenger"** mit Eugene Cernan und Harrison Schmitt aufsetzte, ist von sanften Ausläufern des Taurus-Gebirges umschlossen, dem Nordmassiv und dem Südmassiv. Starten Sie am Landeplatz, aber halten Sie sich dort nicht zu lange auf – die Umgebung hat noch einiges zu bieten. Rund um das Landegestell der gewohnte Anblick: zertrampelter Boden, US-Flagge, Astronautenmüll. Zu den historischen Hinterlassenschaften zählt auch ein Geologenhammer, den Schmitt zum Abschluss des Mondbesuchs in den nachtschwarzen Himmel schleuderte. Der **Stein-Zerkleinerer** flog, wie nachträgliche Berechnungen ergaben, rund 40 Meter nach Nordwesten.

Auf der anderen Seite steht, 145 Meter vom Landegestell entfernt, der zurückgelassene Rover, dessen Kamera den Abflug der „Challenger" übertrug. Der Schmutz am Heck stammt von einer Sprengladung, die später für ein seismisches Experiment gezündet wurde. Ihr eigenes Mondauto ist hoffentlich besser in Schuss.

Vom Rover-Parkplatz geht es zum Nordmassiv – folgen Sie einfach den Reifenspuren. Hinter dem **Henry-Krater** kommt ein haushoher Felsen in Sicht. **Tracy's Rock** kullerte vor Urzeiten den Berg herunter und zerbrach in fünf Teile. Das am häufigsten reproduzierte Fotomotiv der Mission trägt noch immer die Handabdrücke der Astronauten.

Die eigentlichen Attraktionen locken jedoch im Süden. Durchqueren Sie das Tal in südwestlicher Richtung, bis Sie den kleinen **Shorty-Krater** erreichen. Hier entdeckte Schmitt, der erste und bislang einzige Geologe auf dem Mond, den berühmten orangefarbenen Boden. Eine winzige Probe als Andenken muss erlaubt sein, immerhin zeugen die mikroskopischen Glaskügelchen von einer Feuerfontäne, die vor Jahrmilliarden dem Grau des Mondes etwas Farbe verlieh.

Noch mehr lunare Geschichte erwartet Sie, wenn Sie das 2300 Meter hohe Südmassiv erklettern. Auf der vom Tal abgewandten Seite ist der Berg von Narben gezeichnet – sie stammen vermutlich von Trümmern des 2250 Kilometer entfernten Tycho-Einschlags. Die weit gereisten Projektile rasierten den Höhenkamm, lösten eine Steinlawine aus und pflasterten die Senke mit Zweitkratern.

Beim Abstieg zum Mondauto sehen Sie vielleicht rechts etwas im Sonnenlicht blinken. Dort, am Nordhang des Südmassivs, zerschellte die leere „Challenger", nachdem Cernan und Schmitt ins Kommandomodul umgestiegen waren. Zurück im **Apollo-17-Basislager** können Sie auf einer Stahlplakette noch den Abschiedsgruß Ihrer Vorgänger lesen: „Hier beendete der Mensch seine ersten Erkundungen des Mondes."

Der freie Autor **Martin Paetsch**, 32, bis Sommer 2003 Wissenschaftsredakteur von „Spiegel Online", hat ein Faible für Weltraumthemen. Paetsch verfasste auch das „Porträt eines Trabanten" auf Seite 6.
Günther Edelmann, 62, Leiter der GEO-Kartographie, erarbeitete die Routen-Karten anhand von Fotos und NASA-Daten.

Für Notfälle: Messer der Apollo-Crews

Route 5: Das Tal der letzten Mondbesucher – eingebettet ins Taurus-Gebirge

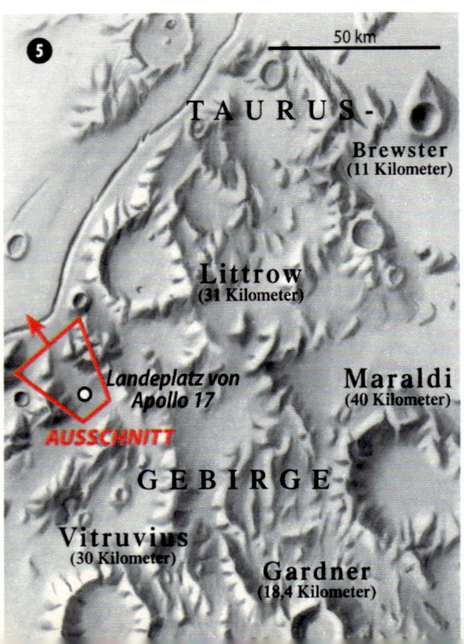

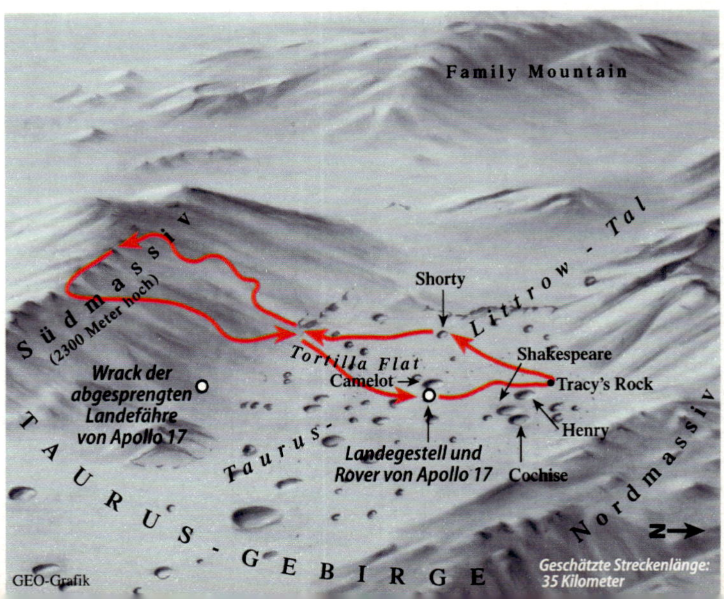

AM HIMMEL UND AUF ERDEN

Neil Armstrong meinte nach seiner Rückkehr, die Fahrtkosten von 350 Millionen Dollar hätten sich gelohnt. Doch der Mond lässt sich auch günstiger erkunden: in irdischen Observatorien, Erlebniszentren und Museen

Erlaubt Besuchern seit 1909 einen präzisen Blick ins Weltall: Sternwarte in Hamburg-Bergedorf

Vollmond – Neumond

Wann der Mond auf- und wann er untergeht, lässt sich ortsgenau der Tageszeitung entnehmen. Dort sind auch die Daten von Neumond und Vollmond vermerkt. Beide Phänomene, die abwechselnd alle zwei Wochen auftreten, setzen voraus, dass Sonne, Erde und Mond ungefähr auf einer Linie liegen. Wenn die Erde zwischen Mond und Sonne steht und die ganze sichtbare Mondoberfläche beleuchtet wird, haben wir **Vollmond**. Er geht im Osten auf, sobald die Sonne im Westen unter dem Horizont verschwindet. In den zwei Wochen danach herrscht abnehmender Mond, der von Tag zu Tag etwa 50 Minuten später aufgeht. Deshalb ist eine schmale **abnehmende Mondsichel** nur am frühen Morgen, kurz vor Sonnenaufgang, im Osten zu sehen. **Neumond** tritt ein, wenn die Sonne, von der Erde aus gesehen, hinter dem Mond steht und die der Erde zugewandte Mondseite nicht beleuchtet wird. Der Neumond meidet die Nacht völlig, er geht zusammen mit der Sonne auf und unter. Die **zunehmende Mondsichel** erscheint dann kurz nach Sonnenuntergang im Westen. In den zwei Wochen bis zum Vollmond wächst sie immer weiter an und ist bereits in der frühen Dunkelheit zu beobachten.

Mondbeobachtung

Mit bloßem Auge sind auf dem Mond bereits die **Meere** genannten erstarrten Lavabecken als dunkle Flecken zu erkennen. Um auch Krater auszumachen und den Mond räumlich als Kugel wahrzunehmen, benötigt man einen guten Feldstecher; für noch genauere Beobachtungen ein Teleskop. Generell gilt: Am eindrucksvollsten tritt die Mondlandschaft entlang des **Terminators** hervor, der Grenze zwischen Licht und Schatten auf der Mondscheibe. Dort werfen Erhebungen im Sonnenlicht lange Schatten, die Berge und Kraterränder plastisch hervorheben. Der Mond sollte also nicht voll beleuchtet sein, sondern mindestens zu etwa einem Viertel im Schatten liegen. (Tipps zum Teleskop-Kauf finden Sie auf S. 154, empfehlenswerte Bücher für Mondbeobachter auf S. 156.)

Planetarien

Wie die Himmelskörper am Firmament wandern und wie es zu Mond- und Sonnenfinsternissen kommt, wird in einem Planetarium anschaulich demonstriert. Die Website **www.planetarium-online.de** bietet eine Einführung in das Thema sowie eine Übersicht über Planetarien in Deutschland, Österreich und der Schweiz. Den modernsten Sternenprojektor der Welt für die naturgetreue Simulation des kosmischen Geschehens besitzt seit Ende Oktober 2003 das **Planetarium Hamburg** (Hindenburgstr. 1b, Tel. 040/42 88 65 20, www.planetarium-hamburg.de).

Observatorien & Sternwarten

Eine Datenbank aller astronomischen Forschungseinrichtungen, Volkssternwarten und Astronomievereine im deutschsprachigen Raum liefert das German Astronomical Directory unter **www.sternklar.de/gad**. Wer in astronomischen Einrichtungen den Mond einmal selbst durch ein größeres Teleskop beobachten möchte, hat an öffentlichen Beobachtungsabenden dazu die Gelegenheit. Relativ häufige Veranstaltungen und interessante Exponate bieten unter anderem diese Institutionen:

Astrophysikalisches Institut Potsdam
An der Sternwarte 16, Tel. 0331/74 99-0, www.aip.de
Mit historischen Kuppelgebäuden und dem Großen Refraktor von 1899, dem lichtstärksten Linsenfernrohr in Deutschland, das derzeit restauriert wird; Abschluss der Arbeiten: 2006.

Astronomiepark Hamburger Sternwarte
Gojenbergsweg 112, Tel. 040/428 91-41 12, www.hs.uni-hamburg.de
Größte historische Sternwartenanlage Deutschlands, deren neobarocke Kuppel, Dienst- und Wohngebäude umfassendes historisches Inventar bergen.

FINSTERNISSE

Besonders dicke Kreuze im Terminkalender verdienen die Mond- und Sonnenfinsternisse, welche – bei Voll- bzw. Neumond – immer dann eintreten, wenn Sonne, Erde und Mond nicht nur ungefähr, sondern exakt auf einer geraden Linie liegen und sich gegenseitig bedecken. Schiebt sich der Neumond vor die Sonne, so tritt eine der relativ seltenen Sonnenfinsternisse ein, die als totale Bedeckungen immer nur von einem schmalen Streifen der Erdoberfläche aus wahrzunehmen sind. In näherer Zukunft stehen folgende totale **Sonnenfinsternisse** an:
8. April 2005, totale Bedeckung vom Pazifik aus sichtbar;
29. März 2006, von Nordafrika, der Türkei und Russland aus sichtbar;
1. August 2008, von Kanada, Grönland, Russland, der Mongolei und China aus sichtbar.
Mondfinsternisse sind deutlich häufiger. Denn dazu muss der Mond lediglich in den recht ausladenden Erdschatten treten. Von Zentraleuropa aus sichtbar wird dies an folgenden Terminen passieren:
4. Mai 2004, totale Finsternis, Beginn der Verdunkelung: 20.48 Uhr;
28. Oktober 2004, totale Finsternis, Beginn: 3.14 Uhr;
7. September 2006, partielle Finsternis, Beginn: 20.05 Uhr;
3. März 2007, totale Finsternis, Beginn: 22.30 Uhr.
Weitere Informationen unter: **http://eclipse.astronomie.info**

Landessternwarte Heidelberg
Königstuhl, Tel. 06221/509-0, www.lsw.uni-heidelberg.de
Wegen der Berglage auf dem Königstuhl (560 m) bietet sie, verglichen mit anderen Standorten in Deutschland, sehr gute Beobachtungsbedingungen.

Sternwarte Singen
Rielasinger Str. 37, www.sternwarte-singen.de
Jeden Freitag heißt diese Volkssternwarte nahe dem Bodensee Besucher willkommen. Außerdem lässt sich hier ein echter Mondmeteorit besichtigen.

Mondlandschaften

Rieskrater-Museum
Eugene-Shoemaker-Platz 1, Nördlingen, Tel. 09081/27 38 22-0, Di–So 10–12 und 13.30–16.30 Uhr, Eintritt 3 €
Hier ist Mondgestein zu sehen, das die Apollo-14-Astronauten eingesammelt haben. Das Museum zeigt zudem alles Wissenswerte über Einschläge auf dem Mond und auf der Erde.

Meteor Crater Museum
35 Meilen östl. von Flagstaff, Arizona, USA, Tel. 001-928/ 289-5898, www.meteorcrater.com Besucherzentrum tgl. 8–17 Uhr, Mitte Mai–Mitte Sept. 6–18 Uhr
Ein Meteoriteneinschlag sprengte vor rund 50 000 Jahren den riesigen Krater in die Erde: gut 1200 Meter im Durchmesser und etwa 175 Meter tief (auch als Barringer-Krater bekannt). So entstand in der Wüste von Arizona eine Landschaft, die der Oberfläche des Mondes so ähnlich ist, dass die Astronauten der NASA hier von 1963 bis 1970 trainierten.

Erlebniswelten

Phänomenta
Norderstr. 157–163, Nordertor, Flensburg, Tel. 0461/14 44 90, www.phaenomenta.com tgl. geöffnet, Schüler 5,50 €, Erwachsene 7,50 €
In diesem speziell für Schülerinnen und Schüler konzipierten „Science-Center" können sich Besucher mit naturwissenschaftlichen Phänomenen und Gesetzen spielerisch vertraut machen. Voraussichtlich ab April 2004 steht ein Gerät zur Verfügung, mit dem man die geringe Anziehungskraft des Mondes erleben und ebenso hoch hüpfen kann wie einst die Apollo-Mondfahrer.

Space Center Bremen
Use Akschen 4/Space Park, Tel. 0421/84 00 00, www.space-center-bremen.de Di–Fr ab 10 Uhr, Sa, So, Feiertage u. Ferien ab 9 Uhr, Eintritt 22 €, Kinder (6–11 Jahre) 18 €
Ab dem 19. Dezember 2003 werden im 22 000 Quadratmeter großen Indoor-Erlebnispark besondere Raumfahrteindrücke geboten: Besucher können mit Helm und integriertem Bildschirm auf einer galaktischen Achterbahn eine Reise ins Weltall unternehmen, im „Space Shot" ein paar Sekunden lang Schwerelosigkeit erfahren, wenn der Körper 60 Meter hochkatapultiert wird, und im „Destination Moon" nachempfinden, wie es ist, auf eigenen Beinen auf dem Mond zu stehen – und auf die Erde zu blicken.

Mondreisetraining

Space & Rocket Center
Huntsville, Alabama, USA, Tel. 001-256/721-7150, www.spacecamp.com
Kinder ab 9 Jahren (und Erwachsene) lernen bei mehrtägigen Aufenthalten im Feriencamp, was ein Astronaut können muss – vom Raketenstart bis zum Benutzen der Toilette (siehe „Pauschal ins All", S. 118). Außerdem werden Mondspaziergänge geübt, Modellraketen gebaut und Raumflüge simuliert. Tom Hanks hat sich so auf seine Rolle in dem Film „Apollo 13" vorbereitet. Fünf Tage ab 899 $, nur in englischer Sprache.

Euro Space Center
Rue Devant les Hêtres 1, Transinne, Tel. 0032-61/65 64 65, www.eurospacecenter.be
Ein ähnliches Raumfahrttraining – u. a. mit simulierter Schwerelosigkeit, Gleichgewichtstests auf vielfach rotierenden Stühlen und einem „Moon-Walk" – gibt es in Belgien für Kinder und Jugendliche zwischen 10 und 18 Jahren. 6 Tage ca. 400 € (in englischer, französischer und niederländischer Sprache).

Zero Gravity Flights
Buchung z. B. über Space Adventures c/o Agentur für Erlebnis-Reisen, Gellersstr. 45, Lüneburg, Tel. 04131/22 34 73, www.spacetourism.de
Im Gagarin Cosmonauts Training Center im russischen Star City bei Moskau können Touristen (mit hausärztlichem Attest) als Vorstufe für einen Mondflug bereits der Schwerkraft entfliehen. Während des etwa zweistündigen Fluges in einer Iljuschin 76 bringt der Pilot die Maschine rund zehnmal in den kontrollierten Sturzflug und zieht sie dann wieder nach oben. Während jeden Sturzflugs tritt etwa 20 Sekunden lang Schwerelosigkeit ein. Der Preis dafür: ab rund 4300 € aufwärts.

Leben im All
über: Pro Toura Space GmbH, Louis-Leitz-Str. 1, Bremen, Tel. 0421/24 13 30, www.protoura.biz
Im Bremer 1:1-Modell der Laboratorien, Wohn- und Schlafbereiche der ISS-Raumstation lernen Hobby-Astronauten die ungewohnten Lebensvorgänge im All kennen; ab 275 € pro Person.

Europäische Raumfahrt

Space Expo
Keplerlaan 3, Noordwijk, Niederlande, Tel. 0900-87 65 43 21 bzw. 0031-71/364 64 89, www.space-expo.nl Di–So 10–17 Uhr, Eintritt 7,50 €
Die erste permanente Raumfahrtausstellung Europas, gleichzeitig das Besucherzentrum der Europäischen Weltraumorganisation ESA. Hier kann man sich auf die Spuren der Apollo-Astronauten begeben, simulierte Raketenstarts erleben und Testmodelle der europäischen Raumsonden bestaunen, darunter auch eines der Mondsonde „Smart-1", die am 28. September 2003 startete.
Die Institute in Deutschland, die sich mit der Erforschung des Mondes befassen, bieten Führungen nur zu besonderen Anlässen oder für Gruppen. Hervorzuheben sind das Deutsche Zentrum für Luft- und Raumfahrt (www.dlr.de) mit dem **Institut für Planetenforschung** (DLR Berlin-Adlershof, Rutherfordstr. 2, Tel. 030/670 55-0, http://solarsystem.dlr.de) und dem **DLR-Raumfahrtkontrollzentrum** (DLR Oberpfaffenhofen, Weßling, Tel. 08153/28 18 51, www.dlr.de) sowie das **Max-Planck-Institut für Aeronomie** (Max-Planck-Str. 2, Katlenburg-Lindau, Tel. 05556/979-0, www.linmpi.mpg.de).

US-Raumfahrt

Kennedy Space Center
KSC Visitor Complex, Florida, Tel. 001-321/449-4444, www.kennedyspacecenter.com
Im Raumfahrtzentrum der NASA in Cape Canaveral kann man nicht nur Raketenstarts und -landungen beobachten. Hier sind auch Relikte des Apollo-Raumfahrtprogramms zu sehen,

»Phänomenta«: Erlebnisse mit Spiegeln, Seifenblasen – und bald auch mit simulierter Mondgravitation

Im Kennedy Space Center: Saturn V, die antriebsstärkste Rakete aller Zeiten

Bitte nicht anfassen: Meteorit im Nördlinger Rieskrater-Museum

EMPFEHLENSWERTE WEBSITES

www.seds.org/billa/tnp/moon.html Guter Überblick über die Welt des Mondes – erstellt von der Organisation „Students for the Exploration and Development of Space"

www.lpi.usra.edu/expmoon/lunar_missions.html Wissenschaftsplattform des Lunar and Planetary Institute in Houston, Texas, mit einer detaillierten Chronologie der bisherigen Mondmissionen

www.mondatlas.de/strukturen/strukturen.html Anschauliche und informative deutschsprachige Website: Mitglieder der Volkssternwarte München erklären den Mond, seine Bewegung, Strukturen, Finsternisse – und geben Tipps für Mondbeobachter

http://nssdc.gsfc.nasa.gov/planetary/planets/moonpage.html Mondfakten, -bilder, -missionen und jede Menge Links, zusammengestellt vom amerikanischen National Space Science Data Center

http://lunar.arc.nasa.gov/datavis/3ddata/index.htm Der Mond in Farbe: Bilder der US-Sonde „Lunar Prospector" zeigen die Verteilung von Wasserstoff, Eisen und anderen Elementen im Gestein des Erdtrabanten

www.nasa.gov Der Internetauftritt der NASA umfasst einen riesigen, stets aktuellen Informationspool mit Suchfunktion und großem Multimedia-Angebot. Auf **www.apolloarchive.com** ist alles Wissenswerte zum Apollo-Programm aufgeführt

www.esa.int/export/esaCP/Germany.html Deutsche Seite der europäischen Weltraumorganisation ESA; auf **http://sci.esa.int/smart** wird Europas erste Mondsonde „Smart-1" ausführlich vorgestellt

www.space.com Schneller und umfassender Nachrichtenticker für Weltallforschung und Raumfahrt

www.astronomie.info Deutschsprachiger Informationsservice für Amateurastronomen, unter anderem mit Astro-Lexikon und Erläuterungen des aktuellen Sternenhimmels

www.astronomie.de Umfangreiches Astronomieportal mit großer Linksammlung

www.lhl.lib.mo.us/pubserv/hos/moon/moonindx.htm Eine illustrierte Geschichte der Mondkartierung – von Galilei bis Apollo

www.worldviewnetwork.org Wissenschaftsgeschichte der Astronomie

www.biblioinfo.com/moon/sf_moon.html Der Mond in der Science-Fiction-Literatur

www.pbs.org/wgbh/nova/tothemoon Höhepunkte eines zweistündigen, erstmals 1999 ausgestrahlten TV-Specials zur Mondlandung

www.gernot-geise.de/html/archiv/weltraum/apollo/apollo1.htm Warum die Apollo-Missionen „gefälscht" wurden

www.badastronomy.com/bad/tv/foxapollo.html Der Ex-NASA-Mitarbeiter Philip Plait widerlegt die Argumente der Verschwörungstheoretiker

www.asi.org Startrampe für alle, die mit der „Artemis Moon Society" von einer Mondsiedlung träumen wollen

www.lunararchitecture.com/start.html Anlaufstelle für Mondarchitekten: Unter „Designs" gelangt man weiter zu den ab Seite 90 („Zimmer mit Erdblick") vorgestellten Entwürfen

www.xprize.com Wer wagt den ersten Schritt zum Mondtourismus – und fliegt mit einem privat konstruierten Gefährt in den erdnahen Weltraum? (Siehe „Pauschal ins All", S. 118)

www.mond.de Gibt neben allgemeinen astronomischen Informationen auch Tipps zum Leben nach den Mondphasen und zum Kauf von Mondgrundstücken

zum Beispiel eine originale Saturn-V-Rakete.

National Air and Space Museum
National Mall (4th St., Ecke Independence Ave.), Washington DC, Tel. 001-202/357-2700, www.nasm.si.edu
Umfangreiche Sammlung von Exponaten aus vergangenen NASA-Missionen und Infos zu den aktuellen Programmen.

Jet Propulsion Laboratory
4800 Oak Grove Drive, Pasadena, Kalifornien, Tel. 001-818/354-9314, www.jpl.nasa.gov
Das weltweit wohl erfolgreichste Raumforschungsinstitut, durch das man sich nach Anmeldung führen lassen kann.

Raumfahrtpioniere

Hermann-Oberth-Raumfahrt-Museum
Pfinzingstr. 12–14, Feucht bei Nürnberg, Tel. 09128/35 02, www.oberth-museum.org
Sa und So 14–17 Uhr
Hermann Oberth (1894–1989) beschrieb bereits in den 1920er Jahren Konzepte für den Flug ins All und war später im amerikanischen Raumfahrtzentrum in Huntsville tätig, wo ein früherer Student von ihm die Mondrakete entwickelte: Wernher von Braun.

Deutsche Raumfahrtausstellung
Bahnhofstr. 8, Morgenröthe-Rautenkranz, Tel. 037465/25 38, www.morgenroethe-rautenkranz.de/ausst.htm
Di–So 10–17 Uhr, Eintritt 3 €
Im Geburtsort des ersten Deutschen im All, Sigmund Jähn, werden etwa 900 Exponate gezeigt, darunter Astronautennahrung von 1978 und ein original amerikanischer Mondschuh, der bei Sotheby's ersteigert wurde.

Astronomiegeschichte

Deutsches Museum
Museumsinsel 1, München, Tel. 089/21 79-1, www.deutsches-museum.de
tgl. 9–17 Uhr, Eintritt 7,50 €
In der umfangreichsten Astronomieausstellung der Welt können Besucher die Entwicklungsgeschichte optischer Instrumente nachvollziehen. Die Geschichte der Raumfahrt und Mondforschung vermitteln anschaulich Exponate aus den Anfängen der Raketentechnik bis zu den Druckanzügen der Astronauten.

Mondkalender der Bronzezeit: Steinkreise im englischen Stonehenge

Tycho Brahe Museet
Insel Ven im Öresund, Schweden, Tel. 0046-418/725 30, www.tychobrahe.com
geöffnet Ostern bis Sept., Eintritt 35 SEK (ca. 3,85 €)
Sternen- und Mondkunde in der Renaissance: Museum über den dänischen Astronomen Tycho Brahe, der vor der Erfindung des Fernrohrs den Lauf der Planeten studierte. Daneben sind die Überreste seiner Observatorien Stjerneborg und Uraniborg zu besichtigen.

Kepler-Museum
Keplergasse 2, Weil der Stadt (bei Stuttgart), Tel. 07033/65 86, www.kepler-museum.de
Di–Fr 10–12 u. 14–16 Uhr, Sa ab 11, So bis 17 Uhr, Eintritt 2 €
Der Astronom und Mathematiker Johannes Kepler beschrieb die Planetenbewegung in den drei Keplerschen Gesetzen. Mitten im Dreißigjährigen Krieg verfasste er die utopische Erzählung „Somnium" – der Traum vom Mond.

Istituto e Museo di Storia della Scienza
Piazza dei Giudici 1, Florenz, Tel. 0039/055-26 53 11, http://galileo.imss.firenze.it
tgl. außer So 9.30–17, Di bis 13 Uhr, Eintritt 6,50 €
Hier sind die beiden Originalteleskope ausgestellt, mit denen Galileo Galilei einst den Mond beobachtete.

Museen

Globenmuseum
Österreichische Nationalbibliothek, Josefsplatz 1, 3. Stock, Wien, Tel. 0043-1/534 10-297, www.onb.ac.at
Mo–Mi und Fr 11–12, Do 14–15 Uhr, Eintritt 2,50 €
Seltene Exponate der Wissenschaftsgeschichte sind in der Wiener Hofburg zu sehen: in der weltweit größten Sammlung von Mondgloben.

Museum of the History of Science
Broad Street, Oxford, www.mhs.ox.ac.uk
Di–Sa 12–16, So 14–17 Uhr, Eintritt frei
Der vielleicht schönste Mondglobus dieses Museums stammt von dem englischen Porträtmaler John Russell, der ein ganzes Skizzenbuch mit seinen Beobachtungen füllte und davon 1797 einen Globus herstellen ließ – eigentlich einen „halben Globus", denn die Rückseite des Erdbegleiters war damals noch unbekannt. Die Tagesabschnitte

Mondglobus von 1880 im Wiener Globenmuseum; historisches Observatorium im indischen Jantar Mantar

der Mondvorderseite finden sich bereits auf 800 Jahre alten arabischen Astrolabien des Museums.

Zwinger
Dresden, Tel. 0351/491 46 22, www.staatl-kunstsammlungen-dresden.de
Di–So 10–18 Uhr, Eintritt 3 €
Historische Fernrohre und alte Mondgloben sind im Mathematisch-Physikalischen Salon des Dresdner Zwingers zu bestaunen.

Optisches Museum
Carl-Zeiss-Platz 12, Jena, Tel. 03641/44 31 65
Di–Fr 10–16.30, Sa 11–17 Uhr, Eintritt 5 €
Optische Instrumente aus fünf Jahrhunderten. Ein Highlight ist die Abteilung „Fernrohre und ihre Meister" über die Entwicklungsgeschichte von Linsen- und Spiegelteleskopen; unter den Exponaten ist auch der Nachbau eines Riesenfernrohrs von Johannes Hevelius (siehe „Historie", S. 78).

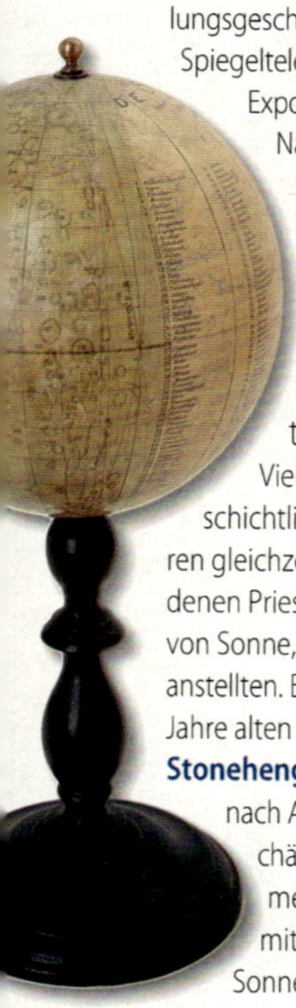

Frühzeitliche Beobachtungsstätten

Viele früh- und vorgeschichtliche Kultstätten waren gleichzeitig Sternwarten, an denen Priester Beobachtungen von Sonne, Mond und Sternen anstellten. Bei dem rund 5000 Jahre alten **Steinkreis von Stonehenge** handelt es sich nach Auffassung vieler Archäologen und Astronomen um eine Anlage, mit der sich Mond- und Sonnenfinsternisse auf viele Jahre im voraus berechnen ließen. Besichtigung tgl. 9.30 bis 18, im Winter bis 16, im Sommer bis 19 Uhr, Eintritt 5 £ (ca. 7,50 €), Info: Tel. 0044-1980/62 47 15, www.english-heritage.org.uk. Ebenso faszinierend und geheimnisvoll sind die astronomischen Bezüge der **Pyramiden** in Ägypten und der **Kultbauten der Maya und Azteken** in Mexiko. Relikte dieser Kulturen zeigen, dass die Menschen damals Sonne und Mond als Gottheiten verehrten und erstaunliche Kenntnisse über die Himmelskörper besaßen. Zudem ist erwiesen, dass die Kultbauten zumindest zum Teil auch als Sternwarten dienten. Das **Jantar Mantar** in Jaipur, Indien, ist das vielleicht eindrucksvollste Freiluft-Observatorium der Welt. Errichtet wurde es durch den Maharadscha Jai Singh II. zu Beginn des 18. Jahrhunderts. Die Positionen von Sonne, Mond und Planeten lassen sich hier erstaunlich exakt bestimmen: an steinernen Beobachtungsstationen von gewaltigen Dimensionen. Ein sensationelles Zeugnis der bronzezeitlichen Astronomie ist im **Landesmuseum für Vorgeschichte** in Halle (Richard-Wagner-Str. 9, Tel. 0345/52 47 30, www.archlsa.de/sterne) zu bestaunen: Die **Himmelsscheibe von Nebra** zeigt neben Sonne und Sternenhimmel den Mond in zwei Phasen: als Scheibe und als Sichel. Kürzlich entdeckten Archäologen in der Nähe des Fundorts die Reste einer fast 7000 Jahre alten, durch kreisförmig angeordnete Palisaden begrenzten Kultstätte, deren Grundriss der jahreszeitliche Lauf der Sonne zugrunde liegt.

Dr. Ulf Borgeest, 50, Astronom und Physiker, berichtet als Wissenschaftsjournalist über die Arbeit seiner Kollegen. Mitarbeit: **Irene Leipprand**

FÜR JEDERMANNS MONDFAHRT

Ein Fernrohr rückt lunare Krater in greifbare Nähe, Flugjacken garantieren authentisches Outfit, Mondbrillen sorgen für Durchblick – das Sortiment für private Höhenflüge ist groß. Und Souvenirs gibt es natürlich auch

Für 10 500 Dollar erhältlich: Trainingsanzug eines Apollo-12-Astronauten

Feldstecher & Teleskop

Es muss nicht gleich ein Amateur-Teleskop sein – zur ersten Mondbeobachtung genügt bereits ein guter **Feldstecher**, der einem auch leuchtende Gasnebel der Milchstraße und die hellsten Jupitermonde offenbaren kann. Das für die Mondbetrachtung wichtigste Qualitätskriterium ist die Vergrößerung des Geräts: Bereits bei fünffacher Vergrößerung sind die größten Krater und Gebirgsketten deutlich zu erkennen. Ab etwa zwölffacher Vergrößerung sollte zusätzlich ein Stativ benutzt werden, da das Bild bei Freihandbeobachtungen sonst zu stark zu wackeln beginnt.

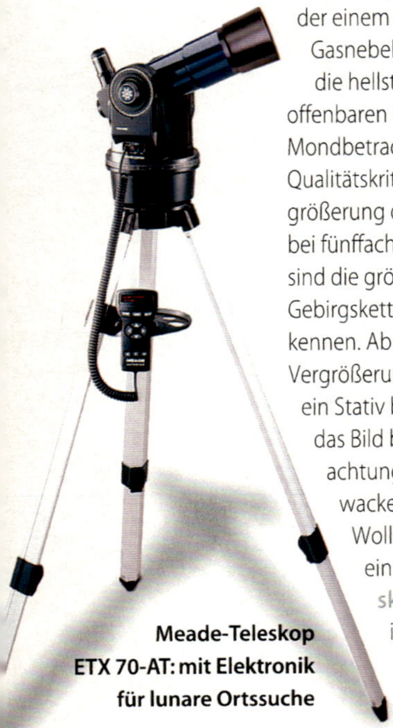

Meade-Teleskop ETX 70-AT: mit Elektronik für lunare Ortssuche

Wollen Sie lieber gleich ein Fernrohr oder **Teleskop** erstehen, sind im wesentlichen zwei Eigenschaften ausschlaggebend für die Freude an der Himmelsbeobachtung: der Objektivdurchmesser und die Brennweite des Teleskops. Ein 4 1/2-Zoll-Spiegelfernrohr (114 mm Öffnung) etwa, noch gut zu transportieren, lässt Sie schon viele Details auf dem Erdtrabanten erkennen. Der Vorteil von Teleskopen: Sie können die Okulare und damit die Vergrößerung wechseln. Je geringer die Okularbrennweite ist, desto kleiner zwar der Ausschnitt, aber desto mehr Details werden sichtbar. Bei großer Okularbrennweite haben Sie den Mond kleiner, dafür vollständig im Blick. Ein leistungsstarkes Einsteigermodell ist zum Beispiel der **PowerSeeker 114**, ein Spiegelfernrohr mit 114 mm Hauptspiegeldurchmesser und 900 mm Brennweite, zum Preis von 169 € angeboten von der Firma **Baader Planetarium** (Zur Sternwarte, Mammendorf, Tel. 08145/88 02, www.baader planetarium.de).

Wer eine bequeme Variante vorzieht, kann ein Teleskop mit „Navigationssystem" erstehen: Eine Computersteuerung hilft beim Auffinden von Himmelsobjekten und kann auch persönliche Lieblingsplätze abspeichern für einen zweiten Besuch. **AutoStar** heißt der Pfadfinder von **Meade Instruments** (Siemensstr. 6, Borken, Tel. 02861/93 17-0, www.meade.de), der in drei Größen angeboten wird; die einfachste Variante kostet zusammen mit einem ETX-70-Linsenteleskop (2,76 Zoll) ab 299 €, in Kombination mit einem Spiegelteleskop ab 399 €.

Für welche Größe oder Bauart Sie sich auch entscheiden, eines gilt immer: Der Spaß ist nicht ganz billig. Die kostengünstigere Alternative heißt: selber bauen. Mit Anleitung und Fleiß kann das fast jeder – und das Ergebnis wird zumindest nicht von minderer Qualität sein als einst das „perspicillum" von Galileo Galilei.

Schritt für Schritt verständlich geschildert wird der Eigenbau in dem Buch **Spiegelfernrohre – selbst gebaut** von Martin Trittelvitz (Spektrum Verlag, 19,95 €). Auch einige Sternwarten bieten Kurse an – spezielle Vorkenntnisse werden nicht benötigt –, etwa bei der **Bayerischen Volkssternwarte München** (Tel. 089/40 62 39, www.sternwarte-muenchen.de).

Viele Tipps, sowohl zu Kauf wie Eigenbau, finden Sie zum Beispiel auf der Website des Magazins **Astronomie Heute** unter **www.wissenschaft-online.de/artikel/615221** sowie über die bundesweite **Vereinigung der Sternfreunde, VdS** unter **www.vds-astro.de/fg-amateur teleskope**.

Kommt aus der Tüte: Astro-Snacks für irdischen Hunger

Mondposter

Zur ersten Orientierung unschlagbar: **The Earth's Moon** von National Geographic. Auf einer Größe von 108 x 72 cm sind die Vorder- wie Rückseite mit detaillierter Beschriftung und Gradnetz abgebildet, dazu gibt es Infografiken mit kurzen Erläuterungen in englischer Sprache über ab- und zunehmenden Mond, Libration, Mondfinsternis. Zum Preis von 18,99 € erhältlich bei **Carto-Direct** (Tel. 07576/90 14 77, www.cartodirect.com) oder im Buchhandel.

Mondkleidung

Was früher in den Apollo-Mondkapseln die Piloten trugen und später vielleicht in einer Mondbasis zum Einsatz kommen könnte, lässt sich auch auf Erden testen. Zum Astronautentraining tritt man authentisch gewandet im **Astronaut Flight Jacket** an: superfest gewebt, strapazierfähig, royalblau und mit Namensschild im NASA-Design erhältlich. Für Erwachsene ab 109,95 $, für Kinder ab zwei Jahren 69,95 $. Alternativ für Russlandsympathisanten: das **MIR Cosmonaut Flight Jacket** (74,95 $). Erhältlich bei **Countdown Creations** (Houston, Texas, Tel. 001-281/461-8513 bzw. 1-800/388 3079, www.count down-creations.com).

Als Outfit für die Mondmission empfiehlt sich ein original

NASA-Astronauten-Overall, wahlweise in Blau oder Schwarz (ab 86,40 €), komplett nur mit dem passenden NASA-Astronauten-Cap (24,54 €), erhältlich bei **German Space Shop** (Büchelstr. 87, Bonn, Tel. 0228/944 91 21, www.german-space-shop.de).
Getragene Kleidung und andere Apollo-Memorabilien kommen gelegentlich bei Auktionen zum Verkauf, aber die Anzahl echter Mondflug-Souvenirs ist gering. Deshalb kostet ein Snoopy Cap, wie das schwarzweiße Mützchen der Apollo-Astronauten genannt wird, 1100 $, und für ein Stück Leibwäsche sind 2500 $ zu zahlen. Häufig finden Verkäufer und Interessenten auf Internet-Börsen zueinander, etwa auf den Seiten von **Countdown Creations** (siehe oben).

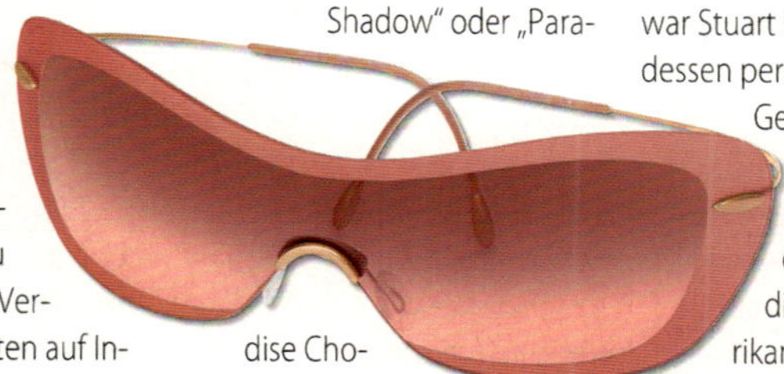

Astronautennahrung

Haltbar, leicht und platzsparend muss das Essen auf dem Weg zum Erdtrabanten sein, denn nirgendwo ist Gewicht und Raum so teuer wie beim Flug durchs All; darum sind die Lebensmittel oft gefriergetrocknet. Wer Astronauten-Fritten, Pfirsichstückchen oder Zimtapfelspalten selber kosten möchte, kann sich das Space Food des amerikanischen Herstellers American Outdoor Products ins Haus bestellen. Zum Beispiel über **German Space Shop** (siehe oben, Packung ab 5,11 €).

Mondbrille

Im Orbit werden an Brillen besonders hohe Ansprüche gestellt: Sie dürfen keine Schrauben am Scharnier haben – die könnten sich zu leicht lösen –, die Bügel müssen ebenso elastisch wie passgenau sein und die Gläser nicht nur dunkler getönt, sondern auch mit einer hauchdünnen Goldschicht überzogen, die UV- und Infrarot-Strahlen abhält. Die NASA hat getestet und 2002 das Modell Titan Minimal Art für geeignet befunden, die Nasen der Mondmänner zu zieren. Für Erdlinge produziert der österreichische Hersteller **Silhouette** (www.silhouette.com) eine Kollektion dieser ultraleichten Brillen und auch Sonnenbrillen in so schönen Farbgebungen wie „Moon Shadow" oder „Paradise Chocolate". Ab 179 € im Fachhandel.

Weltall-Griffel

Was zum Gebrauch auf dem Mond bestimmt ist, kann auch auf Erden nützen, besonders in ungewöhnlichen Situationen. So wie der Fisher Space Pen: Er schreibt bei minus 34 Grad wie auch bei 143 Grad Hitze, über Kopf und sogar im Vakuum. Seit fast 40 Jahren gehört das Schreibwerkzeug zur Standardausrüstung der Astronauten, ist aber auch, wie der Hersteller betont, besonders für Bergsteiger und Feuerwehrleute sehr geeignet. Ab 26,58 € über **German Space Shop** (siehe oben).

Monduhr

Astronauten haben beim „Moonwalk" die Omega Speedmaster Professional am Handgelenk. Die ist mechanisch und dazu mit Handaufzug, weil jenseits der Erdanziehungskraft der Automatikmechanismus nicht funktioniert. Aus Sicherheitsgründen ersetzt ein Spezialkunststoff das Glas (www.omegawatches.com). Noch vor dem ersten Mondflug hatte die NASA verschiedene Armbanduhren getestet. Das Resultat: Seit Neil Armstrong tragen alle Mondspaziergänger dieses Schweizer Modell. Unverbindliche Preisempfehlung: 2180 €.

Mondbäume

Im Januar 1971 flog die Apollo-14-Mission zum Mond. Neben Edgar Mitchell und Alan Shepard war Stuart Roosa an Bord, in dessen persönlichem Weltraum-Gepäck sich Samen von fünf verschiedenen Baumarten befanden. Er hoffte, mit dieser Aktion die Amerikaner dazu zu bewegen, mehr Bäume zu pflanzen, um das Leben auf der Erde zu verbessern. Nach seiner Rückkehr waren die zum Mond gereisten Setzlinge zumindest sehr begehrt. In den Garten des Weißen Hauses wurde einer gepflanzt, und auch der Tenno in Japan bekam einen. Abkömmlinge der Moon Trees kann jeder kaufen bei der **Historic Tree Nursery** (Jacksonville, Florida, Tel. 001-800/320-8733, www.historictrees.org). Das Saat-Set „Apollo XIV Moon Sycamore" für eine Westliche Platane kostet 33 $ inklusive Versand.

Ticket zum Mond

Derart vorbereitet und ausgerüstet, kann die Reise zum Mond eigentlich losgehen. Damit Sie auch bestimmt dabei sind, wenn die ersten Pauschalreisen angeboten werden, können Sie sich schon heute die Option aufs Flugticket sichern – für 19,90 € bei **BRES** (Schwartauer Allee 20, Lübeck, Tel. 0451/400 30 35, www.bres.de).

Die freie Autorin **Irene Leipprand**, 37, liebt es, ausgefallene Produkte zu erwerben – allerdings nicht zu Mondpreisen.

Von führenden Astronauten empfohlen: Schweizer Armbanduhr, Sonnenbrille mit Titanbügeln

ZUM **DAVONTRÄUMEN**

Es gibt viele wissenschaftliche Werke über den Mond. Doch auch Literaten, Regisseure und Komponisten haben sich von ihm inspirieren lassen. Eine Auswahl der schönsten Bücher, Filme und Melodien für die Mondfahrt im Lehnstuhl

Sonne, Mond und Sterne: Das literarische Sortiment ist fast so groß wie das Weltall

BÜCHER

Mond-Atlanten

Mondatlas, von Antonin Rükl, Dausien, 1999, über Astro-Shop, Tel. 040/511 43 48, www.astro-shop.com, 14,90 €. Standardwerk für Mondbetrachter. Die gesamte sichtbare Seite des Mondes ist systematisch abgebildet und erklärt.

Photographic Atlas of the Moon, von S. M. Chong, Albert Lim, P. S. Ang, Cambridge University Press, 2002, ca. 46 €. Fotografische Darstellung sowie Erläuterung des Mondes an jedem Tag seines Zyklus. Guter und praktischer Atlas für angehende Mondbeobachter.

Aufbruch zum Mond

Geschichte der Raumfahrt, von Günter Siefarth, C. H. Beck, 2001, 7,50 €. Gute Wissensgrundlage im Taschenbuchformat.

Lexikon der bemannten Raumfahrt, von Matthias Gründer, Schwarzkopf & Schwarzkopf, 2001, 15,90 €. Fachtermini, Personen, Missionen und kryptische Kürzel werden vom Autor ebenso umfassend wie leicht verständlich erklärt.

Apollo 11: Wir sehen die Erde, von Jesco von Puttkamer, Herbig, 1999, 24,90 €. Der authentische Bericht der ersten Mondmission von einem deutschen Ingenieur aus dem Apollo-Team.

Apollo 11 – The NASA Mission Reports, Vol. I, II u. III, Hrsg. Robert Godwin, Apogee Books, Ontario. Das ultimative Werk für Apollo-11-Detailfetischisten, zusammengestellt aus den original NASA-Berichten. Band I (ca. 18 €) und II (15 €) ist je eine CD-ROM mit Panoramaflügen der Mission beigefügt, Band III (26 €) enthält ein DVD-Video des Spaziergangs der Astronauten.

A Man on the Moon: The Voyages of the Apollo Astronauts, von Andrew L. Chaikin, Penguin Books, 1998, ca. 15 €. Hunderte von Stunden verbrachte der Autor in Gesprächen mit den Mondfahrern und vielen anderen Beteiligten für seine Chronik des Apollo-Programms.

Full Moon – Aufbruch zum Mond, von Michael Light und Andrew Chaikin, Frederking & Thaler, 2002, 19,90 €. Eine visuelle Expedition auf den Mond mit Mondumrundung, Landung und Erforschung der Oberfläche mit NASA-Originalbildern.

Essays

Auf dem Mond ein Feuer, von Norman Mailer, Droemer Knaur, 1979, antiquarisch erhältlich. Report und kritische Reflexion der Apollo-11-Mission. Das englische Original („Of a Fire on the Moon") erschien 1971.

Der Blick vom Mond, von Günther Anders, C. H. Beck, 1994, 9,90 €. Der Philosoph Günther Anders bilanzert den Mondflug: Er habe die Menschheit „zur Augenzeugin ihres größten Glanzes – und ihrer größten Misere" gemacht.

Forschung & Historie

The Once and Future Moon, von Paul D. Spudis, Smithsonian Books, 1998, ca. 17 €. Englischsprachiges, eingängig geschriebenes Standardwerk zu Entstehungsgeschichte, Landschaften und Geologie des Mondes.

The Moon and the Western Imagination, von Scott L. Montgomery, University of Arizona Press, 1999, ca. 18 €. Wie kein anderer Planet hat der Erdtrabant Wissenschaftler und Theologen, Dichter und Denker inspiriert. Dem Autor gelingt eine Kulturgeschichte der Erde im Spiegelbild des Mondes.

Monde. Missionen zu neuen Welten, Special Nr. 7 der Zeitschrift „Sterne und Weltraum" von Okt. 2002, zu bestellen unter Tel. 06221/912 67 43 oder www.suw-online.de, 8,90 €. Aktuelle Erkenntnisse über den Erdtrabanten und andere Monde unseres Sonnensystems.

Das Auge Gottes. Das Teleskop und die lange Entdeckung der Unendlichkeit, von Richard Panek, Klett-Cotta, 2001, 16 €. Wissenschaftsgeschichte über die Erfindung des Fernrohrs von Galileo bis Hubble, so spannend wie ein Roman.

Mondbeobachtung

Der Kosmos Mondführer, von Jean Lacroux u. Christian Legrand, Franckh-Kosmos-Verlag, 2000, 6,95 €. Einführung in die Beobachtung des Mondes und seiner Landschaften. Dank übersichtlicher Mondkarten für Einsteiger bestens geeignet.

Den Mond beobachten, von Gerald North, Spektrum Akademischer Verlag, 2003, 39,95 €. „Leitfaden für den interessierten Amateurastronomen, der zum Mondspezialist werden will" nennt der Autor sein 343-Seiten-Buch. Gutes Register.

Reiseführer

The Rough Guide to the Universe, von John Scalzi, Rough Guides, London 2003, ca. 16 €. Dem Mond ist nur eines von 14 Kapiteln gewidmet; schließlich führt dieses ausgezeichnete englischsprachige Handbuch bis in ferne Galaxien und liefert auf über 380 Seiten kompaktes Astronomiewissen. Viele Fotos, Zeichnungen und ein Sternenatlas für eigene Beobachtungen.

Reisen zum Mond, von Werner Küstenmacher, Koval Verlag, 1997, 12,80 €. Ein handlicher Führer für Vorbereitung, Anreise und das Leben auf dem Mond. Sehr unterhaltsam.

Literatur

Die Reise zum Mond, von Cyrano de Bergerac, Insel Verlag, 1991, 9,80 €. Satirische Utopie aus dem französischen Barock von dem bekannten Degenhelden und Zeitgenossen Molières.

Von der Erde zum Mond, von Jules Verne, Diogenes, 8,90 €. Fantastischer Roman über einen Direktflug zum Mond in 97 Stunden und 20 Minuten. In **Reise um den Mond** (9,90 €) setzt Jules Verne die utopische Mondreise fort. Geschrieben 1865 und 1870, gehören beide zu den frühesten Science-Fiction-Romanen überhaupt.

Die ersten Menschen auf dem Mond, von H. G. Wells, dtv, 8,64 €. Utopischer Roman von 1901 über die Mondfahrt zweier Engländer und deren fantastische Abenteuer auf der von

Ein Klassiker unter den Kinderbüchern, illustriert von Hans Baluschek: Peterchens Mondfahrt

Im Stummfilm »Die Frau im Mond« ist der Trabant verschneit

„Seleniten" bewohnten Mondoberfläche.

Kaff auch Mare Crisium, von Arno Schmidt, Fischer Tb, 1994, 9,90 €. Der 1960 erschienene Roman verknüpft – inhaltlich und typographisch – eine Familiengeschichte in der Lüneburger Heide mit einem Endzeitdrama auf dem Mond: ein außergewöhnliches Werk der modernen Literatur, geschildert mit ironisch gebrochener Schwermut.

Siehst du den Mond?, Hrsg. Dietrich Bode, Philipp Reclam jun., 2002, 4,10 €. Gedichte über den Mond aus vier Jahrhunderten deutscher Literatur.

Wer das Mondlicht fängt, von Quint Buchholz und Michael Krüger, Sanssouci Verlag, 2001, 17,90 €. Bilder und Gedichte vom Mond – geheimnisvoll, fantastisch, hintersinnig.

Wie die Teufel den Mond schwärzten, von Jürgen Blunck (Hrsg.), Spektrum Akademischer Verlag, 2003, 19,95 €. Sammlung von Sagen, Legenden, Mythen und Märchen der Völker über den Mond.

Jugend- und Kinderbücher

Wettlauf zum Mond, Gerstenberg, 2000, 12,90 €. Der Aufbruch ins All wird auf 48 Seiten mit vielen Fotos, detailreichen Illustrationen und sehr kurzen, präzisen, verständlichen Texten anschaulich dargestellt. Auch für Erwachsene empfehlenswert, besonders zum Einstieg in das Thema.

Tim und Struppi: Reiseziel Mond und Schritte auf dem Mond, von Hergé, Neuausgabe Bd. 15 u. 16, Carlsen Comics, 9 €. Schon 16 Jahre vor Neil Armstrong und Co. fuhren Tim, Struppi, Kapitän Haddock und Professor Bienlein auf den Mond – und fanden sogar Wassereis. Fantasievolle Comics.

Der kleine Häwelmann, von Theodor Storm, mit Illustrationen von Lisbeth Zwerger, Neugebauer Verlag, 1995, 12,80 €. Der Husumer Dichter widmete sich wie seine literarischen Vorbilder Matthias Claudius und Joseph von Eichendorff auch dem Mond: Generationen kennen den kleinen Häwelmann als Gute-Nacht-Geschichte und lieben seine Reise bis ans Ende der Welt und dann noch weiter bis in den Himmel – und der gute alte Mond leuch-tet ihm.

Peterchens Mondfahrt, von Gerdt von Bassewitz, Nachdruck der Originalausgabe von 1919 mit Zeichnungen von Hans Baluschek, Südwest-Verlag, 14 €. Wie der Maikäfer Sumsemann mit seinen Freunden Peterchen und Anneliese zur Sternenwiese fliegt, auf der Milchstraße Schlitten fährt, den Großen Bären reitet und mit der Mondkanone auf den Berg des Mondmannes geschossen wird, um sein sechstes Beinchen zu suchen, das auf den Mond gezaubert wurde.

Esoterik

Vom richtigen Zeitpunkt, von Johanna Paungger und Thomas Poppe, Heyne Tb, 1998, 7,95 €. Das Autorenpaar hat diesen und sechs weitere Titel über das Leben nach dem Mondrhythmus geschrieben (siehe „Wenn's denn fruchtet", S. 44).

Das magische Wissen vom Mond, von Monika Helmke Hausen, Bauer, 1998, 17,50 €. Für Überzeugte: mehr Lebensfreude durch die Nutzung der Mondkräfte im Alltag.

Mondwissen, von Helga Föger, Ludwig, 2002, 15,95 €. Ratgaber über die Einflüsse der Mondrhythmen im täglichen Leben. Als Nachschlagewerk organisiert.

FILM, VIDEO & DVD

Alpha Centauri, Folge 2 und 3 von insgesamt 16 zu je 60 Min., VHS je 14,95 €, DVD je 24,95 €, über BR-Shop, Tel. 01805/15 17 19, www.br-shop.de. Der Münchner Professor Harald Lesch kann Astrophysik ebenso spannend wie verständlich erzählen. „Wie entstand der Mond?", „Warum fällt der Mond nicht auf die Erde?", „Kann man zu den Sternen reisen?" sind einige der Themen auf den Kassetten mit je vier Folgen.

From The Earth To The Moon, Set mit 5 DVDs für 27,99 €, 12 VHS-Videos zu je 7,99 €. Die 12-teilige Serie des amerikanischen Fernsehsenders HBO, erstmals 1998 ausgestrahlt, erzählt authentisch und mitreißend die Geschichte des amerikanischen Raumfahrtprogramms zwischen 1961 und 1972. Mit Unterstützung der NASA produziert; durch das Programm führt Tom Hanks.

The Dish, australischer Spielfilm, Regie: Rob Sitch, 1997, DVD ca. 27 €, VHS 19,99 €. „The Dish", eines der wenigen Radioteleskope auf der südlichen Hemisphäre, das die Fernsehbilder der Apollo-11-Astronauten vom Mond übertragen kann, steht in der australischen Kleinstadt Parks, mitten auf einer Schafweide. Als der Premierminister eintrifft, ist der Ort bereits im „Mondlandefieber", die örtliche Band spielt auf – doch dann fällt der Strom aus, und es sieht so aus, als würde das Radioteleskop den Kontakt zur Mission verlieren …

Countdown: Start zum Mond, Regie: Robert Altman, 1968. Der fast vergessene Film von Robert Altman, gedreht ein Jahr vor der Mondlandung, nimmt das Wettrennen mit den Russen vorweg. Kein Meilenstein der Filmgeschichte, aber ein spannendes Weltraum-Psycho-Drama mit James Caan und Robert Duvall.

Apollo 13, Regie: Ron Howard, mit Tom Hanks, 1995, VHS 4,99 €. Spannender Film über die dramatische Apollo-13-Mission und die Rettung der drei Astronauten.

2001 – Odyssee im Weltraum, Regie: Stanley Kubrick, 1968, DVD 15 €, VHS 10 €. Science-Fiction-Klassiker über die Menschheitsgeschichte bis ins Zeitalter der Raumfahrt.

Frau im Mond, Regie: Fritz Lang, mit Willy Fritsch und Tilla Durieux, Stummfilm 1929. Ein Wissenschaftler entdeckt Gold auf dem Mond, baut eine Rakete und versucht hinzufliegen. Für sein utopisches Märchen hatte sich Kultregisseur Lang den deutschen Raketenspezialisten Hermann Oberth als Berater zur Ufa geholt.

Australiens Held der Mondlandung: ein Radioteleskop auf einer Schafweide

ROCK & POP
In ungezählten Hits wird der Mond besungen, und meist gibt er Hilfestellung für romantische Stunden wie in Glenn Millers Moonlight Serenade. Manchmal scheint der Liebste auch so weit entfernt wie der Mond – How High The Moon, unvergessen in der Disco-Version von Gloria Gaynor. Seltener begaben sich Songwriter selbst auf die Reise zum Mond. David Bowies Major Tom in Space Oddity stieg schon 1969 aus seiner Raumkapsel aus und schwebte hoch über dem Mond im All. 1972 flog Elton Johns Rocket Man in den Weltraum, krank vor Heimweh schon vor dem Start. Wie stark alles Leben auf Erden vom Mond beeinflusst wird, besangen Pink Floyd 1973 in Eclipse (Album „Dark Side Of The Moon"). Das Electric Light Orchestra löste 1981 ein Ticket To The Moon (Album „Time"). Ans Ziel gelangten 1989 die Grateful Dead mit Standing On The Moon (Album „Build To Last"). Bei einem Künstler hingegen stieß das Raumfahrtprogramm auf völlige Ablehnung. Gil Scott-Heron, Black-Panther-Mitglied, Dichter und Vordenker des Rap, schimpfte 1970 in Whitey On The Moon: Der weiße Mann fliegt zum Mond, aber ich kann den Arzt für meine kranke Schwester nicht bezahlen, weil die Steuer meinen Wochenlohn frisst und die Miete erhöht wurde für eine Bude ohne Wasser, Klo und Licht (Album „Small Talk at 125th & Lennox").

Mond mit Palmen vor Erde: in Haydns Oper »Il Mondo della Luna«

Wallace & Gromit: Die unglaublichen Abenteuer, I: Alles Käse, VHS 9,99 €. Forscher und Hund rasen auf der Suche nach einem köstlichen Stück Gorgonzola in der selbst gebauten Rakete zum Mond. Das erste Abenteuer der beiden Knetfiguren – Originaltitel: „A Grand Day Out" – wurde 1990 gleich für den Oscar nominiert.

MUSIK

Oper & Operette

Antonín Dvořák: Rusalka. „Silberner Mond du am Himmelszelt", singt die Nixe Rusalka und bittet den Mond, ihre Liebesgrüße dem Geliebten zu überbringen. Die Geschichte ist angelehnt an das romantisch-traurige Andersen-Märchen von der kleinen Meerjungfrau. Einspielung der Dvořák-Oper mit Renée Fleming, Ben Heppner und Franz Hawlata, Leitung Charles Mackerras (CD, Decca, 53,99 €).

Joseph Haydn: Il Mondo della Luna. Fast vergessen ist Haydns hübsche Opera buffa „Die Welt auf dem Monde" von 1777 nach dem Libretto des Venezianers Carlo Goldoni. Ein vorgeblicher Astrologe entführt einen reichen Geizhals mit einem Zaubertrank zu einer Traum-Reise auf den Mond, um ihm die Hand der hübschen Tochter und die Mitgift abzuluchsen. Die Einspielung unter Antal Dorati mit Arleen Augér, Frederica von Stade, Luigi Alva u. a. ist inzwischen nur noch antiquarisch erhältlich (Philips).

Paul Lincke: Frau Luna. Der Mechaniker Fritz fliegt mit der Tante seiner Verlobten im selbst gebastelten Ballon auf den Mond und entdeckt, dass der Mann im Mond eine Frau ist. Nach allerlei Verwicklungen in Liebesdingen mit „Frau Luna" und „Prinz Sternschnuppe" gibt es natürlich doch noch ein Happy End. Ein Lied aus der 1898 uraufgeführten Erfolgsoperette kennt wohl jeder: die „Berliner Luft" (EMI Classics, 7,99 €).

Carl Orff: Der Mond – Ein kleines Welttheater. In der Märchenoper nach einer Vorlage der Brüder Grimm wird der Mond gestohlen und in die Unterwelt gebracht. Erst der heilige Petrus hängt ihn wieder an seinen Platz. Der Schott Musikverlag hat das bebilderte Libretto herausgegeben samt einer CD, auf der das Märchen erzählt wird und auch die Orffsche Musik mit dem Rundfunkchor und dem Rundfunk-Sinfonie-Orchester Leipzig zu hören ist (19,95 €). Die CD allein ist erhältlich im Allegra Musikverlag (12,80 €).

Klassik

Träumerei im Mondschein. Klänge für mondbeschienene Nächte, etwa das „Clair de lune" von Claude Debussy. Dazu noch Sanftes von Mozart, Chopin, Schumann und Beethovens „Mondscheinsonate" (CD bei Philips, 6,99 €).

Nocturne. Wer wenn nicht Arthur Rubinstein könnte Klangfarben zaubern wie Abenddunst und Dämmerschein: Nocturnes von Chopin und Fauré, Beethovens „Mondscheinsonate", Debussys „Clair de Lune" sowie „Liebesträume" von Liszt (CD bei RCA Red Seal, 17,99 €).

Liederzyklen

Johannes Brahms: Lieder. „Es war, als hätt' der Himmel / Die Erde still geküsst". Joseph von Eichendorffs romantische „Mondnacht" in der Vertonung von Johannes Brahms, gesungen vom Grandseigneur des Liedgesangs Dietrich Fischer-Dieskau, begleitet von Daniel Barenboim („Lied-Edition", 6 CDs, Deutsche Grammophon).

Arnold Schönberg: Pierrot Lunaire. Er gehe einem neuen Ausdruck entgegen, sagte Arnold Schönberg, als er die 21 Texte von Albert Giraud über den mondsüchtigen Narren Pierrot zu vertonen begann. „Die Klänge werden hier ein geradezu tierisch unmittelbarer Ausdruck sinnlicher und seelischer Bewegungen", beschrieb er sein Werk. Einspielung unter Leitung von Pierre Boulez (Sony Classical, 12,99 €).

Bernard Rands: Canti Lunatici. 15 Gedichte so unterschiedlicher Autoren wie James Joyce, Walt Whitman und Federico García Lorca, in Musik übersetzt (CD bei C.R.I., 17,99 €).

Die schönsten Mondlieder

Der Mond ist aufgegangen, schrieb 1789 der Pastorensohn Matthias Claudius aus Holstein, eine träumerisch-melancholische Dichtung, deren Traurigkeit den Schmerz über den Tod von drei Kindern ahnen lässt. Das „Abendlied" vertonte der seinerzeit populäre Lüneburger Johann Abraham Peter Schulz. In den Melodien habe er sich „der höchsten Simplizität beflissen", die den „Schein des Bekannten" erwecken solle, denn darin sei das „Wesentliche verborgen", das „ganze Geheimnis des Volkstons". Zu hören ist das Lied z. B. auf der CD „Abendstille. Musik zur guten Nacht" mit dem Rostocker Motettenchor (Berlin Classics, 17,99 €).

Hijo de la luna, „Kind des Mondes". Spanisches Volkslied, in dem der Mond als Lohn für die Eheanbahnung das erste Kind der Zigeunerin fordert. Schönste, herzergreifendste Version von Montserrat Caballé auf der gleichnamigen CD (RCA/BMG, 17,99 €).

Oh Mond. Mit der Filmmusik zum „Blauen Engel" wurde Friedrich Hollaender berühmt, das Berliner Kabarett der 1920er Jahre wäre undenkbar ohne seine Chansons, Couplets und Schlager. Die Doppel-CD „Vaführe mir liebers nicht" (1996 bei BMG erschienen) enthält neben der Mond-Ballade 46 Songs, von ihm und seiner Frau Blandine Ebinger gesungen (BMG, 19,10 €).

Fly me to the moon / Let me sing among those stars / Let me see what spring is like / On Jupiter and Mars – sang Frank Sinatra fünf Jahre vor dem Mondflug. Angeblich wurde der Song den Apollo-11-Astronauten bei ihrem Flug zum Mond über die Kopfhörer eingespielt. Die Originalaufnahme von 1964 mit dem Count Basie Orchestra ist auf der CD „It might as well be swing" zu hören (Warner Music, 9,99 €).

Irene Leipprand

Oper für kleine und große Leute – nach einer Vorlage der Brüder Grimm

Aus der Redaktion

MONDBILDER - WAHRHEIT ODER FÄLSCHUNG?

In Zeiten möglicher Bildveränderung am Computer muss die GEO-Bildredaktion Fotos auch auf ihre Authentizität hin überprüfen. Selten war diese Kontrolle so notwendig wie bei der vorliegenden Ausgabe. Zu groß offenbar die Verlockung, ein prachtvolles Mond-Foto in eine

Bastelarbeit: Auf Nachfrage erhielt GEO das Originalbild des Maya-Baus

andere Aufnahme einzubauen. Eindrucksvolle Bilder, eingesandt von Fotoagenturen, entpuppten sich beim Nachhaken als „composed" oder „computer-enhanced"; auf Deutsch: nachträglich verändert. Mitunter ohne Sachkenntnis – wie bei der folgenden Aufnahme von Vancouver (bei der schon die Mondgröße unglaubwürdig ist): Entweder rötet die hinter dem Horizont stehende Sonne den Himmel, oder sie strahlt aus entgegengesetzter Richtung den Vollmond an – beides zusammen geht nicht.

GEO Special

Gruner + Jahr AG & Co KG, Druck- und Verlagshaus, Am Baumwall 11, 20459 Hamburg.
Postanschrift für Verlag und Redaktion:
20444 Hamburg, Telefon (040) 3703-0. Telefax (040) 3703-5648.
E-Mail: briefe@geo.de; GEO-Explorer: http://www.geo.de/

CHEFREDAKTEUR: Peter-Matthias Gaede

STELLVER. CHEFREDAKTEUR: Michael Schaper

GESCHÄFTSFÜHRENDE REDAKTEURE: Andreas Wolfers (Text), Ruth Eichhorn (Fotografie), Jutta Krüger (Art Direction)

ART DIRECTOR: Katja Schwirkmann

TEXTREDAKTION: Lars Abromeit, Brigitte Gajser (Reise-Service)

BILDREDAKTION: Juliane Berensmann-Nagel

DOKUMENTATION: Peter Flak; Dr. Anja Herold (freie Mitarbeit); Jörg Melander, Dr. Arno Nehlsen, Mathias Unger

KARTOGRAPHIE: Günther Edelmann

INFORMATIONSGRAFIK: Martin Künsting

SEKRETARIAT: Susanne Göttsche, Hella Strepp

HONORARE/SPESEN: Angelika Györffy

SCHLUSSREDAKTION: Hinnerk Seelhoff, Dirk Krömer; Assistenz: Hannelore Koehl

IDEENGEBER: Jan Schweke

MITARBEITER DIESER AUSGABE:
Ernst Artur Albaum, Jörn Auf dem Kampe, Dr. Ulf Borgeest, Carolin Dittbrenner, Nina Freydag, Katharina Gschwendtner (Illustration), Ariel Hauptmeier, Roman Heflik, Irene Leipprand, Isa Johannsen (Grafik), Barbara Mack, Beate Meding (Grafik), Wolfgang Michal, Martin Paetsch, Otto Pohl, Johanna Romberg, Marc Schürmann, Anke Sparmann, Olaf Tarmas, Gerhard Waldherr, Katja Wegener (Grafik), Johanna Wieland, Hans Zippert

GEO-BILDARCHIV: Bettina Behrens, Gunda Lerche, Gudrun Lüdemann, Peter Müller

VERANTWORTLICH FÜR DEN REDAKTIONELLEN INHALT: Peter-Matthias Gaede

REDAKTIONSBÜRO NEW YORK: Nadja Masri (Leitung), Brigitte Barkley, Wilma Simon, Anuschka Tomat (Sekretariat)
375 Lexington Avenue, New York, NY 10017-5514,
Tel.(212)499-8100, Fax (212) 499-8105,
E-Mail: geo@geo-ny.com

VERLAGSLEITUNG: Dr. Gerd Brüne, Dr. Bernd Buchholz
ANZEIGENLEITERIN: Anke Wiegel
VERTRIEBSLEITER: Markus Böhler
MARKETINGLEITER: Florian Wagner
HERSTELLER: Oliver Fehling

GEO SPECIAL-Kundenservice
für Bestellungen von Abonnements, Einzelheften GEO-Bücher, GEO-Kalender, Schuber etc.

Deutschland: Abonnements, Einzelhefte: Gruner + Jahr AG & Co KG, GEO SPECIAL-Kundenservice, 20080 Hamburg; Neubestellungen: Tel.: 040/37 03 38 03; Kundenservice: Tel.: 040/ 3703 40 41; Ältere Ausgaben: E-Mail: Heft-Service@guj.de, Fax: 040/37 03 56 57, E-Mail: GeoSpecial-Service@guj.de; Jahres-Abonnements-Preis: € 39,90
GEO-Bücher, GEO-Kalender, Schuber etc.: GEO Special-Versand-Service, Werner-Haas-Str. 5, 74172 Neckarsulm; Tel.: 0180-5062000 (0,062 €/30 Sek.), Fax: 040 - 3703 5657 (0,062 €/30 Sek.)

Schweiz: Abonnements: GEO SPECIAL-Kundenservice, Postfach, 6002 Luzern, Tel.: 041 / 329 22 20, Fax: 041 / 329 22 04, E-Mail: geo@leserservice.ch, Jahres-Abonnements-Preis: Sfr 78,00; Einzelhefte, GEO-Bücher, GEO-Kalender, Schuber etc.: GEO SPECIAL-Versand-Service 50/001, Postfach 1002, 1240 Genf 42, Tel.: +49-1805062000, Fax: +49 - 1805082000, E-Mail: service@guj.com

Österreich: Abonnements: GEO SPECIAL-Kundenservice, Postfach 5, A-6960 Wolfurt, Tel.: 0820-00 10 85, Fax: 0820-00 10 86, E-Mail: guj@abo-service.at

Übriges Ausland: Abonnements: GEO SPECIAL-Kundenservice, 6002 Luzern/Schweiz; Tel.: 0041 41 329 22 80, Fax: 0041 41 329 22 04; E-Mail: geo-special@leserservice.ch; Preise auf Anfrage Einzelhefte, GEO-Bücher, GEO-Kalender, Schuber etc.: GEO-Versand-Service, Werner-Haas-Str. 5, 74172 Neckarsulm; Tel.: 0180 - 506 2000, Fax: +49 - 1805082000, E-Mail: service@guj.com, Preise auf Anfrage
ISBN-Nr. 3-570-19400-0

ISSN-Nr.: 0723-5194

ANZEIGENABTEILUNG
Anzeigenverkauf: Korinna Koschek, Tel. (040) 3703 2248, Fax (040) 3703 5773
Anzeigendisposition: Marco Schütze, Tel. (040) 3703 2327, Fax (040) 3703 5773
Es gilt die Anzeigenpreisliste Nr. 30 vom 1. 1. 2003
Bankverbindung: Deutsche Bank AG Hamburg, Konto 0322800, BLZ 200 700 00
Druck: Gruner+Jahr AG & Co KG Druck- und Verlagshaus, Itzehoe/Holstein

GEO ist auf Papier gedruckt, das aus einem Drittel – ausschließlich chlorfrei gebleichtem – Zellstoff, aus einem Drittel Durchforstungsholz und einem Drittel Altpapier hergestellt ist
Printed in Germany

Fotovermerke nach Seiten. Anordnung im Layout: l. = links, r.= rechts, o. = oben, m. = Mitte, u. = unten

Titel: Roger Ressmeyer/Corbis/Bildbearbeitung: GEO

Seite 3: Ralf Kreuels/laif: o.; Ron Miller: m. o.; Carolin Dittbrenner: u.

Seite 4: Lindsay Hebberd/Corbis: l. o.; aus: Full Moon, von Michael Light, © 1999 Jonathan Cape, London/Frederking & Thaler, München: l. m.; Jürgen Tap/Hoch Zwei: l. u.; Ron Miller: r. u.

Seite 4/5: Per-André Hoffmann: o.

Seite 5: Ralf Kreuels/laif: r. o.; NASA: r. m.; Rijksmuseum Kroeller-Mueller, Otterlo/AKG: r. u.

HABITAT
Astrogeology Team, U.S. Geological Survey, Flagstaff, Arizona/Bearbeitung Droste/Edelmann: 6–7; Charles O'Rear/Corbis: 8 o.; Rieskrater-Museum Nördlingen: 8 m.; Ludovic Maisant/Corbis: 8 u.; Vera Hartmann/Lookat: 9 o.; NASA/Carnegie Mellon University/David Wettergreen: 9 u.

DOPPELSPIEL IM ALL
NASA/Astrofoto: 10; Illustration: Martin Künsting: 10/11

ÜBERIRDISCH
Art Wolfe: 14/15; Pei Kun Chun/Astrofoto: 16/17; Karl Kummels/Superstock: 18/19; Jim Richardson/Corbis: 20/21; Per-André Hoffmann: 22/23; ESA/NASA: 24/25

OASE HINTER DEM HORIZONT
NASA/Corbis: 26/27

KRATERWELT
aus: Full Moon, von Michael Light © 1999 Jonathan Cape, London/Frederking & Thaler, München: 30–33, 34 o., 40; Manfred & Christina Kage/Institut für Wissenschaftliche Fotografie: 34 u.; NASA/SPL/Agentur Focus: 35 Illustrationen: Martin Künsting: 36/37; ESA: 38 o.; ESA/Medialab: 38 u.

EINER FÜR ALLE
www.bres.de: 43

WENN'S DENN FRUCHTET…
Ralf Kreuels/laif: 44–51 o.; Anke Sparmann: 51 u.

HÖHENFLUG
Jung von Matt/Fleet: 52; Grabarz & Partner Werbeagentur GmbH: 53; S. 54/1. Reihe v. l. n. r: 1. TöpferGrenvilleCrone; 2. Heye & Partner GmbH; 3. FCB Wilkens; 2. Reihe: 1. Rempen & Partner Düsseldorf; 2. TBWA\München/Apple Computer; 3. J. Walter Thompson; 3. Reihe: 1. Alsterlöwen; 2. Jung von Matt/Elbe; 3. tbwa\; 4. Heye & Partner GmbH; 4. Reihe: 1. TBWA\; 2. .start/Käfer Partyservice; 3. Grabarz & Partner Werbeagentur GmbH; DDB/Volkswagen Bank GmbH: 55 l.o.; stöhr DDB/Henkel KG aA: 55 l. m.; M.E.C.H. GmbH: 55 l. u.; Young & Rubicam GmbH & Co. KG: 55 r.

DAS ERSTE MAL
NASA: 56, 60–61, 63 r. o. und r. u., 65, 66 o., 68, 70 o.; Otis Imboden/National Geographic Image Collection: 56/57; NASA/Corbis: 58–59, 62/63; Werner Bartsch: 70 u.; Illustration: Martin Künsting: 64/65, 66 u.

ALLES LÜGE
NASA: 72, 74 r. o. und u., 75; NASA/Corbis: 74 l. o.; Spiegel TV: 76 o.; Markus Seewald: 76 u.

HISTORIE
Staatliche Museen zu Berlin, Preußischer Kulturbesitz/Vorderasiatisches Museum: 78; Juraj Lipták/Landesamt für Archäologie Sachsen-Anhalt: 79; Biblioteca Nazionale, Florenz/Scala: 80 l.; Biblioteca Marucelliana, Florenz/AKG: 80 m.; Mary Evans Picture Library: 80 r.; AKG: 81 o., 82 u., 84 o.; Digital Vision, London: 81 u.; Royal Astronomical Society Library: 82 o.; aus: Kurt Jaritz, Utopischer Mond, Graz, 1965: 84 l. u.; Patrick Voigt: 84 r. u.

HOCHZEIT IM SILBERLICHT
Larry Madrigal/Seapics.com: 87; Olivier Grunewald: 88 o.; Jonathan Blair/Corbis: 88 l. u.; Norbert Wu: 88 r. u.; Manfred & Christina Kage/Institut für Wissenschaftliche Fotografie: 89 o.; Jean-Paul Ferrero/Auscape/Save-Bild: 89 m.; Mark Coulin/Seapics.com: 89 u.

ZIMMER MIT ERDBLICK
H-J Rombaut: 90-92; John Miller/AP Photo: 93; © LUNAR BASE DESIGN WORKSHOP 2002: 94–99 o. (Team Kepler: 94; Team Kopernikus: 95; Team Tycho: 96 o.; Team Anaxagoras: 96 u.; Team Contact: 99 o.); Norbert Miguletz: 99 u.

KONKURRENZ FÜR HOUSTON
Ian White: 100, 101 u.; Illustration: Fusion Technology Institute/University of Wisconsin-Madison: 101 o.

DER WEGGEFÄHRTE
Staatliche Eremitage, St. Petersburg/AKG: 102/103, 105; Museum Kunst Palast, Düsseldorf/AKG: 104; Pinakothek der Moderne, München/Artothek/VG Bild-Kunst, Bonn 2003: 106; Privatslg. USA/VG Bild-Kunst, Bonn 2003: 107 l.; Slg. Angela Rosengart/AKG/VG Bild-Kunst, Bonn 2003: 107 r. Gedicht von Rainer Malkowski © Suhrkamp Verlag.

LUNAS GESCHWISTER
Ron Miller: 108–115

KENNEN SIE MOONSHINER?
Prof. Jörg Jerosch: 116 o.; Philippe Bourseiller/HoaQui: 116 u.; Karl-Heinz Jacobi/Save-Bild: 117 l. o.; www.schuhe.net: 117 r. o.; Mike Johnson/ Earthwindow.com: 117 l. m.; Meisling/Save-Bild: 117 l. u.; Gabriel Bouys/AFP: 117 r. u.

PAUSCHAL INS ALL
Jürgen Tap/Hoch Zwei: 118, 120 o. und u.; Mark Petersen/Redux Pictures: 119, 122, 123 o. und u.; Max Dereta: 120 m., 121 o.; Mikhail Metzel/AP Photo: 121 u.; James A. Sugar/Corbis: 123 m.

WAS WÄRE DIE ERDE OHNE DEN MOND?
Illustrationen: Katharina Gschwendtner: 124–128; Markus Seewald: 128 r. u. (2)

ERLEUCHTUNG
Lindsay Hebberd/Corbis: 130/131; Nevada Wier/Corbis: 132 o.; R. Ian Lloyd: 132 u., 133 o.; Heiner Müller-Elsner/Agentur Focus: 133 u.; Keren Su/Corbis: 134/135; Drew Finlay/iAfrika Photos: 136/137; Axel Krause/laif: 138 o.; Klaus Bossemeyer/Bilderberg: 138 u.; Tom Jacobi/Agentur Focus: 140 o.; Michael Wolf/Visum: 140 u.; Thomas Müller: 141

REISE-SERVICE
Gabe Palmer/Corbis: 144; National Air & Space Museum/Smithsonian Institution: 145 m., 146 m., 147 r. o. und u., 148 m.; NASA: 146/147 o.; Christoph Schröder: 150 o.; Thomas Stephan: 150 u.; Harald Schrader: 151 o. und m.; Kennedy Space Center: 151 u.; Fergus O'Brien/Getty Images: 152; Globenmuseum der Österreichischen Nationalbibliothek, Wien: 153 o.; Lindsay Hebberd/Corbis: 153 u.; Meade Instruments Corp.: 154 l. o.; Countdown Creations: 154 r. o.; Jan Hillebrecht: 154 u.; Silhouette: 155 o.; Walter Schießwohl/Stern/Picture Press: 155 u.; AKG: 156 r.u.; Cinetext: 157 o.; Ilse Ungeheuer: 158 o.

KARTEN
Günther Edelmann/Gunter Kaiser: 145 o., 146 u., 147 m., 148 o. und u.; Astrogeology Team/U.S. Geological Survey, Flagstaff, Arizona/Bearbeitung Günther Edelmann: 145 u.

VORSCHAU
Robert Landau/Corbis: 160 o. und m.; David Nunuk/SPL/Agentur Focus: 160 u.; Thomas Ernsting: 161 o.; Cameraphoto Arte: 161 l.u.; Henrik Spohler: 161 r. u.

INTERVIEW
Clint Karlsen/Las Vegas Review Journal: 162

Vorschau

Majestätisches Wahrzeichen: An der Mündung des Canal Grande liegt die Barockkirche Santa Maria della Salute

Donna Leon träumt von Mord. Ein Krimi. Für GEO

Spurensuche: Was Venedigs schönste Gemälde erzählen

Das Arsenal: Werft einer Weltmacht. Eine Zeitreise

Land und Meer und Himmel: Paddeln in der Lagune

Wird Venedig untergehen? Alte Frage. Neue Antworten

So wohnt der Fischer, so die Contessa. Hausbesuche

Wo Thomas Mann baden ging: Idyll auf dem Lido

Palazzo, Piazza, Pasta: Reisetipps. Vom Feinsten

VENEDIG

La Serenissima! Die Hochwohlgeborene – so nennen die Venezianer ihre Stadt. Sie ist die aristokratische Diva im Kreis der europäischen Kunstmetropolen: Ihre Kirchen sind goldgeschmückt, die prachtvollen Paläste Erinnerung an den Reichtum jener Weltmacht, die Venedig einst war. Einer Zeitkapsel gleich bewahrt die Stadt europäische Historie – und versucht, ihren Platz zu bestimmen in der modernen Welt. GEO Special lädt ein zum Rendezvous mit einer alten und doch zeitgenössischen Dame, die meistens heiter und manchmal melancholisch ist.

Spurensuche: Wer Gemälde wie das Altarbild von Tizian zu lesen versteht, wird detailliert vertraut mit Venedigs Geschichte. Der Schönheit erlegen: Der Schauspieler Ulrich Tukur lebt seit 1999 in Venedig

Die zuletzt erschienenen Ausgaben:

Norwegen Nr. 3/2003

China Nr. 4/2003

New York Nr. 5/2003

Die folgenden Ausgaben:

DEUTSCHE OSTSEE

ENGLAND + WALES

POLEN

GEO Special Venedig
erscheint am 4. 2. 2004

WIE LEBT ES SICH EIGENTLICH ALS ...

... **Mann** im »Mond«?

Der kanadische Unternehmer Michael Henderson plant eine ziemlich außerirdische Hotelanlage: das fünf Milliarden Dollar teure »Moon«. Die Modelle sind fertig, Standort und Finanzierung aber noch fraglich

Runde Sache: Michael Henderson, 42, vor einer Teilansicht seines Modells vom »Moon«

Was genau erwartet uns in Ihrem Haus?

In unserer Anlage wird der Gast die einmalige Chance erhalten, sich wie auf dem Mond zu fühlen – ohne dabei auf angemessenen Komfort verzichten zu müssen. So planen wir ein riesiges, präzise der Mondlandschaft nachgebautes Areal, überwölbt von einer Kuppel, die das Sternen-Panorama des Weltalls zeigt. Der Gast, eingekleidet als Astronaut, wird eine Rakete besteigen und nach einem simulierten Flug auf diesem Mond landen. Er kann dort durch Krater stapfen, diverse Landefähren und technisches Gerät besichtigen – und zur Erde zurückblicken.

Wird er auch große Sprünge machen können?

Nein, die Gravitation können wir leider nicht vermindern. Dafür wird sich der Gast in einer extraterrestrischen Kolonie umsehen können, in Gebäuden, die genauso aussehen werden wie unserer Kenntnis nach irgendwann die ersten Mondsiedlungen. Mit einem Preis von 500 Millionen Dollar nur für das lunare Areal dürfte dies die teuerste Resort-Attraktion sein, die jemals gebaut worden ist.

Das klingt nach einem Erlebnispark, für den eine Übernachtung ausreicht.

Ich bitte Sie, das ist doch noch nicht alles! Die gesamte Anlage umfasst noch eine Menge mehr Attraktionen. Wir werden Fahrten mit Lunar-Rover-Modellen durch künstliche Kraterlandschaften anbieten, Schwerelosigkeits-Simulationen unter Wasser und voll ausgestattete NASA-Astronauten-Trainingsanlagen.

Bieten Sie auch irdische Erlebnisse?

Selbstverständlich; unsere Gäste sollen hier zwei Wochen verbringen können, ohne sich eine einzige Stunde zu langweilen. Deshalb werden zum „Moon" auch Golfplätze gehören, Skipisten, Shopping Malls, Restaurants und Diskotheken, ein Tagungszentrum und das größte Casino der Welt. Auf unserer Website ist alles zu besichtigen, unter www.moonresortandcasino.com. Wer schwimmen möchte, kann dies übrigens im großen Krater-Pool tun, mit Stränden aus schwarzem Mondsand.

Tritt man in Ihren Zimmern auch auf Mondstaub?

Nein, auf keinen Fall, es ist schließlich ein Fünf-Sterne-Hotel – mit 12 000 Zimmern. Es wird alles im High-Tech-Stil gehalten sein, sehr clean, sehr zeitlos. Wissen Sie, mein absolutes architektonisches Lieblingsobjekt ist der Frankfurter Flughafen. Der ist jetzt 25, 30 Jahre alt und sieht noch immer gut aus, weil es dort nichts Überflüssiges gibt. Das Moon Hotel wird diesem Flughafengebäude mehr ähneln als einem dieser Glamour-Hotels von Las Vegas.

Wer soll die fünf Milliarden Dollar Baukosten bezahlen?

Es gibt mehrere interessierte Großbanken in London und New York. Nicht die Finanzierung ist das Problem, sondern der Ort, an dem das Resort stehen soll. Wir planen, die ganze Anlage auf künstlichen Inseln im Meer entstehen zu lassen; ich komme gerade aus Dubai, wo es bereits ähnliche Projekte gibt. Aber auch Malaysia, Thailand, China und die Karibik sind als Standorte denkbar. Am besten wäre Florida gewesen, aber da gibt es zu viel Widerstand von Umweltschützern.

Sind Sie je des Größenwahns bezichtigt worden?

Ach, wissen Sie, das Projekt hört sich zwar gigantisch an, aber wenn man es erst einmal in Angriff genommen hat, ist es doch eine relativ bodenständige Arbeit. Wir haben jetzt fünf oder sechs wilde Jahre vor uns – aber dann wird die Anlage stehen. Unser Ziel ist, 2010 das „Moon" zu eröffnen, wo auch immer.

Interview: Olaf Tarmas